《市场营销学》编委会

高等院校应用型规划教材

市场营销学

第三版

崔译文 邹剑峰 马 琦 陈孟君
主 编

暨南大学出版社
JINAN UNIVERSITY PRESS

中国·广州

图书在版编目（CIP）数据

市场营销学/崔译文，邹剑峰，马琦，陈孟君主编．—3版．—广州：暨南大学出版社，2017.8（2018.1重印）
（高等院校应用型规划教材）
ISBN 978-7-5668-2128-7

Ⅰ.①市… Ⅱ.①崔…②邹…③马…④陈… Ⅲ.①市场营销学—高等学校—教材
Ⅳ.①F713.50

中国版本图书馆CIP数据核字（2017）第143786号

市场营销学（第三版）
SHICHANG YINGXIAOXUE（DISANBAN）
主　编：崔译文　邹剑峰　马　琦　陈孟君

出 版 人：徐义雄
策划编辑：潘雅琴
责任编辑：李　艺
责任校对：亢东昌　李林达
责任印制：汤慧君　周一丹

出版发行：暨南大学出版社（510630）
电　　话：总编室（8620）85221601
　　　　　营销部（8620）85225284　85228291　85228292（邮购）
传　　真：（8620）85221583（办公室）　85223774（营销部）
网　　址：http：//www.jnupress.com
排　　版：广州市天河星辰文化发展部照排中心
印　　刷：广州市穗彩印务有限公司
开　　本：787mm×1092mm　1/16
印　　张：15.75
字　　数：412千
版　　次：2013年8月第1版　2017年8月第3版
印　　次：2018年1月第4次
印　　数：9001—12000册
定　　价：39.50元

第三版前言

本书自第一、二版出版以来，受到了广大师生和营销管理工作者的支持和厚爱，在口碑和市场销量两方面都取得了比较理想的成绩。师生们一致认为该教材深入浅出、形象生动地阐述了市场营销学的基本原理和实务，内容新颖且注重培养学生的营销技能与创新精神，切合高校和企业对市场营销创新性应用型人才培养的实际需求。

如今的市场营销是在一个快速变化且日益数字化和社会化的市场中为顾客创造价值并吸引顾客。本书在前两版的基础上继续并延伸了创新性的顾客价值框架（如下图所示），全书的写作都围绕这一框架展开和整合。市场营销始于了解消费者的需求和欲望，通过营销环境分析和市场调研来寻找和发现价值。继而通过市场细分和目标市场选择来确定企业能够提供最好服务的目标市场，并制定可以吸引、保留和发展目标顾客的独特的价值主张。最后制定与实施适合企业的营销组合策略——提供和创造价值的产品和品牌策略、量化顾客价值的价格策略、传播顾客价值的促销策略和传递顾客价值的渠道策略。同时，在这个数字化的时代，营销人员还可以利用一系列新的顾客关系建设工具，如移动终端和社交媒体，以随时随地吸引顾客加入和塑造品牌对话、品牌体验和品牌社区，从而提升顾客价值。如果营销人员把这些事情都做得很好，那他们就能在市场份额、利润和品牌资产等方面获得相应的回报。

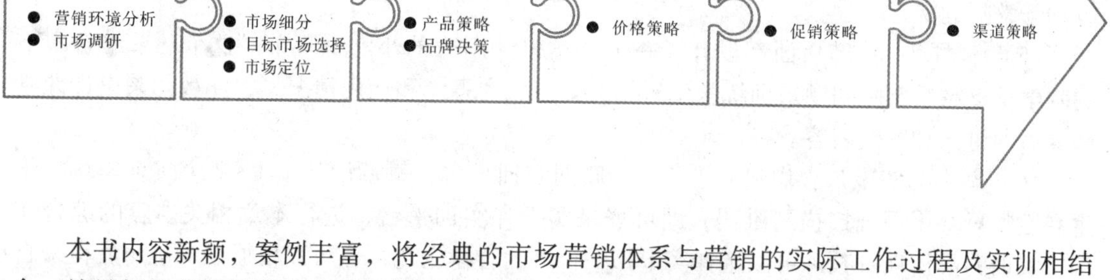

本书内容新颖，案例丰富，将经典的市场营销体系与营销的实际工作过程及实训相结合，就最新的营销思考和实践提供了及时的展示，旨在使营销的学习和教学都更加富有成效和乐趣；同时，本书在覆盖的深度和学习的容易度之间达到了有效的平衡，且长度适中，让读者能在一学期的时间内轻松消化。

本书的结构、写作风格和设计都非常适合营销学的初学者。用简单的组织结构和写作风格，平易近人又让人兴奋的呈现方式介绍了营销经典理论和营销前沿内容。本版内容的实例和理论讲解均深入且富含意义，有助于使营销更贴近生活。此外，将营销知识与移动互联网实训平台相结合的方式可以确保学生在课前做好充分的准备，并在课后对营销概念、策略和实践有更加深刻的理解和运用。

第三版新增加的内容及特色：

（1）紧跟互联网和大数据时代的浪潮，第三版融入了更多互联网营销思维和对新媒体营销工具的运用。本书对原第十章内容“提升价值——营销新视角”进行了彻底修改，从体验营销、水平营销、新媒体营销和大数据营销四个方面深入挖掘互联网营销思维和各种数字营销工具。在第三章中加入了一节“大数据时代的市场调查”，介绍大数据时代市场调查的方法和特点。在第八章中加入了一节“分销渠道变革”，展现了全球和中国在新营销环境下分销渠道变革的趋势。在第九章中对整合营销传播这个快速变化领域的内容进行了修订和拓展，展示了营销人员如何将新型数字和社交媒体工具及传统媒体营销整合起来，创造更有针对性、个性化和吸引力的顾客关系。在其他相关章节中也采用了很多新案例说明企业怎样利用数字技术获得竞争优势。

（2）在中国，越来越多的企业投身于品牌建设的行动中，并以此作为经营战略的基础，品牌建设的方法越来越成为品牌发展壮大的必备技巧。在全新的消费者互动营销的新趋势下，在品牌塑造、品牌体验和品牌社区等方面需要营销人员与消费者进行直接且持续的交流。本书第三版中加强了品牌决策的内容，从之前的产品策略中独立成一章，从品牌与品牌资产、品牌决策和品牌设计三个方面详细展开分析。

（3）本书重视学生的特点和学习的心理规律，书中重要的理论和概念都用精心设计的图片或图表使其形象化和直观化，每章开始都有本章的思维导图。本书使用图表约 200 个，深入浅出地阐述市场营销学的基本原理和实务，使教材的知识体系完整、内容精练、语言流畅、可读性强，既提高了学生的学习兴趣，也降低了老师在讲解时的难度。涉及工作过程或实际操作步骤的内容，教材中采用流程图和图片结合的形式，比较易于学生理解。本书针对重点、难点设计了讨论问题，方便老师课堂提问和学生在阅读中重点思考。

（4）根据教师课堂教学和学生学习的反馈，对书中案例进行了更新和强化，共引用实例近 100 个。这些案例都是经过精心选择的，兼顾时效性与典型性。书中除部分经典案例外，其余全部选用近两年国内营销实践中的最新案例，更具实用性和现实意义；每个案例都围绕教学目标设计了相应的思考问题，并配有相关图片。这样既增加了学生阅读的兴趣，也有利于教师的课堂教学。

（5）本书每一小节后面都设计了一个“学以致用”的小实训环节。这个环节结合本节的教学重点联系实际问题来训练学生对相关知识点的思考和运用情况，方便教师来设计课堂或课后的讨论和实践内容。

（6）本书与实干邦合作建立了移动互联网实训平台，每章设计了 1 ~ 2 个实训模块，学生和教师只要用手机扫描二维码，即可登录实干邦实训平台，进行本章相关内容的综合实训，实训的具体项目教师可以选择实干邦平台上的合作企业，也可以根据需求按照流程来自行选择。实训的具体流程和讲解也可以参考本书的配套实训教材。

（7）本书按照新版内容重新编辑了完全同步的新课件。该课件与本书案例、图片、图表、课堂讨论题、学以致用题都完全同步，最大限度地节省了教师备课的时间。

本书可作为各类本科院校、高等专科职业技术院校及成人教育培训等相关专业的课程用书，也可为市场营销从业人员和企业管理人员提供有益的参考和启发。

本书由崔译文、邹剑峰、马琦、陈孟君担任主编；陈志轩、梁春树、曹颀琪、吴丹、李军霞担任副主编；陈军辉、李志贤、李卉、李婉、杨骐华参与编写。其中崔译文负责全书内容的策划、统稿和修订并编写第一章及第九章；邹剑峰编写第三章和第八章、马琦编写第四章、陈孟君编写第七章并承担部分修订工作；陈志轩编写第十章、梁春树编写第六章、曹颀琪编写第二章、吴丹和李军霞编写第五章并承担部分修订工作；李欣、戴甲芳、惠静、刘新、陈宇锋、周磐参与了企业和学生的调研及案例的收集整理工作。

本书的移动互联网实训操作平台由广州实干邦信息科技有限公司设计并提供技术支持，特此向廖伟总经理等实干邦系统负责人深表谢意！

本书承蒙华南理工大学广州学院刘飞燕老师、外国专家陈志轩老师，广州工商学院石丽老师、赵春艳老师等多位专家学者和暨南大学出版社潘雅琴编审等的大力支持才得以出版，在此致以诚挚的感谢！

在本书的编写过程中参阅了国内外许多市场营销学方面的有关文献，获得了很多启迪，大大促进了本书的完善，对许多未见的作者致以敬意！

书中难免有不尽如人意之处，敬请大家批评指正，以便进一步修改与完善。

崔译文
于华南理工大学广州学院
2017 年 4 月 2 日

第二版前言

《市场营销学》自2013年8月问世以来，深得各方好评。师生们一致认为该教材切合企业对市场营销人才技能和素质的实际需求；同时，深入浅出、形象生动地阐述了市场营销学的基本原理和实务，适应高职高专和应用型本科院校对市场营销类人才培养的需求。教材的知识体系完整、内容精练、语言流畅、可读性强，提高了学生的学习兴趣，也降低了老师的讲解难度。企业人士认为本教材大量采用企业的最新实战案例，突出了区域经济发展特色和对营销人才需求的特点。

两年来随着互联网的迅猛发展，市场营销方式发生了急剧的变化，原来的教材已难以全面地反映现实，根据营销的变化情况加以修订补充，既是新时代的迫切需求，也是学科逐步完善的必经步骤。这次修订除部分经典案例外，其余全部选用近年国内营销实践中的最新实战案例，更具实用性和现实意义；每个案例都围绕工作任务要求设计了相应的讨论问题，并配有相关图片，既增加了学生的阅读兴趣，也有利于教师的课堂教学设计。在内容上，本教材尽可能反映新情况和新问题，并注意规律的揭示和特点的概括，但由于编者水平有限，恐难尽如人意，敬请同仁批评指正。

崔译文

2015年4月2日

前 言

随着我国经济的持续发展和综合国力的显著提高，新环境下，国内外市场各种营销机遇不断涌现，居于市场主导地位的消费者的需求逐渐多样化而且越来越苛刻，这使企业面临更加严峻的挑战。在这种形势下，学习和研究市场营销学成为迫切需要完成的任务。就业蓝皮书麦可思研究院发布的《中国大学生就业报告》数据显示，大学毕业生认为最重要的核心知识是销售与营销知识，然而毕业生在大学课堂中所学的销售与营销知识难以满足实际工作的需要，满足度仅为78%，是各项核心知识中满足度最低的一项。因此，编写适应企业人才需求的市场营销教材是我们人才培养过程中的重要环节。

本书的编写是在对企业的人才需求、营销工作过程以及应用型市场营销人才培养模式进行了大量调研的基础上，对国内外市场营销学理论进行了梳理，并且结合我国市场和企业的实际运作情况以及作者多年的教学经验和体会而完成的。我们力求做到深入浅出、形象生动地阐述市场营销学的基本原理和实务，同时切合企业对市场营销人才技能和素质的实际需求。

本书的特色主要表现在以下三个方面：

第一，以项目导向、任务驱动的教学模式对市场营销学科体系进行重新解读，体现工学结合的特色。本书在内容编排上侧重体现市场营销的应用性和现实性，既注重知识的学习和运用，也注重与职业岗位要求和职业标准的对接。本书将经典的市场营销体系与营销的工作过程相结合，将全书的内容概括为十个项目，分别是：项目 1 开门的钥匙——认识市场营销；项目 2 寻找价值——扫描环境、捕捉机会；项目 3 发现价值——市场调研设计与实施；项目 4 选择价值——目标市场营销战略；项目 5 创造价值——设计产品和品牌策略；项目 6 提供价值——制定价格策略；项目 7 传递价值——设计和管理分销渠道；项目 8 传播价值——开展有效的营销传播；项目 9 实现价值——营销策划与执行；项目 10 提升价值——新环境下的营销方式。每个项目根据职业需要筹划相关任务，每项任务后面都安排了一项相应的实训项目，实训项目中根据具体的实训目标，设计实训流程和评价标准，以达到“教、学、做合一”的效果。在设计工作任务及理论知识时，既贯彻先进的高等教育理念，又注重教材的理论性和完整性，以使学生既掌握营销职业岗位的技能，又在市场营销方面具备一定的可持续发展的能力。完成每个项目的学习后还设计对应的职业核心能力和专业能力测评，以帮助教师和学生检验教学的效果。

第二，工学结合，突出了区域经济发展特色和对应用型人才需求的特点。

①本书邀请合作企业专家参与整个工作过程的设计，不仅突出工学结合，而且还大量采用合作企业的实战案例，突出区域经济发展的特色和对营销人才需求的特点；②本书根据职业标准和岗位要求来设计工作任务、实训项目及考评标准；③本书特别关注经济全球化背景下现代服务业信息技术的发展对传统营销模式和营销人才的需求情况所提出的新要求。

第三，体例新颖独特，同时增加了数字化配套网站。

①本书根据学生的特点和学习的心理规律，在表现形式方面进行了较大的创新。教材中重要的理论和概念都用精心设计的图片或图表将其形象化和直观化，本书使用图表约 200 个，深入浅出地阐述了市场营销学的基本原理和实务，使教材的知识体系完整、内容精练、语言流畅、可读性强，提高了学生的学习兴趣，也降低了老师的讲解难度。涉及工作过程或实际操作步骤的内容，教材中采用流程图和图片相结合的形式，使学生易于理解。②根据教师课堂教学和学生学习的反馈，书中在重点部分引用了实例近 200 个，这些实例都是经过精心选择的，力求兼顾时效性与典型性。书中除部分经典案例外，其余全部选用近两年国内营销实践中的实战案例，更具实用性和现实意义；每个实例都围绕工作任务设计了相应的讨论问题，并配有相关图片，既增加了学生的阅读兴趣，也有利于教师的课堂教学。③在重点和难点内容后面都设计了一个讨论问题，引导学生深入讨论与思考，也有利于教师的课堂教学设计。另外，相关链接部分增加了一些最新的知识和动态。④增加了市场营销学教学与实践数字化配套网站，扩展了教材的信息量，也使学生能通过网络来自主学习。本书配有电子课件，以适应多媒体教学的需要。下载地址：http://scxy. hlu. edu. cn/scyxx2014/index2014. aspx。

本书可作为各类高等专科职业技术院校、应用型本科院校及成人教育培训等相关专业的课程用书，也可为市场营销从业人员和企业管理人员提供有益的参考和启发。

本书由崔译文、邹剑峰、陈孟君、马超平担任主编；王昱、陈军辉、李志贤、李卉担任副主编；杨骐华、李婉、王小飞、何程、陈世艳、陈文彬参与编写。其中崔译文负责全书内容的策划、统稿和修订并编写项目 1 和项目 4；李志贤编写项目 2；王昱编写项目 3 并负责部分修订工作；李婉参与编写项目 3；杨骐华参与编写项目 4 和项目 8；陈孟君编写项目 5；马超平编写项目 6 并负责部分修订工作；邹剑峰编写项目 7、项目 10 并负责部分修订工作；陈军辉编写项目 8；王小飞参与编写项目 9；李卉编写项目 9；何程、陈世艳和陈文彬参与了企业案例的收集整理工作。

本书的编写得到了企业专家指导委员会陈宁、杨骐华、程军、程霄、刘杰克等的大力指导和支持，特此向他们致谢！本书承蒙陈己寰教授等多位专家学者和暨南大学出版社潘雅琴老师等的大力支持才得以出版，在此表达诚挚的感谢！在本书的编写过程中，参阅了国内外许多市场营销学方面的有关文献，获得了很多启迪，大大地完善了本书的内容，对许多未见的作者致以敬意！

由于编者水平有限，书中难免有不尽如人意之处，敬请大家批评指正，以便进一步修改与完善。如有意见和建议请登录新浪微博留言：@崔译文 cj，谢谢！

崔译文

2013 年 4 月 2 日

目　录

第一章　开门的钥匙——认识市场营销

市场营销就是“有利益地满足需求”。

——菲利普·科特勒

【学习目标】

1. 理解市场营销的概念及营销工作中的主要术语。
2. 理解市场营销理念的演进。
3. 了解营销工作岗位，树立营销职业道德。
4. 理解营销工作过程和营销组合工具。

【思维导图】

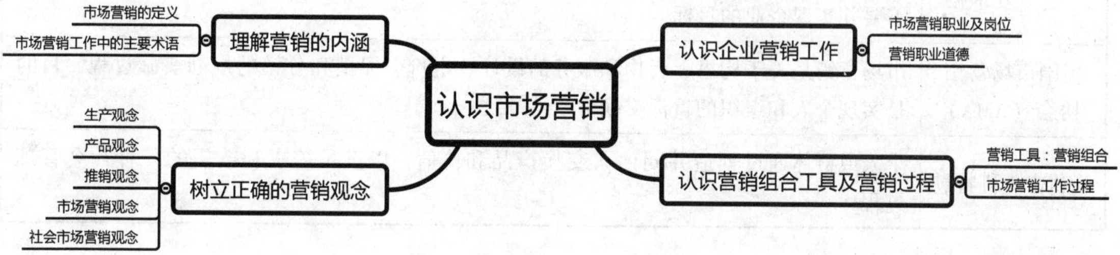

【营销实战】

海岛卖鞋

一家鞋业公司派两名推销员甲和乙到东南亚某海岛进行调研，过了一个星期，两人几乎同时通过越洋电话向老板汇报，但汇报的内容却大相径庭。销售人员甲汇报说，他走遍了海岛，发现这里的人几乎都不穿鞋子，没有穿鞋的这种需求，自然也就没有市场。与甲的沮丧相反，销售人员乙十分兴奋地汇报说，他走遍了海岛，发现这里的人几乎都没有鞋，海岛鞋业市场潜力很大，机会难得，公司应马上寄出一批鞋子让他和甲留在这里销售。

（资料来源：营销中国网）

思考：1. 你赞成以上两位营销人员的观点吗？为什么？

2. 你认为营销者应该如何认识“市场”？如何认识“营销”？

第一节　理解营销的内涵

一、理解市场营销的概念

1. 市场营销的定义

市场营销不同于销售和促销，其主要是通过辨别和满足人类及社会的需要，把社会或个人的需要变成有利可图的商业行为。对市场营销所做的最简短的定义就是“有利益地满足需求”（菲利普·科特勒）。关于市场营销的定义，中外学者表述各异，具有代表性的有以下几种（如表1－1所示）。

表1－1　不同学者或机构对市场营销所下的定义

尤金·麦卡锡	市场营销是引导物品及劳务从生产者流向消费者或使用者的企业活动，以满足顾客的需要并实现企业的目标
美国市场营销协会（AMA）	市场营销是关于构思、货物和服务的设计、定价、促销和分销的规划实施过程，目的是实现个人和组织的目标交换
菲利普·科特勒	个人或群体通过创造并同他人交换产品和价值，以满足需求和欲望的一种社会管理过程

上述关于市场营销定义的几种表述，各有特点。菲利普·科特勒教授所下的定义较好地表达了市场营销的全部含义。本书采用该定义的原因有以下三点：

（1）该定义融合了当代有关营销的各种不同观点，较为全面、客观地反映了现代营销的本质特征，即以交换为中心，以顾客为导向，协调各种营销活动，通过使顾客满意来实现组织的各项目标。

（2）该定义强调管理的导向作用，强调管理是一个过程，包括分析、计划、执行和控制。

（3）该定义的适用范围较广。它适用于个人和组织，包括营利性组织和非营利性组织，大、小公司，国内、国际企业，有形和无形产品，消费品市场、工业品市场、劳务市场等。

菲利普·科特勒

（图源：价值中国网）

讨论 1－1：用你自己的话描述你所理解的营销包括哪些内容。

2. 如何理解市场营销的定义

市场营销是“个人或群体通过创造并同他人交换产品和价值以满足需求和欲望的一种社会管理过程”。我们可以借助图 1－1 来加以理解。

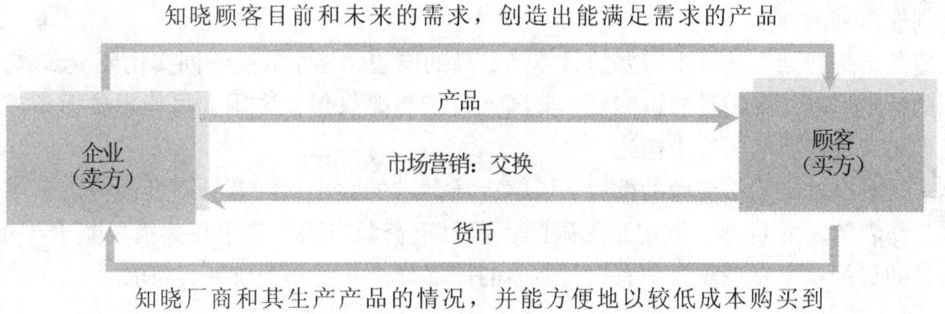

图 1－1　市场营销概念的图解

它显示了企业的需求是获利，顾客的需求是得到能够满足自己需要的产品。为了实现双方的目的，企业将产品发送到市场上，作为回报，得到了货币；顾客支付货币购买，作为回报，得到了自己所需要的产品。这个过程就是交换，即营销的核心是交换，交换的目的是满足双方的需求。但是这种交换不是随随便便就能实现的，交换能否实现依赖于双方信息的交换，企业要知晓顾客目前和未来的需求，从而创造出能满足顾客需求的产品；顾客要知晓企业和其生产的产品的情况，并能方便地以较低的成本购买到。因此，营销是一种社会管理过程。图 1－2 显示了理解市场营销概念时要注意的几个关键点。

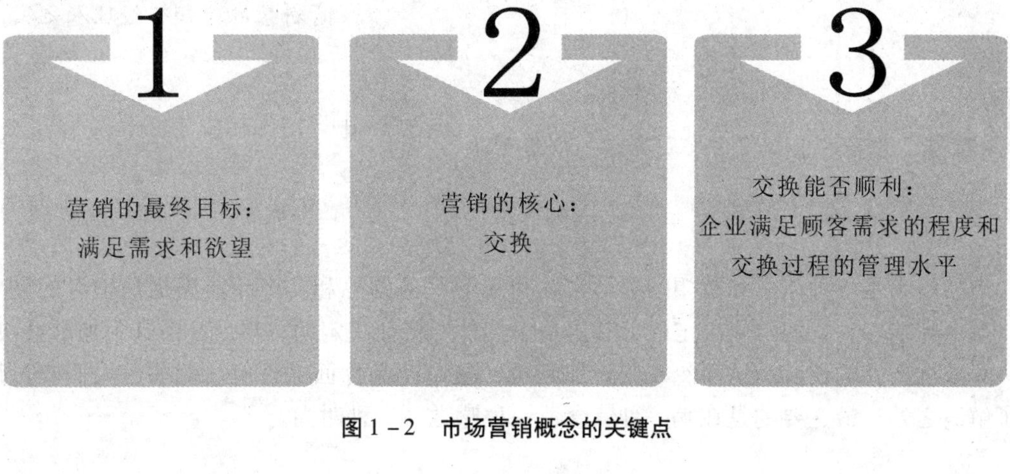

图 1－2　市场营销概念的关键点

二、理解市场营销工作中的主要术语

为了更好地理解和掌握市场营销的定义，需要弄清楚下面五组概念：

1. 需要、欲望、需求

需要是人类自身本能感受到的匮乏状态，它包括满足生理需要的食物、衣服、房屋等；满足社会需要的友谊和尊重等；满足自我价值的知识等。它是人类与生俱来的，而不是市场营销商创造出来的。

欲望是指想得到上述基本需要的具体满足品的愿望，是个人受不同文化环境影响，对基本需要的特定追求。为满足充饥需要，美国人可能想要汉堡，中国人可能想要面条或米饭。欲望可以用满足需要的实物来描述。

需求是具有一定购买能力的欲望。了解市场需求的大小，并有针对性地开展营销工作，是营销工作者追求的目标。欲望是无限的，但由于资源有限，需求仅为需要集合中的一部分。营销的目的就是发现需要中有支付能力的那部分，并使其变成现实需求。

实例 1－1　海尔大地瓜洗衣机

一位海尔的客户突发奇想：“洗衣机既然能洗衣服，为什么不能洗地瓜呢？”于是他就用洗衣机洗地瓜。没想到地瓜还真的洗干净了，但是洗衣机却不转了，因为洗衣机的下水管道太细，泥土把下水管道堵死了。海尔的一位维修人员把洗衣机修好后，回到办事处把此事当作笑话讲，办事处主任却因此受到启发：“为什么不能开发既能洗衣服，又能洗地瓜的洗衣机呢？”他把这一想法及时向总部汇报。总部经过研究，及时开发出“海尔大地瓜洗衣机”，而其上市后马上形成抢购热潮。从此，“海尔大地瓜洗衣机”的故事传开，成为“自己做个蛋糕自己吃”“创造需求、引导消费”等理念的最好注解。

（资料来源：知行经理人之家网）

思考：营销人员如何去发现需求，创造需求？

2. 产品

产品是满足各种需求和欲望的有形实体和无形服务的总和。产品能满足消费者的需求，首先是由其核心利益的价值决定的，其次是由其外形特征决定的，最后是由其附加利益决定的。只重视产品的核心利益而忽视其附加利益，是对产品片面的理解。例如，人们喝可乐，除了解渴之外，最主要的是在喝一种信念、一种感觉、一种时尚。

讨论 1－2：一家西式快餐店的产品是什么？

3. 顾客让渡价值、顾客满意、产品质量

顾客让渡价值是指顾客总价值与顾客总成本之间的差额。顾客总价值是指顾客购买某一产品与服务时所期望获得的一组利益，它包括产品价值、服务价值、人员价值和形象价值等。顾客总成本包括货币成本、时间成本、精神成本和体力成本。顾客在购买产品时，总希望从有关成本中获得更多的实际利益，使自己的需要得到最大限度的满足。另外，顾客在选购产品时，往往会从价值和成本两个方面进行比较分析，从中选择出价值最高、成本最低，即顾客让渡价值最大的产品作为优先选购的对象。

顾客满意是指顾客对一件产品的效能与其期望值进行比较后的感受。若产品效能低于顾客的期望，顾客就会不满；若效能接近期望，顾客就会感到满意；若效能高于期望，顾客就会非常惊喜，甚至形成产品忠诚度。

产品质量是指产品提供给顾客的，能反映其内在品质的东西。质量标准可能是由一些指标构成，也可能是以顾客的心理感受为准。产品质量是赢得顾客的心并使顾客满意的核心。以顾客对产品感受的好坏作为产品质量高低的标准已成为当前一种新的质量观，也是营销工作努力的目标。

讨论1－3：满意的顾客对企业有什么作用？如何使顾客满意？

4. 交换、交易、关系营销

交换是指通过提供某种东西作为回报，从别人那里取得所需物品的行为。由于社会分工不同，生产的产品需要以价值为基础，通过以货换货或以货币换货物的形式各取所需。交换是社会大生产中重要的一环，也是市场营销的核心概念。

交易是指买卖双方价值的交换，它是市场营销的度量单位。如某笔交易甲亏损 1 000 元，是指甲在以价值为基础的交换中，以货币为计量单位，损失了 1 000 元的金额。以非货币交易形式的以服务易服务、以物易物的交易行为也屡见不鲜，如国际贸易中法国以葡萄酒换中国的土特产等。

关系营销是指企业为了在交易过程中获得更多的利益，营销工作者与顾客、分销商、供应商、媒体机构、政府部门等建立良好的关系，通过互利原则，达到双赢的目的。关系营销的核心是企业对合作方的倾心投入和提供优质服务。企业与合作方关系融洽，可以节省许多交易成本，使营销利润最大化。

5. 市场

市场是指商品买卖交换的场所，这是传统的、狭义的市场概念。从营销的角度理解，市场由具有一定购买力的人群组成，是人群的集合。这部分人群包括现实的和潜在的。所谓潜在购买者，就是指有潜在兴趣、潜在需求、有可能购买这种商品的任何个人或组织。现代营销学认为，不能只看到现实的购买者是市场，通过有效的促销活动可以使潜在购买者转化成现实购买者，因而他们也是市场。

由此可见，市场大小是由对某产品需求的人数多少、购买力大小和购买欲望的强弱三个要素来确定的，而不是由地域的大小来决定。

市场 = 购买者 + 购买力 + 购买动机

实例 1 – 2　铱星手机

由工程师提议的“铱星通信系统”被评为美国最佳科技成果和世界伟大科技成果之一。铱星公司在把这种先进的设备推向全球市场时，借助一家公关集团，设计了一个耗资 1.4 亿美元的活动方案，在 45 个国家展开。最后，作为这次全球性产品推出的象征性活动，公关集团雇佣激光专家把公司的巨大星座标识打到云朵上面。然而，铱星公司运营一年之后，损失 100 亿美元，悲情陨落！铱星系统的高科技含量毋庸置疑，但 77 颗璀璨夺目的卫星把它绑定为高高在上的“贵族”——铱星手机每部价格高达 3 000 美元，其通话费用国内每分钟 9.8 元人民币，国际每分钟 27.4 元人民币。这一切使得铱星系统的用户数目远远低于公司的预测，在开业初期的两个季度，铱星系统在全球只发展了 1 万名用户，到宣布破产保护时才发展了 2 万多名客户。而据估计，若要赢利则至少需要 65 万名用户。

（资料来源：中国营销传播网）

思考： 铱星手机的失败警示营销人员应该如何判断市场？

学以致用

市场营销的定义专注于营销满足消费者需求的能力。作为大学生，营销如何满足你的需求？你的哪些生活领域受到营销的影响？哪些领域没受其影响？

第二节　树立正确的营销观念

作为一位市场营销职业人，一系列职业活动都应该在一定的经营指导思想下进行。市场营销观念就是经营的指导思想，有了明确的指导思想，才能有明确的态度和工作方法去从事市场营销活动。

营销观念，也称营销导向或营销理念，是企业制定营销战略、实施营销策略、组织开展营销活动所遵循的一系列指导思想的总称。企业的经营思想和观念不是固定不变的，它在一定的经济基础上产生和形成，并随着社会经济的发展和市场形势的变化而变化。营销观念大体上有五种：生产观念、产品观念、推销观念、市场营销观念和社会市场营销观念。前三者被称为传统营销观念，后两者被称为现代营销观念（如表 1 – 2 所示）。现代营销管理的首要环节就是要通过教育、培训、引导、说服等一系列活动，使企业全员树立起科学、正确的现代营销观念。

表1－2　五种营销观念比较

营销观念		营销程序	重点	手段	营销目标
传统营销观念	生产观念	产品→市场	产品	提高生产效率	通过扩大产量降低成本取得利润
	产品观念	产品→市场	产品	生产优质产品	通过提供质量扩大销量取得利润
	推销观念	产品→市场	产品	促进销售策略	通过销售促进活动扩大销量取得利润
现代营销观念	市场营销观念	市场→产品→市场	消费者需求	整体市场营销活动	通过满足消费者需求和欲望取得利润
	社会营销观念	市场→产品→市场	消费者需求和社会长期利益	协调性市场营销活动	通过满足消费者需求和欲望同时增加社会的长期利益取得利润

一、生产观念

生产观念（于20世纪初兴起）是一种传统的经营思想，20世纪20年代以前在西方发达国家占支配地位。当时，由于生产效率不是很高，许多商品的供应不能充分满足市场需要，因此，当时的工商企业把营销管理的重点放在生产上，即以生产观念为导向（如图1－3所示）。

图1－3　生产观念

生产观念认为，消费者喜欢那些可以随处买得到而且价格低廉的产品。所以，企业应致力于提高生产效率和分销效率，扩大生产，降低成本以扩展市场。显然，生产观念是一种重生产管理，轻市场营销的企业经营哲学。

实例 1－3　福特汽车公司的 T 型车

为了满足市场对汽车的大量需求，福特汽车在 20 世纪初采用了当时颇具竞争力的营销战略，只生产一种车型，即 T 型车，且只有一种颜色可供选择，即黑色。这样做的好处是福特能以最低的成本生产，并以最低的价格向消费者提供汽车。T 型车改变了美国人的生活方式，使美国变成了汽车王国。从 1908 年冬天开始，美国人便能以 825 美元的价格买到一部轻巧、有力、两级变速、容易驾驶的 T 型车。这大大增加了广大中产阶级对汽车的需求，而福特也因此成了美国最大的汽车制造商。到 1914 年的时候，福特汽车占有美国一半的市场份额。然而 1927 年福特不得不关闭 T 型车生产线，因为汽车多样化的时代开始了。

（资料来源、图源：搜狐汽车）

思考：结合案例分析福特汽车公司 T 型车的生产观念有何缺陷。

二、产品观念

产品观念（于20 世纪20 年代初兴起）是一种与生产观念类似的经营思想。它片面强调产品本身，而忽视市场需求，以为只要产品质量好、技术独到，自然会顾客盈门（如图 1－4所示）。

图 1－4　产品观念

生产观念和产品观念都属于以生产为中心的经营思想，其区别在于前者注重以量取胜，后者注重以质取胜。二者都没有把市场需求放在首位。

实例 1－4　摔不坏的沙发

有家沙发生产公司的老板抱怨消费者没有眼光，他们公司生产的沙发质量那么好却少有人问津。为了证明他们公司沙发的质量，他让员工把沙发从 10 楼扔了下去，请现场的消费者检验沙发有没有损坏。沙发虽然没有损坏，但是消费者却淡淡一笑，说道："我们买沙发不是为了从楼上扔下来摔不坏。"

（资料来源、图源：百度搜索）

思考：结合案例分析这家沙发生产公司的产品观念有何缺陷。

三、推销观念

推销观念（于 20 世纪 20 年代末至 50 年代前兴起）是生产观念的发展和延伸。20 世纪 20 年代末，西方国家的市场形势发生了重大变化。特别是 1929 年开始的经济萧条使大批产品供过于求，销售困难，竞争加剧，人们担心的已不是生产问题而是销路问题。于是，推销技术受到企业的特别重视，推销观念成为工商企业主要的指导思想（如图 1－5 所示）。

图 1－5　推销观念

推销观念较生产观念不同的是：前者是以抓推销为重点，通过开拓市场、扩大销售来获利；后者则是以抓生产为重点，通过增加产量、降低成本来获利。

实例 1－5　一夜之间崩盘的百亿单品

预调鸡尾酒持续走冷，百亿市场的泡沫最终还是破灭了。当 RIO（锐澳）母公司百润股份在 2017 年 2 月 25 日发布 2016 年业绩快报时，其大幅下滑的营收和净利，以及 1.42 亿元的亏损，让预调酒江湖的最后一面大旗左摇右晃。

而在 2014 年，预调鸡尾酒被预测为下一个百亿单品，行业年增长率高达 30%～50%。2015 年，锐澳被百润股份收购，100 元变 55 亿的财富神话将行业推向巅峰；年底，黑牛食品拍卖达奇生产线、总裁离职，锐澳销量陡降、产品滞销。2016 年，锐澳持续亏损，冰锐被爆停产、裁员、欠费。

两三年光阴，预调鸡尾酒从新生到走向巅峰，再迅速凋零。一个品类在短短时间内昙花一现，实属罕见，其背后隐藏着怎样的商业逻辑?

国内的预调酒早在 2002 年、2003 年便出现了，但市场一直不温不火。直到 2012 年，两大巨头锐澳和冰锐的对峙从渠道转向营销，才将其从夜场逐渐拉入大众视野。明星代言、热播剧植入、真人秀冠名，铺天盖地的鸡尾酒广告，瞬间抓住消费者眼球，成了“爆款单品”。

而锐澳和冰锐的营销拉锯战，实际上是一场抢夺媒体资源的硬仗。受众群体高度重叠，营销战略无限趋同，套路和打法也都采用高举高打、空中投放，谁出手“快、准、狠”，谁就更有优势。

2014 年，锐澳终于以 9.87 亿元营收反超冰锐成为行业第一。尝到甜头的锐澳，继续强势投放，2015 年上半年营收 16.17 亿元，维持高增速势头。后来，百润股份收购锐澳，100 元变 55 亿元的财富神话，更是将预调酒行业推上商业巅峰。而事情往往过犹不及，营销也终让锐澳，乃至预调酒整个行业自食恶果。各个品牌扎堆、霸屏式的跟风营销令人眼花缭乱，观众的兴奋也随之被消磨殆尽，出现审美疲劳。而在 2015 年上半年创造超 6 亿元利润的锐澳，却依然执着于娱乐营销，丝毫不见其有撤退之势。

事实上，锐澳的广告费用一直居高不下，仅 2015 年就高达 3.3 亿元。2017 年上半年，在营收和净利大幅双降的同时，广告费用也依然高达 1.54 亿元，比公司净利亏损额还要多出 0.09 亿元。

另外，根据娱乐营销带来的膨胀效果，锐澳定下的虚大的业绩目标导致大量“提前灌装”的产品积压在经销商仓库，自 2015 年下半年起便陷入滞销困境。

（资料来源：首席品牌官；图源：锐澳官网）

思考：锐澳预调鸡尾酒失败的原因是什么？试分析如何走出困境。

四、市场营销观念

市场营销观念（于20世纪50年代中期兴起）是一种全新的经营哲学，它是第二次世界大战后在美国新的市场形势下形成的。所谓市场营销观念，是一种以顾客需求和欲望为导向的经营哲学，它把企业的生产经营活动看作是一个不断满足顾客需要的过程，而不仅仅是制造或销售某种产品的过程。简言之，市场营销观念是“发现需求并设法满足它们”，而不是“制造产品并设法推销出去”；是“制造能够销售出去的产品”，而不是“推销已经生产出来的产品”（如图1－6所示）。

图1－6　市场营销观念

市场营销观念取代传统观念是企业经营思想上一次深刻的变革，是一次根本性的转变。其与传统观念的区别主要体现在以下四个方面（如表1－3所示）：

表1－3　营销与推销的区别

区别	营销	推销
中心	企业生产可以销售的产品	企业销售可以生产的产品
出发点	市场	企业
手段	营销组合	推销和促销
目的	通过顾客满意来获取利润	通过销售来获取利润

讨论1－4：菲利普·科特勒说：“推销不是市场营销最重要的部分，推销只是市场营销这一冰山的尖端。”既然推销不是市场营销最重要的部分，为什么又说它是市场营销这一冰山的尖端？为什么要把市场营销比作冰山而不是别的山脉？

实例 1－6　只有淡季的思想，没有淡季的市场

一般来讲，每年的 6 至 8 月是洗衣机销售的淡季。每到这段时间，很多厂家就把促销员从商场里撤回去了。张瑞敏心里纳闷：“难道天气越热，出汗越多，老百姓越不洗衣裳?”调查发现，不是老百姓不洗衣裳，而是夏天里 5 公斤的洗衣机不实用，既浪费水又浪费电。于是，海尔的科研人员很快设计出一种洗衣量只有 1.5 公斤的洗衣机——小小神童。小小神童投产后先在上海试销，因为张瑞敏认为上海人消费水平高又爱挑剔。结果，上海人马上认可了这种世界上最小的洗衣机。该产品在上海热销之后，很快又风靡全国。在不到两年的时间里，海尔的小小神童在全国卖了 100 多万台，并出口到日本和韩国。张瑞敏告诫员工说：“只有淡季的思想，没有淡季的市场。”

（资料来源：中国网；图源：海尔官网）

思考： 如何理解“只有淡季的思想，没有淡季的市场”？

五、社会市场营销观念

20 世纪 70 年代以来，西方国家的市场环境发生了许多变化，如能源短缺、通货膨胀、失业率上升、消费者保护运动盛行等。在这种背景下，人们纷纷对单纯的市场营销观念提出了怀疑和指责，认为市场营销观念没有真正被付诸实施，即使某些企业真正实行了市场营销，但它们却忽视了满足消费者个人需要同社会长远利益之间的矛盾，从而造成了资源的大量浪费和环境污染等社会弊端。例如，举世闻名的软饮料可口可乐和麦当劳汉堡等畅销商品，都曾受到美国消费者组织及环境保护组织的指责。菲利普 · 科特勒认为，可用“社会市场营销观念”来解释，这一提法现在已经为多数人所接受。

所谓社会市场营销观念，就是不仅仅要满足消费者的需要和欲望并由此获得企业的利润，而且要符合消费者自身和整个社会的长远利益，要正确处理消费者欲望、企业利润和社会整体利益之间的矛盾，统筹兼顾，以达到三者之间的平衡与协调（如图 1－7 所示）。

图 1－7　社会营销观念

学以致用

> 无论在发达地区还是欠发达地区，并非所有公司都按照营销观念来实施营销方案。能否举出产品导向或推销导向公司的例子？你会劝诫这些公司作出何种改变？

第三节　认识企业营销工作

作为一名市场营销人员，应该理解市场营销职业工作的内容、过程和方法。特别是在明确了职业定位的前提下，应该对市场营销职业前景、职业成长规律有着清晰的认识，以便在后面的学习与工作中，积极、高效地完成各项任务，提高业务能力。

一、认识市场营销职业及岗位

1. 市场营销职业前景

市场营销是一种多个行业都需要的职业。除了企业，政府机构、公用事业等非营利部门，也有一些专门从事营销的岗位或部门。与国外相比，市场营销在我国还是一个新兴的职业门类。但是，随着我国社会主义市场经济体制的日臻完善和经济全球化的推动，这一职业在我国已经焕发出勃勃生机。据我国有关人才市场统计数据显示，市场营销职业人才的需求量连续多年名列前茅。作为在市场经济大潮中各行业获取利润的关键环节，营销的地位毋庸置疑。

惠普前总裁孙振耀曾在“退休感言”中提到：“有个有趣的现象就是，500强的CEO当中最多的是销售出身，第二多的是财务出身，这两者加起来大概超过95%。”之所以会出现这种现象，原因就在于销售有助于了解整个公司的运营，与人打交道的经验积累也有助于人力管理。所以，优秀的市场营销专业人才更容易进入各行各业的高级管理层。市场营销是每一个有志之士规划自己辉煌职业生涯的必修课程。企业主对经历过“市场营销”专业训练的人才需求量较大。

2. 市场营销职业岗位及工作分析

市场营销职业领域遍及各类工商企业，涵盖一般消费品生产、工业品生产、房地产、医药、汽车等多个社会行业的市场营销活动及管理。随着社会分工的进一步发展，作为市场营销专业传统就业领域，工商企业的市场营销活动逐步呈现出一些细化特征，如市场分析、营销策划、市场推广、连锁经营管理等，市场营销专业就业领域也随之专门化。随着信息技术的发展、经济全球化的推动，网络营销活动必将成为全球经营活动的首选平台；随着社会分工的进一步细化与推动，基于网络的市场营销活动专业化也将是行业发展的必然趋势。市场营销职业的主要岗位及工作描述如表1－4所示：

表 1－4 市场营销职业的主要岗位及工作描述

就业方向	岗位级别			部门岗位职责
	第一级	第二级	第三级	
市场部岗位	市场部经理	产品主管/广告主管/市场拓展主管/市场公共主管/市场策划主管/促销主管/市场调研主管	产品专员/广告专员/市场拓展专员/市场公共专员/市场策划专员/促销专员/市场调研专员/督导员/培训专员	1. 根据市场调研结果，对现有市场进行分析和对未来市场进行预测 2. 负责市场策划、公关与市场开拓工作 3. 负责制订营销、产品、促销、形象等策划方案，并协助相关部门共同实施 4. 负责产品、产品线的规划与管理工作 5. 负责企业广告战略的制定与实施工作
销售部岗位	销售部经理	销售主管/销售内勤主管/渠道主管/商务主管/促销主管/售后服务主管	销售专员/销售工程师/销售行政助理/文员/渠道专员/商务代表/商务助理/促销专员/售后服务专员	1. 负责企业销售目标的达成与销售计划的实施 2. 负责销售渠道的拓展与管理工作 3. 负责商务活动的管理工作 4. 负责具体促销活动的组织与实施 5. 负责内勤事务的处理工作
客服部岗位	客服部经理	客户调查主管/客户开发主管/客户维护主管/大客户主管/售后服务主管/客户投诉主管/客户信息主管/呼叫中心主管	客户调查专员/客户开发专员/客户维护专员/大客户专员/售后服务专员/客户投诉专员/客户信息专员/呼叫中心专员/技术支持专员	1. 负责客户服务标准、业务标准和流程的制定，规范客户服务行为 2. 围绕客户开发计划，负责客户关系的维护与开发管理 3. 负责客户投诉处理及监督检查工作，发现问题及时解决 4. 负责呼叫中心的运营与管理工作 5. 负责大客户关系的重点维系与管理
品牌部岗位	品牌部经理	品牌策划主管/区域品牌主管/品牌运营主管	品牌设计专员/品牌规划专员/策划文案/品牌推广专员/品牌维护专员/品牌营销专员	1. 负责按照公司总体战略提炼、整合企业品牌资源，提升品牌价值 2. 负责企业品牌包装与形象策划，进行差异性品牌传播 3. 全面负责企业品牌运营与相关服务工作 4. 负责规范内部的品牌使用行为，并监控外部的品牌侵权行为 5. 负责与外部媒体进行沟通
广告部岗位	广告部经理	市场调研主管/媒介主管/创意制作主管/广告策划主管	市场调查专员/媒介购买专员/媒介策划专员/广告制作专员/文案/广告策划专员/平面设计专员/美工/专员	1. 负责整体广告策划方案的制订与执行工作 2. 负责广告创意的设计与实施 3. 负责广告媒介的策划、选择与购买等工作 4. 负责广告的市场调研工作 5. 负责各类广告文案的编写工作

（续上表）

就业方向	岗位级别			部门岗位职责
	第一级	第二级	第三级	
网络营销部岗位	网营部经理	网络推广主管/客户服务主管/电子商务主管/网络支持主管	网络推广专员/网络客户服务专员/商务代表/网络支持专员/广告策划专员/网络信息专员/美工/专员	1. 负责制订网络营销计划，并进行网络营销业务和营销合作 2. 负责通过网络进行业务推广和市场开拓工作 3. 负责制定公司网络品牌发展战略、品牌建设及市场调研等工作 4. 负责网络营销渠道的建立、规范与服务

二、确立营销职业道德

职业道德是从事一定职业的人在自身特定的工作中所必须遵守的行为规范的总和。营销人员职业道德就是营销者在营销行为过程中处理顾客、供应商、中间商、零售商、竞争对手、政府、社会团体等利益相关者之间相互关系的准则，包括营销人员的职业观念、职业情感、职业理想、职业态度、职业技能、职业良心、职业作风等多方面的内容。

遵守职业道德是营销人员事业成功的保证，不讲职业道德就做不好营销工作。做事先做人，做人德为先。不会做人，便不能做事；不善做事，便不善经商；做人失败，想在经营事业上取得成功也会很难。

实例 1－7　李嘉诚“诚”定基业

众所周知，李嘉诚是从塑胶花厂开始创业的。在创业初期，其资金极为有限。一次，一位急需大量塑胶花的外商来到他的公司，但这个外商要求李嘉诚必须拿出担保人亲笔签字的信誉担保书才肯订货。还没有什么实力的李嘉诚根本找不到担保人，但他没有放弃，他和公司的设计人员一夜没睡，按照外商的要求设计出了9款样品放到外商的面前。然后，李嘉诚诚恳地告诉外商：“我实在找不到殷实的厂商为我担保，十分抱歉。”

李嘉诚的诚恳执着，深深打动了外商，他说道：“李先生，我知道你最担心的是担保人。你不必为此事担心，我已经为你找好了一个担保人。”李嘉诚愣住了，哪里有对方找担保人的道理？外商微笑道：“这个担保人就是你。你的真诚和信用，就是最好的担保。”虽然这是个好机会，但李嘉诚感动之余还是说：“先生，蒙你如此信任，我不胜荣幸。但我还是不能和您签约，因为我的资金真的有限。”外商听了，极佩服他的为人，不但与之签约，还预付了货款。这笔生意使李嘉诚赚得了一笔可观的资金，为以后的发展奠定了基础。由此，李嘉诚也悟出了“坦诚第一，以诚待人”的原则，并获得了巨大成功。

（资料来源：“李嘉诚谈商录”；图源：世界经理人网）

思考： 为什么诚信是营销人员职业道德的核心？

1. 平等互惠，诚信无欺

这是营销工作者最基本的行为准则。营销工作者在工作中不能要手腕，坑蒙消费者，擅自压价或变相提价；要恪守营销承诺，绝不能图一时之利而损害企业信誉。在营销中，营销工作者只有通过诚实的劳动和创造，以及守规、勤业和敬业的职业态度与职业行为，才能赢得消费者足够的信任。

2. 通晓业务，优质服务

营销人员要博学多才，业务娴熟；要牢固树立服务至上的营销理念；要善于收集信息、把握市场行情；要灵活运用各种促销手段，拉近与客户的距离，成功地进行沟通；要熟悉经销商品的性能，主动、准确地传达商品信息；要为顾客排忧解难，满足他们的需求；要以认真负责的态度，尊重、维护客户的合法权益，竭诚地为客户提供良好的服务。

3. 当好参谋，引导消费

营销是生产者与消费者之间的媒介和桥梁。营销工作者要在与消费者的沟通中，了解不同对象的不同需求，引导消费者接受新的消费观念；同时，又要将消费者的需求信息传达给生产者，以帮助企业制定战略和调整改进生产。

4. 遵纪守法，公私分明

生产者往往赋予营销工作者一定的职权，营销人员应经得起利益的诱惑，不赚取规定之外的私利，不进行转手倒卖等各种谋私活动。因此，营销人员应正确处理好物质利益与法律法规的关系，在遵纪守法的前提下获取物质利益。

5. 团结互助，共同成长

营销团队内部关系的状况及其整体结合的程度，关系到营销人员队伍的健康发展。作为营销人员，应具有与团队“同生共存”的意识和全局观念，在选择自己的道德行为时应做有利于团队内部关系和整体结构优化的选择。作为不同层次的业务员团队的领导者，应关注团队内部关系的状况，致力于塑造齐心协力的团队。

总之，营销人员既是业务实践的主体，又是道德实践的主体，二者融汇于具体职业实践之中。而主体的道德水准及业务素质，对其职业行为起着价值导向和调节作用，影响其行为的结果，作用于行业和社会，对它们产生积极的或消极的影响。营销人员良好的职业道德不仅可以树立自身的职业形象，拓展业务；还可以更好地维护企业的形象，并促进行业的健康发展。

学以致用

到企业或招聘网站上调查一下，了解企业在招聘营销人才时，相关岗位的要求和最看重的三个要素是什么？思考有没有你理想的职业岗位。

第四节　认识营销组合工具及营销过程

一、认识营销工具：营销组合

在考虑如何用最佳方式向消费者呈现产品和服务时，营销人员要做很多决策，所以他们需要工具。营销人员的策略工具箱是市场营销组合（Marketing Mix）。这些工具包括产品本身、产品价格、把产品介绍给消费者的促销活动以及可获得产品的渠道。市场营销组合的要素就是经常说到的“4P”，即产品（Product）、价格（Price）、促销（Promotion）、渠道（Place），以及它们的组合。组合的观念提醒我们，没有哪一项单一的营销活动足以实现组织的目标。

尽管我们把“4P”作为营销策略的独立部分加以讨论，但事实上，产品、价格、促销和分销是完全相互依存的，任何一个决策都受到其他营销组合决策的影响，同时也影响其他营销组合的决策。假如公司推出一种高品质的产品，这种产品比其他任何现行生产线上的产品都昂贵，公司对这种新产品的定价首先要包含成本，另外公司还要制定广告和其他促销策略来传递高品质的形象；同时，公司还要把高端零售商包括在分销策略中，因此市场营销组合因素必须一起合作。本书后面的部分会详细研究营销组合的这些部分。现在让我们来简单看一下每个 P 的含义及其在营销组合中扮演的角色（如图 1－8 所示）。

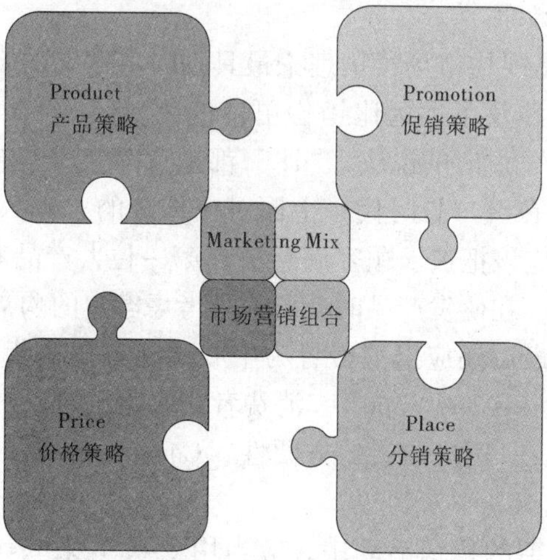

图 1－8　市场营销组合

1. 产品（Product）

产品可以是物品、服务、观念、地点、人物，可以是任何在交换中用来满足消费者需求的东西。产品是很多不同因素的组合，包括产品的效用、质量、外观、式样、品牌、包装和规格，还包括服务和保证等因素，它们对于产品的成功来说都很重要。企业在制定产品策略时要考虑以下几个因素：产品性能能否满足消费者的需求？产品有哪些特点？产品的外观与包装如何？产品的服务与保证如何？产品还能进行哪些改进和创新？

2. 价格（Price）

价格是对价值的量化表示，或消费者为获得交易物必须支付的货币数量。价格经常被作为激发消费者兴趣的方法。这种情况发生在当一种产品推向市场销售时，如果营销人员要传递高品质的形象或新鲜事物，他们会努力用比人们熟悉的更高的价格卖出这种产品。企业在定价时要考虑以下几个因素：企业的合理利润以及顾客可以接受的价格是否得到考虑？定价是否符合公司的定位和品牌形象？价格是否符合企业的竞争策略？

3. 促销（Promotion）

促销包括营销人员用来告知消费者产品信息和激励潜在消费者购买这些产品所进行的所有活动。促销有很多形式，包括人员推销、电视广告、店面优惠券、广告牌、杂志广告和新闻发布等。企业要考虑如何通过广告、公关、营业推广和人员推销等手段，将产品信息传递给消费者，以促成消费行为的达成。

4. 分销（Place）

分销是指在期望的时间和地点，产品对于顾客的可获得性。它与供应链相关——供应链指一起努力让产品从生产者最后传递到消费者手中的总和。企业要考虑产品通过什么渠道销售，以及如何将产品顺利送抵消费者的手中。

以上“4P”是市场营销过程中可以控制的因素，也是企业进行市场营销活动的主要手段。对它们的具体运用，形成了企业的市场营销策略。企业要满足顾客，实现经营目标，不能孤立地只是考虑某一因素和手段，必须从目标市场需求和市场营销环境的特点出发，根据企业的资源和优势，综合运用各种市场营销手段，形成统一的、配套的市场营销战略，使之发挥整体效应，争取最佳效果。

“4P”理论的提出，是现代市场营销理论最具划时代意义的变革。“从此，营销管理成了公司管理的一个部分，涉及了远远比销售更广的领域。”今天，无论有多少新的营销名词，无论有多少关于“4P”过时的说法，“4P”都是营销管理理论的基石。

1990年，劳特朗先生在《广告时代》上面对应传统的“4P”提出了新的观点：“营销的4C”。它强调企业首先应该把追求顾客满意放在第一位，产品和服务必须满足顾客需求，同时降低顾客的购买成本，在研发产品时就要充分考虑客户的购买力，然后要充分注意到顾客购买过程中的便利性，最后还应以消费者为中心实施有效的营销沟通。4C即：消费者的需要与欲望（Customer's needs and wants），消费者获取满足的成本（Cost and Value to satisfy consumer's needs and wants），用户购买的方便性（Convenience to buy），与用户沟通（Communication with consumer）。

有人甚至认为在新时期的营销活动中，应当用“4C”来取代“4P”。但许多学者仍然认为，“4C”的提出只是进一步明确了企业营销策略的基本前提和指导思想，从操作层面上讲，仍然必须通过“4P”为代表的营销活动来具体运作。所以“4C”只是深化了“4P”而不能取代“4P”。“4P”仍然是目前为止对营销策略组合最为简洁明了的诠释。

二、认识市场营销工作过程

市场营销涉及对顾客的需求和欲望的满足，企业的任务是在赢利的前提下向顾客传播价值。一家公司要想取胜，必须仔细调整价值传递过程，发现、选择、提供、创造、传播、传递、实现真正出色的价值，并实现价值长期持续增长。图 1－9 描绘了企业创造和实现价值的一般过程。

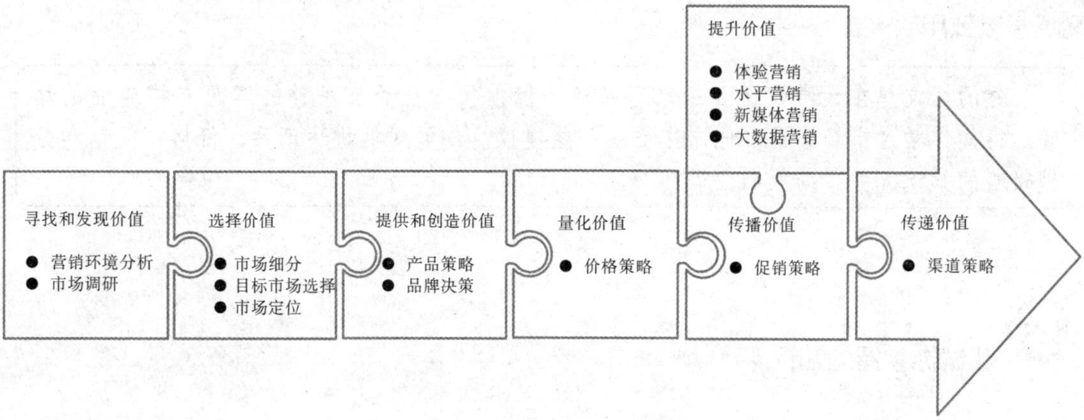

图 1－9　营销工作流程

1. 发现价值

营销人员通过市场调研和营销环境及消费者行为分析，发现消费者现实和潜在的需求，挖掘各种市场机会，发现价值。

2. 选择价值

它是在产品生产之前营销人员必须做的战略准备。企业评估市场机会后进行市场细分，分析每个细分市场的特点、需求趋势和竞争状况，并根据本公司优势，选择自己的目标市场。由于每个市场都有自己的需求、感受、偏好和购买标准，因此，企业必须为精心界定的目标市场设计所需的产品，确定产品的价值定位。“对市场进行细分，选择目标市场，进行市场定位（Segmentation，Targeting，Positioning，简称 STP）”这一公式是战略营销的本质所在。

3. 提供和创造价值

这个阶段企业必须围绕目标消费者的需求设计和生产产品，进行品牌决策。这就是产品策略和品牌决策。

4. 量化价值

依据销售产品的定位、顾客的支付能力及竞争情况给产品制定一个适宜的价格。这就是价格策略。

5. 传播价值

这个阶段企业要通过广告、促销、人员推销等吸引目标消费者的注意，并告诉目标消费者产品优势是什么、产品的价值所在。这就是促销策略。

6. 传递价值

当消费者想购买的时候要让其能方便、放心地购买到。这就是产品的分销渠道策略。

7. 提升价值

在具体执行营销策略的过程中，企业还要根据市场的新的变化和趋势，利用新的营销方式和工具使价值得以增长和提升。

学以致用

你的朋友想在大学校园开一家甜品店，但他担心能否有足够的客源支撑店面的运营。得知你学过市场营销，他向你征求一些建议。你能对他讲述产品、价格、促销和分销策略的知识，并帮助他创业吗？

测试你掌握的知识

1. 简述什么是市场营销。
2. 举例说明企业如何去发现需求，满足需求，创造需求从而赢利。
3. 画图说明现代市场营销观念与传统市场营销观念的区别。
4. 试析市场营销在公司扮演的角色。
5. 市场营销的工作过程包含哪些内容？
6. 列出并说明营销组合的要素。

实训模块 1　组建营销团队

按 4 ~ 6 人为一小组组建营销团队，给团队起一个名字，设计 LOGO 及团队口号；确定团队负责人（项目经理），进行团队内部分工。初步确定准备涉足的行业（可以从老师给定的企业中选择，也可以选择大家感兴趣的、将来想从事的行业）。

具体操作步骤可参考配套实训教材，也可扫描二维码登录实干邦平台进行实训操作。

第二章　寻找价值——扫描环境捕捉机会

营销正变得越来越取决于信息而不是销售力。

——菲利普·科特勒

【学习目标】

1. 把握营销环境因素对市场营销活动的影响。
2. 掌握营销环境的分析方法及实际应用。
3. 把握不同市场的购买行为和购买决策过程。

【思维导图】

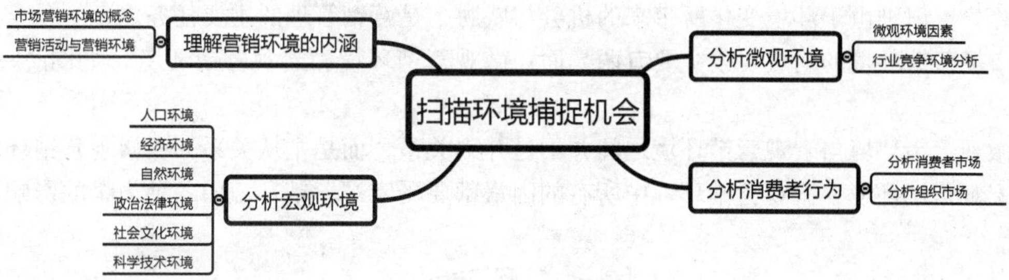

【营销实战】

没有 Wi-Fi 但故事很多　24 小时书店点亮城市深夜

据数据统计，在过去的十年间，有将近 5 成的民营传统书店关门倒闭。然而近些年，独立书店却异常火爆。

在广州，有一家叫“1200”的书店，因为独特的气质成了网红。它全天 24 小时营业，没有 Wi-Fi，不卖武侠和励志书，为背包客提供免费住宿。就是这样一个 24 小时不打烊书店，不但经营得不错，而且三年在同一个街区连续开了三家店。

1200 书店店主刘二喜说道：“书店是一个经营者的乌托邦。我们除了提供人文图书，还提供一种人情味。我们确实被情怀打动了。我没有把它当作一个投资、一门生意去做。”

1200 书店从 2014 年第一家店开业以来，不但没有亏损，还以一年一家的速度发展到目前的三家店。同时，以网红的态势圈粉无数，吸引了许多爱读书的人来体验它的温馨和包容。

（资料来源：央视网）

思考：1. 为什么传统书店经营状况恶化，接连关门倒闭？
2. 在传统书店接连关门的环境中，为什么1200书店能如此火爆？
3. 影响消费者购买图书的因素有哪些？其购买的决策过程是怎样的？

第一节　理解营销环境的内涵

一、理解市场营销环境的概念

市场营销环境是指直接或间接地影响企业营销活动的所有企业外部力量和相关因素的集合，是企业营销职能外部的、不可控制的因素和力量。企业的营销行为既要受企业内部条件的制约，也要受外部环境的制约。因此，关注并研究企业内外营销环境的变化，把握环境变化的趋势，识别由于环境变化所带来的机会与威胁，是营销管理的主要任务之一。

市场营销环境的构成要素主要有两方面：微观营销环境和宏观营销环境（如图2－1所示）。

微观营销环境与宏观营销环境之间并不是并列关系，而是主从关系——微观营销环境受制于宏观营销环境，微观营销环境中所有的因素都要受宏观营销环境中各种力量的影响。

图2－1　市场营销环境的构成

讨论2－1：除了上述因素以外，你觉得还有哪些因素影响企业营销决策？

二、营销活动与营销环境

市场营销环境通过其内容的不断扩大及其自身各因素的不断变化，对企业营销活动产生影响。营销环境是企业营销活动的制约因素，营销活动依赖于这些环境才得以正常进行。这表现在：营销管理者虽然可控制企业的大部分营销活动，但必须注意环境对营销决策的影响，不得超越环境的限制；营销管理者虽然能分析、认识营销环境提供的机会，但无法控制所有有利因素的变化，更无法有效地控制竞争对手；由于营销决策与环境之间的关系复杂多变，营销管理者无法直接把握企业决策实施的最终结果。此外，企业营销活动所需的各种资源需要在环境许可的条件下取得，企业生产与经营的各种产品也需要获得消费者或用户的认可与接纳。

虽然企业营销活动必须与其所处的外部环境相适应，但营销活动绝非只能被动地接受环境的影响，营销管理者应采取积极、主动的态度去适应营销环境。

就宏观环境而言，企业可以通过不同的方式增强适应环境的能力，避免来自环境的威胁，有效地把握市场机会。在一定条件下，企业也可以运用自身的资源，积极影响和改变环境因素，创造更有利于企业营销活动的空间。

就微观环境而言，直接影响企业营销能力的各种参与者，事实上都是企业的利益共同体。按照市场营销的双赢原则，企业的营销活动应为顾客、供应商和营销中间商带来利益，并造福于社会公众。即使是竞争者，也存在互相学习、互相促进的因素，有时也会联合行动，甚至成为合作者。

讨论2－2：如何理解“企业也可以运用自身的资源，积极影响和改变环境因素”这句话？

学以致用

学校门口有一条美食街，试分析其中一家餐厅会受到哪些营销环境影响。如果你是这家餐厅老板，你会根据这些营销环境采取什么行动？

第二节　分析宏观环境

宏观环境因素包括人口、经济、自然、政治法律、社会文化和科学技术六大因素（如图2－2所示）。

企业及其微观营销环境的参与者，无不处在宏观营销环境之中。通过识别宏观环境趋势，营销人员可以发现许多机会。一项新产品或市场计划，如果能与强大的趋势相一致，就可能会更加成功。对于营销人员来说，最终的挑战是理解趋势的真正本质，同时确定它会对你所处的营销环境带来怎样的影响。

图 2－2　宏观环境的构成

1. 人口环境

营销人员关注人口趋势是因为人口构成了市场。人口环境包括人口的规模、构成、地理分布、教育水平等。

（1）人口规模对企业营销的影响。人口的多少直接决定市场的潜在容量。根据联合国发布的人口报告，2050 年世界人口预计将达到 93 亿。

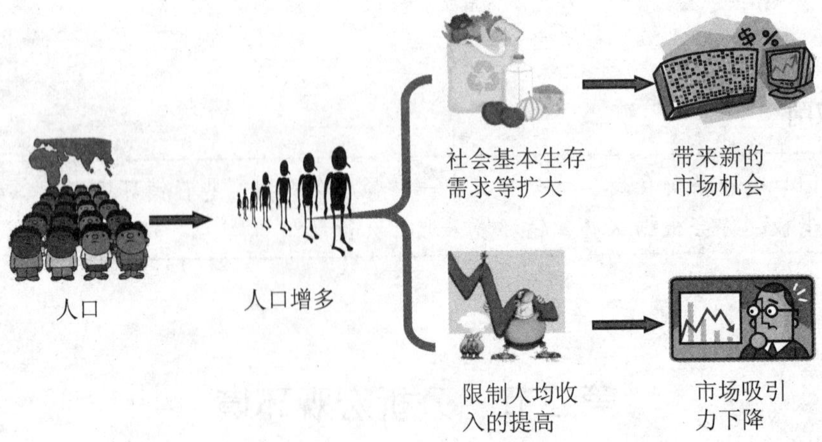

图 2－3　人口规模对企业营销的影响

（2）人口结构对企业营销的影响。人口结构主要包括年龄结构、家庭结构、社会与民族结构。

①年龄结构。不同年龄的消费者有着不同的购买动机和习惯，对商品的需求也不一样。因此，人口的年龄结构对市场需求会产生直接的影响。

②家庭结构。现代家庭既是社会的细胞，也是购买、消费的基本单位。家庭的数量、规模、结构等也直接影响商品的需求。目前，家庭普遍呈现规模缩小、数量增加的趋势。

实例2-1　二孩放开政策，带来哪些商机？

十八届五中全会公布二孩放开，举国沸腾。不论这会对我国人口结构产生怎样的影响，也不论80、90后年轻人“生不生得起”的问题，只从商业和移动互联网方面来讲，或许释放出的是积极信号。

据华泰证券预测，全面放开二孩，每年将有可能增加新生儿100~200万人，预计2018年新生儿有望超过2 000万人。其所蕴含的消费红利大约每年达1 200~1 600亿元。

房地产、母婴医疗、食品、玩具、儿童服饰、家用汽车、教育培训等行业上市公司的业绩均有望迎来爆发式增长。

（资料来源：青年创业网）

思考：1. 除了上述商机，你还能想到哪些机遇？
2. 放开二孩政策是否会带来消极影响？

③民族结构。不同民族的生活习惯、文化传统、消费偏好等都不相同，其市场需求也不相同。因此，营销人员应注意民族市场的营销，重视开发适合各民族特性、受其欢迎的商品。

（3）人口地理分布对企业营销的影响。人口的地理分布对企业营销活动产生很大的影响，主要体现在两方面：

①不同的地理环境会使消费者的消费需求和购买行为产生较大的差异。例如，在我国，“南淡北咸、东甜西辣”是对不同地方的饮食差异的形象概括，因此，饮食的差异对不同地区消费者的食品需求产生较大的影响。

②人口的区间流动性越来越大，这对商品需求也起着决定性影响。目前，我国的人口流向主要是从农村到城市，城市人口迅速增加，人口密度增大，这为企业增加商业网点，扩大市场提供了良好的机会。

实例2-2　游客来血拼　广州多个老牌百货公司营业收入增长

春节长假，不少市民以家庭为单位外出旅游或逛游广州，珠三角周边地区的游客大量涌入广州购物。新年串门探亲、拜年送礼的需求，带动了宾客的年货采购热情。煎堆、油角、笑口枣、腊肠等传统风味年货销售火热，“茅台”更是市场紧俏，而台湾酥饼、欧美糖果等新奇年货备受消费者欢迎，带动年货销售同比有近10%的增幅。同时，家庭类消费及民生类消费表现强劲，众多家庭用品、床上用品价格优惠，吸引了消费者。

（资料来源：《广州日报》）

思考：除了上述商品销售量上涨以外，游客还会给商家带来哪些商机？

2. 经济环境

只有具备购买能力的需求才是现实的市场需求。由于经济环境直接影响顾客的需求，因此企业营销人员必须了解经济环境，留意各种经济趋势。

（1）消费者收入。消费者收入是指消费者个人从各种来源中所得到的货币收入，包括工资、奖金、其他劳动收入、红利、馈赠、出租收入等。消费者收入是影响社会购买力、市场规模大小、消费者支出多少和模式的一个重要因素。

对营销活动影响最大的消费者收入是个人可支配收入和个人可任意支配收入。

①个人可支配收入：指个人应得收入扣除应由个人负担的直接税及非税性负担之后的余额。

②个人可任意支配收入：在个人可支配收入中扣除消费者用于购买生活必需品的支出和固定支出（如房租、水电、食物、分期付款等）后的余额即为个人可任意支配收入，是影响需求的最活跃的因素。

讨论 2－3：在分析消费者收入时，“货币收入”和“实际收入”是否相同？

（2）消费者支出模式。消费者支出模式主要取决于其收入水平，用于考察消费收入与消费支出之间的关系最常用的是“恩格尔系数”。

“恩格尔系数”指出：①随着家庭收入的增加，食品支出占家庭收入的比重下降；②随着家庭收入的增加，住宅建筑和家务经营方面的支出占家庭收入的比重将维持大体不变；③随着家庭收入的增加，其他方面（如服装、交通、娱乐、教育等）的支出和储蓄占家庭收入的比重上升。

相关链接：恩格尔系数

恩格尔系数是德国统计学家恩斯特·恩格尔（Ernst Engel）提出的，指的是食物支出所占家庭收入的比例，其计算公式为：食物支出变动的百分比 ÷ 收入变动的百分比。联合国以恩格尔系数作为划分、衡量一个国家或地区贫困与富裕的标准：恩格尔系数 >59% 为贫困；50% < 恩格尔系数 < 59% 为温饱；40% < 恩格尔系数 < 50% 为小康；30% < 恩格尔系数 < 40% 为富裕；恩格尔系数 < 30% 为最富裕。2015 年中国城镇居民家庭恩格尔系数为 34.8%，中国农村居民家庭恩格尔系数为 37.1%；2015 年中国城镇化率为 56.10%。

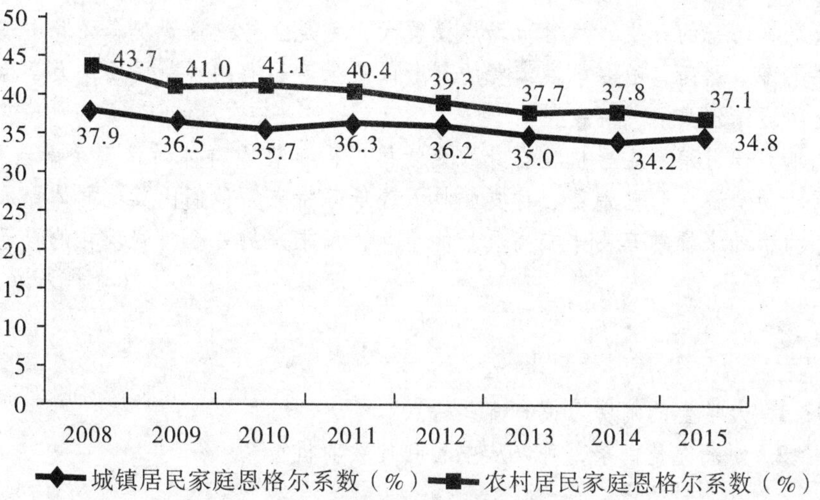

2008—2015 年中国居民家庭城乡恩格尔系数（单位:%）

2010—2015 年中国居民人均可支配收入

（资料来源、图源：人民网、中国产业信息网）

（3）消费者储蓄与信贷。消费者个人收入不可能全部用掉，总有一部分以各种形式储蓄起来，这是一种推迟了的潜在购买力。储蓄越多，现实的消费量就越小，但潜在消费量就越大。不同消费者的储蓄动机不尽相同，营销人员应当全面了解消费者的储蓄情况和储蓄动机。消费者信贷指的是消费者凭信用先取得商品使用权，然后按期归还贷款，以购买商品。实际上就是消费者提前支取未来的收入，即提前消费。我国现阶段的消费信贷正在各个方面逐步兴起。

实例 2－3　中国大学生消费金融市场

2016 年，我国大学生消费市场规模达到 4 524 亿元，同比增长 4.7%，并呈增长趋势。但是大学生消费市场和成年人市场不同，他们每月的生活费几乎等同于可消费金额；而且，由于存在饭费等必需的开支，尽管市场规模较大，可是在传统消费观念环境中消费信贷能渗透的领域并不多。然而，随着电商消费的刺激以及生活品质的不断提高，大学生消费与社会消费间的差距逐渐消失。

最近几年，通过消费金融机构自身的大量推广，年轻人群体对消费金融业务更加了解。年轻人具有冲动消费、超前消费、可支配收入较低等特点，他们比其他群体更加需要通过消费金融服务的帮助来提前享受未来高质量的生活，用未来的资金投资现在的自己。

（资料来源：艾瑞咨询）

思考：1. 大学生的消费习惯有哪些特点？

2. 如果你是商家，可以从中看到什么商机？

3. 自然环境

一个国家或地区的自然环境包括该地的自然资源、地形地貌和气候条件，这些因素都会不同程度地影响企业的营销活动。企业要避免自然环境带来的威胁，要最大限度地利用环境变化可能带来的市场营销机会，就应不断地分析和认识自然环境变化的趋势，根据不同的环境情况来设计、生产和销售产品。

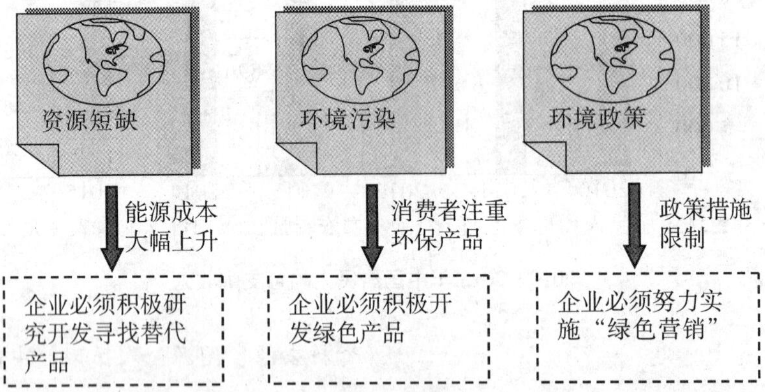

图2-4　自然环境对企业营销的影响

实例2-4　美国3M独占雾霾商机

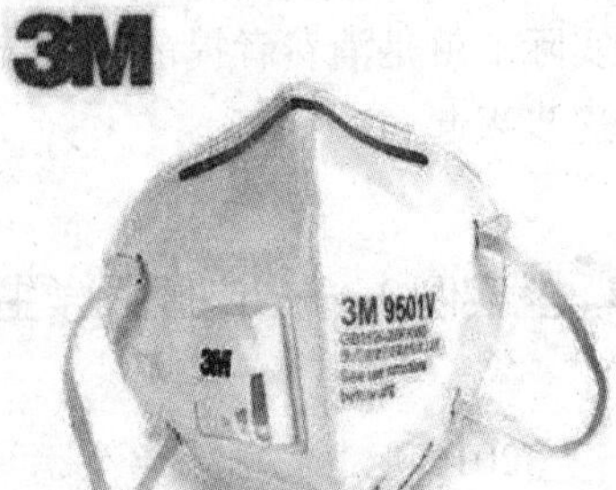

由于各地雾霾天气频繁出现，防霾口罩也呈热销趋势。目前，在国内防霾口罩领域，一家美国科技公司3M抢走了“雾霾商机”，占据了绝大部分市场份额。根据相关报告，“2015年口罩行业十大品牌企业”排名，前五名分别是3M、绿盾、霍尼韦尔、优唯斯和白元。其中，只有绿盾一家是中国本土品牌。据中国纺织品商业协会统计，中国各类防护口罩年需求量在8亿只左右，其中民用口罩大约2亿只，占需求量的25%。有业内人士向记者预测，3M可能包揽了国内整个防霾口罩市场大概90%的份额，而绿盾则占领了剩下10%份额里面的一半，其他品牌瓜分剩下的5%。

（资料来源：263财富网，图源：搜狐网）

思考：1. 雾霾还能给企业带来哪些商机？

2. 雾霾口罩都被外资品牌抢走了，国内企业到底哪里做得不好？

4. 政治法律环境

政治法律环境是由强制和影响社会上各种组织和个人行为的法律、政府机构、公众团体所组成的。在任何社会制度下，企业的营销活动都必定要受到政治法律环境的强制和约束，其对营销决策的影响相当重要。

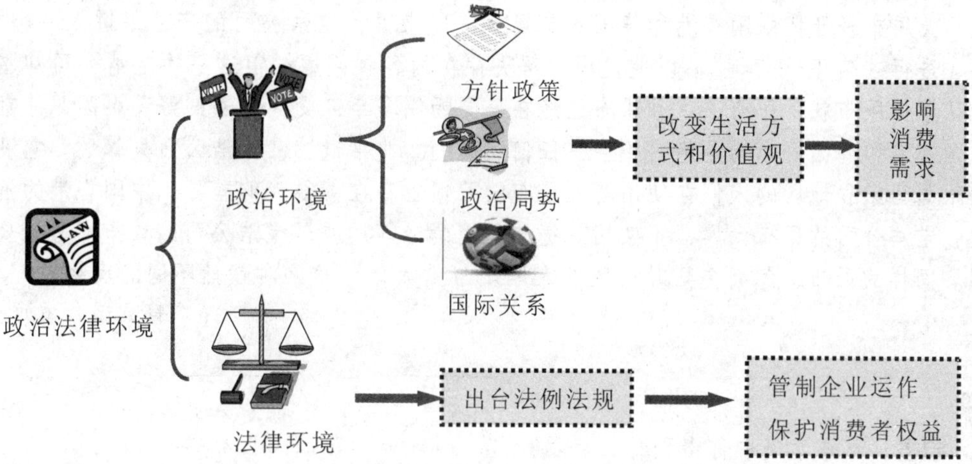

图2－5　政治法律环境对企业营销的影响

实例2－5　美国限制外国公民入境　东盟推广旅游、教育抢商机

2017年1月27日，美国新上任总统特朗普签署行政命令：90天内暂停伊朗、苏丹、叙利亚、利比亚、索马里、也门和伊拉克7国公民入境；无限期禁止叙利亚难民进入美国；120天内暂停所有难民入境。据路透社报道，亚航集团总执行长丹斯里东尼费南德斯表示，这正是东盟国家吸引旅客前来的好机会，东盟国家可积极推广旅游及教育产业，并从中获利。

多数国民为穆斯林的马来西亚是最受中东游客喜欢的国家。马来西亚去年到访游客近20万人次，其中包括阿联酋、沙特阿拉伯、伊拉克以及卡塔尔等国游客。马来西亚还是医药旅游和清真旅游业的主要据点，拥有大量清真认证的食物和产品。泰国旅游官方也表示，美国限制穆斯林入境将提高赴泰游客数量，刺激泰国旅游业发展。

（资料来源：《南洋商报》）

思考： 如何看待“7 国禁令”？这是商机还是威胁？

5. 社会文化环境

社会文化环境是指一个国家、地区或民族的传统文化，通常由价值观念、信仰、风俗习惯、行为方式、社会群体及相互关系等内容构成。这些社会文化力量影响着人们的生活和行为方式，进而影响着人们的购买动机和行为。因此，企业的营销人员在产品和商标的设计、提供广告和服务等方面，要充分考虑、了解和尊重当地的传统文化，以避免遭受不必要的损失。

实例 2-6　宝洁公司的教训

20 世纪 80 年代，美国生产婴儿尿布的头号厂家宝洁公司，决定用在美国市场上最受欢迎的婴儿尿布来开拓中国香港和德国的市场。一般来说，宝洁公司的产品每进入一个市场，都要先进行“实地试营销”，以便发现和解决存在的各种问题。但这一次宝洁公司却胸有成竹地认为：尿布就是尿布，这种尿布已经在美国畅销多年，受到普遍的好评。因此，直接进入中国香港和德国的市场是绝对不会有任何问题的。非常遗憾，宝洁公司失算了。它没有想到，不同国家和地区的人们在使用婴儿尿布的习惯上存在着很大的差异。中国香港的消费者反映，宝洁公司的尿布太厚，不实用。德国的消费者却反映，宝洁公司的尿布太薄，吸水性不强。同样的尿布，怎么会同时出现“太厚”与“太薄”这两种截然不同的反映呢？

（资料来源：百度文库）

思考： 从该案例中你得到什么启示？

6. 科学技术环境

科学技术的发展对社会的进步、经济的增长和人类社会生活方式的变革都起着巨大的推动作用。科学技术环境不仅直接影响企业内部的生产和经营，还影响企业的营销内容、营销方式等。企业可以应用新技术不断更新原有产品，满足消费者的多种需求和个性化需求；而新技术的出现，也使产品的市场生命周期明显缩短。同时，新技术的不断出现有利于企业改善经营管理并改变消费者的购物习惯。

当前，世界新科技革命正在兴起，生产的增长越来越多地依赖科技进步，产品从进入市场到市场成熟的时间不断缩短，高新科技不断改造传统产业，加速了新兴产业的建立和发展。值得注意的是，高新科技的发展促进了产业结构趋向尖端化、软性化、服务化，营销管理者必须更多地考虑应用尖端技术，重视软件开发，加强对用户的服务，以适应知识经济时代的要求。

实例 2－7　Endless Pools（无边无际的游泳池）

国外一家公司发明了一套名叫“Endless Pools”的设备。它可以让你在家里只有床铺大小的地方，体验如入 50 米标准游泳赛道的感觉。该设备售价约为 2 万美金。

Endless Pools 的设计原理其实并不复杂，它借鉴了按摩浴缸的技术，但用了一台超大输出功率的抽水泵，这个抽水泵让水流动起来，在泳池内自循环吸水、喷水，有了强大的水流通过，体验者想怎么游就怎么游。

这个泳池不仅可以游泳，还可以做别的健身运动。它拥有配套划船机工具、水下跑步机。除此以外，还可以做水疗。这种设备兼具健身、娱乐、休闲功能。

（资料来源、图源：Instachina）

思考： 1. 从该案例中你得到什么启示？

2. 它的竞争对手是谁？是否会给竞争对手带来威胁？

学以致用

尝试收集资料，与同学分享一下，你认为哪些行业前景比较好？为什么？

第三节　分析微观环境

企业的微观环境是指与企业营销活动直接发生关系、影响企业为目标顾客服务能力的因素的集合，也是直接影响企业营销效果的力量。它包括企业、供应商、营销中介、顾客、竞争者和公众。

一、微观环境因素

1. 企业

企业由各个职能部门组成，包括财务、采购、生产、研发、营销等部门（如图 2－6 所示）。营销部门在营销管理过程中，必须处理好同其他部门的关系。同时，重要的营销决策必须得到最高管理层的批准，否则营销策划难以实施。

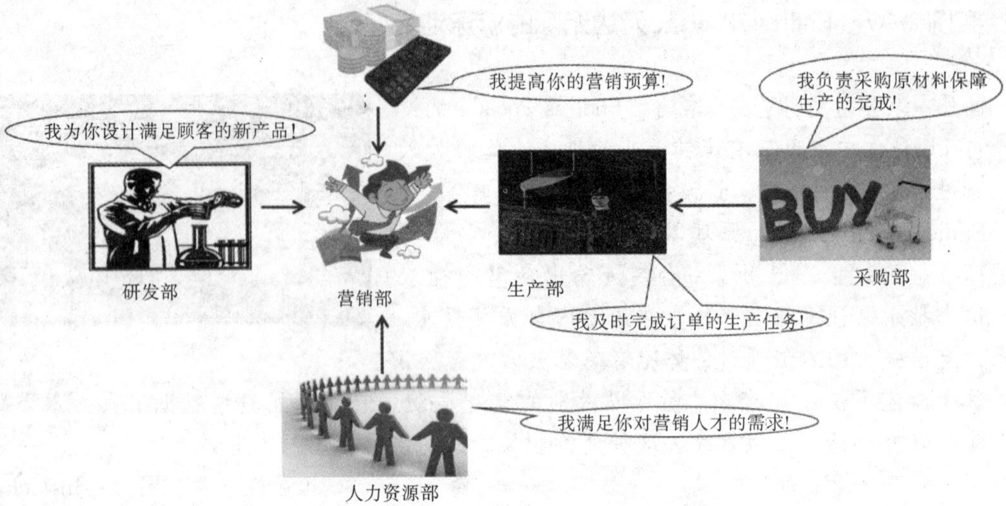

图 2－6　企业内部的联系

讨论 2－4：企业里有哪些工作是与营销相关的？

2. 供应商

供应商是指向企业提供所需资源的企业和个人，包括提供原材料、零部件、设备、能源、劳务及其他用品等。供应商决定了产品原料的价格、质量以及供应水平，直接制约着企业产品的成本、利润、销售量及生产进度的安排。因此，企业必须注意供应商的资信状况，保证企业生产资源供应的稳定性；同时不能过分依赖一家或少数几家供应商，应努力使自己的供应商多样化，以免与供应商的关系发生变化时，企业陷入困境。

讨论 2－5：零售商在选择供应商的时候要考虑哪些问题？

3. 营销中介

营销中介是指协助企业促销、销售和配送其产品给最终购买者的企业或个人（如图 2－7 所示）。

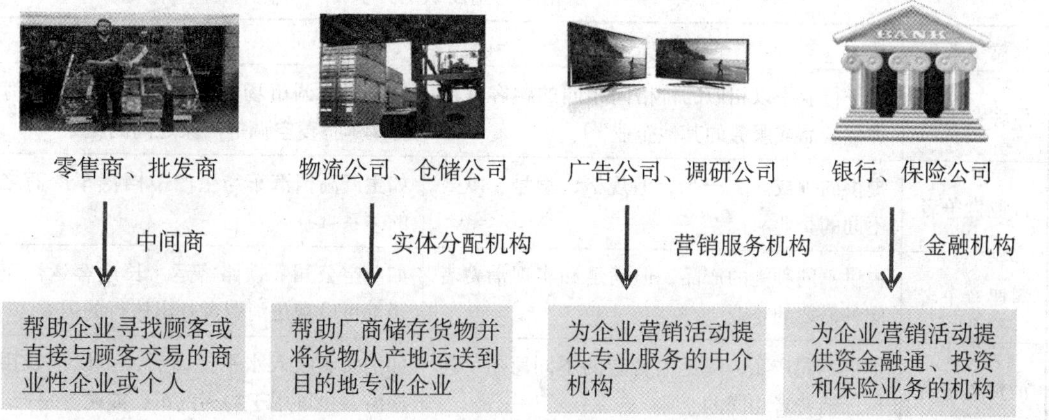

图2－7　营销中介对企业营销的影响

实例2－8　海底捞背后的物流体系

海底捞，一个以“好火锅自己会说话”作为唯一广告词的火锅店。“服务好”，似乎是消费者一致的好评，在此话题下人们可以举出一系列的实例和感动。同时，它也引起同行或服务类企业的纷纷学习与效仿。“服务好”背后需要一系列的管理体系做支撑，其中海底捞的供应链运营体系功不可没。海底捞的供应链运营体系，也是你不知道的海底捞的秘密。海底捞旗下的蜀海投资是海底捞供应链的核心运营机构，其后台供应链真正实现了全国全网平台化服务，集中化采购、集中化中央厨房处理。海底捞的整个供应链成为传统餐饮领域供应链的标杆。海底捞末端门店几乎是零库存（库存仅供当天消费），每天由各个门店报送需求后，后台系统全程可视，汇总后下达采购及生产任务，整个供应链系统实现了快速响应机制。海底捞在全国建立了多个物流中心＋中央厨房，集中统一的冷链物流配送是其核心。

（资料来源：中国物流产品网）

思考：结合案例谈谈物流在营销中的作用。

4. 顾客

顾客是指企业的服务对象，是企业产品与服务的直接购买者和使用者。顾客可以从不同的角度和标准划分为消费者市场、生产者市场、中间商市场、政府市场和国际市场。顾客是企业服务的对象，企业的一切营销活动都是以满足顾客的需求为中心的。市场营销的最终目的就是通过有效地提供产品与服务来满足目标市场的需求，本章第四节“分析消费者行为”将对这一点进行详细阐述。

5. 竞争者

只要存在商品生产和商品交换，就必然存在竞争。每个企业都处在不同的竞争环境中，企业的营销活动必然会受到不同竞争者的影响。在现在的市场上，企业的竞争者范围非常广泛，企业必须要发现和识别哪些是竞争者，这样才能有效地针对竞争者采取相应的对策。

表 2－1 从市场的角度识别竞争者

竞争者	说明	举例
品牌竞争者	同一行业中以相似的价格向相同的顾客提供类似产品或服务的其他企业	如家用空调市场中，生产格力空调、海尔空调、三菱空调等厂家之间的关系
行业竞争者	提供同种或同类产品，但规格、型号、款式不同的企业	如生产高档汽车与生产中档汽车厂商之间的关系
需要竞争者	提供不同种类的产品，但满足和实现消费者同种需要的企业	如航空公司、铁路客运、长途客运汽车公司都可以满足消费者外出旅行的需要
消费竞争者	提供不同产品，满足消费者的不同愿望，但目标消费者相同的企业	如消费者收入水平提高后，可以把钱用于旅游，也可用于购买汽车，或购置房产

实例 2－9 共享单车竞争激烈

2016 年最火的无疑是共享单车，这个能够解决人们出行最后一公里难题的 O2O 项目。

有数据显示，如今在北京、上海、广州、深圳、成都等大城市，摩拜、ofo、小蓝单车、小鸣单车等近 30 家共享单车厂商累计投放共享单车量已经超过 30 万辆。除大家熟知的几家共享单车品牌，今年将陆续会有几十家品牌加入该市场。随着更多资本的介入，共享单车这个新兴的行业迎来了一轮激烈的厮杀。

（资料来源：通信信息报、中关村在线）

思考：摩拜、ofo、小蓝单车、小鸣单车等，除了相互之间为竞争对手以外，从市场的角度分析还有其他竞争者吗？

6. 公众

公众是指所有实际或潜在地关注、影响着一个企业实现其目标的群体，如政府机构、新闻媒介、融资机构、群众团体、社区组织和居民、国际团体等。公众必然会关注、监督、影响、制约企业的营销活动。企业必须处理好自身与这些公众的关系，善于预见并采取有效措施满足公众的各种需求，才能塑造企业良好的信誉和公众形象。

讨论 2－6：企业该如何处理好公众关系？

二、行业竞争环境分析

波特五力模型是迈克尔·波特（Michael Porter）于 20 世纪 80 年代初提出的一套关于行

业竞争影响因素的理论。用于竞争战略分析，可以有效地分析行业竞争环境。他认为行业中存在着决定竞争规模和程度的五种力量，这五种力量综合起来影响着行业的吸引力、市场前景，以及现有企业的竞争战略决策。这五种力量分别为同行业内现有竞争者的竞争能力、潜在竞争者进入的能力、替代品的替代能力、供应商的讨价还价能力、购买者的讨价还价能力。从一定意义上来说，隶属于外部环境分析方法中的微观分析，可用来分析一个企业在一个行业中的现状和前景。

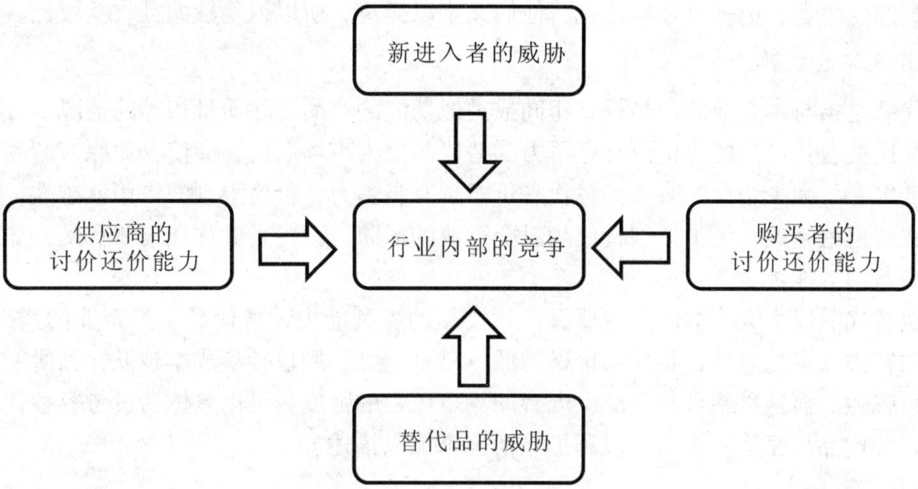

图 2-8　波特五力模型

1. 行业内部的竞争

大部分行业中的企业，相互之间的利益是紧密联系在一起的。作为企业整体战略一部分的各企业竞争战略，其目标都在于使自己获得比竞争对手多的优势。所以，在实施中就必然会产生冲突与对抗现象，这些冲突与对抗就构成了现有企业之间的竞争。现有企业之间的竞争常常表现在新产品开发、价格调整、广告战、分销渠道争夺、增加顾客服务等方面。竞争各方的情况包括企业自身的成本和库存成本、产品差异程度、产业的市场容量和市场增长速率、竞争对手的复杂程度、退出壁垒的高低等。这些因素通常相互作用，共同决定着竞争激烈程度。

讨论 2-7：除了上述竞争策略，你还能想到其他策略吗？

2. 新进入者的威胁

新进入者也叫潜在竞争者，他们在给行业带来新生产能力、新资源的同时，将希望在已被现有企业瓜分完毕的市场中赢得一席之地。这就有可能会与现有企业发生原材料与市场份额的竞争，最终导致行业中现有企业赢利水平降低，严重的话还有可能危及这些企业的生存。

竞争性进入威胁的严重程度取决于两方面的因素：进入新领域的障碍大小与退出障碍。

进入障碍主要包括规模经济、产品差异、资本需要、转换成本、销售渠道开拓、政府行为与政策、不受规模支配的成本劣势、自然资源、地理环境等方面，这其中有些障碍是很难借助复制或仿造的方式来突破的。一个行业进入障碍高、退出障碍低，新竞争者不易进入，经营不善的企业又可以方便退出，留在行业内的企业能有较高且稳定的收益。一个行业退出障碍高，进入障碍也高，潜在收益虽高，风险也大，因为新进入者虽然不易进入，但经营不善的企业也难以退出，会留在行业内继续拼搏。一个行业进入障碍和退出障碍都低，可以获得较低但稳定的收益。一个行业进入障碍低而退出障碍高，新竞争者容易进入，形势看好时容易招来大量的竞争者，但一旦环境恶化，他们又难以撤离，所以风险较大且收益较低。

3. 替代品的威胁

替代品是指与本企业的产品具有相同或类似功能的产品。在质量相等的情况下，替代品的价格会比被替代产品的价格更有竞争力。替代品投入市场以后，会使企业原有产品的价格降到较低水平，减少企业的收益。替代品价格越有吸引力，价格限制的作用就越大，对企业构成的威胁也就越大。为了抵制替代品对全行业的威胁，一些企业往往集体行动，如改进质量、提高营销效能等。

决定替代品压力大小的因素主要有：替代品的赢利能力，替代品生产企业的经营策略，购买者的转换成本。总之，替代品价格越低、质量越好、用户转换成本越低，其所能产生的竞争压力就强。而这种来自替代品生产者的竞争压力的强度，可以具体通过考察替代品销售增长率、替代品厂家生产能力与赢利扩张情况来加以描述。

实例 2-10　硅藻泥成为新一轮热点

有关专家预测，到“十二五”末期，中国节能环保产业市场规模将会超过 4 万亿元，成为新一轮经济发展的增长点和支柱产业。中国已成世界最大的环保涂料市场，正因如此，作为环保涂料的硅藻泥，其市场前景肯定是被一致看好的。

由于室内空气污染不只是来源于内墙装饰涂料，板材黏合剂、壁纸胶等装修建材也是其重要来源，再加上日益严重的日常空气污染（吸烟、烹饪、积尘、室外 pm2.5 入侵），所以本身环保健康的内墙涂料并不能满足人们日益增长的对生态适宜健康美丽的室内环境的需求。在这种情况下，硅藻泥涂料应运而生。其拥有的优化空气质量的 5 大功能，结合像乳胶漆一样的简易施工和低成本，弥补了国内市场空白，正在成为家居建材市场新的宠儿。

（资料来源：全球节能环保网）

思考：硅藻泥会如何影响涂料市场？

4. 购买者的讨价议价能力

购买者位于行业下游，他们总是希望压低价格，对产品的质量、服务提出更高的要求，设法使供应商之间相互竞争。作为一种重要的竞争力量，购买者的讨价议价能力不仅影响到一个企业，也影响到整个行业的赢利水平。

购买者的讨价议价能力能产生如此影响主要有以下原因：购买者的总数较少，而每个购买者的购买量较大，占了卖方销售量的很大比例；卖方行业由大量相对来说规模较小的企业所组成；购买者所购买的基本上是一种标准化产品，同时向多个卖主购买产品在经济上也完全可行；购买者有能力实现后向一体化，而卖主不可能前向一体化。

企业要设法找出讨价议价能力更弱或转换成本最高的购买者，借以增强竞争优势，最好的办法是提供购买者无法拒绝的优秀产品——品牌，以占领市场。

5. 供应商的讨价议价能力

供应商位于行业的上游，他们为下游的厂商提供经营所需的人、财、物和其他资源。供应商提高价格或降低质量，或减少供应，都会对作为购买者的企业产生一定的影响。

一般来说，满足如下条件的供方集团会具有比较强大的讨价议价力量：供方行业被一些具有比较稳固市场地位又不受市场激烈竞争困扰的企业所控制，其产品的买主很多，以至于每一单个买主都不可能成为供方的重要客户；供方各企业的产品各具特色，以至于买主难以转换或转换成本太高，或者很难找到可与供方企业产品相竞争的替代品；供方能够方便地实行前向联合或一体化，而买主难以进行后向联合或一体化。

与企业面对购买者时的情况一样，供应商的讨价议价能力也会变化。企业可审时度势，通过战略选择改善自己的处境。

实例 2－11　4D 打印机

4D 打印就是在 3D 打印的基础上增加时间元素。在洛杉矶举行的“科技、娱乐、设计（TED）大会”上，由麻省理工学院自我组装实验室的科学家斯凯拉·蒂比茨首次对 4D 打印机进行了展示。在展示过程中，一根复合材料在水中完成了自动变形。据介绍，这根复合材料由 4D 打印机“打印”，所使用的原材料为一根塑料和一层能够吸水的“智能”材料。蒂比茨称：“打印过程并不是新鲜的东西，但关键是打印出来后发生的变化。”

对于这一技术的运用，蒂比茨认为其能够自我变形的特性，可以让物体实现在地下管道等难以接触到的地方进行自我组装。此外，这一技术还有可能应用到家具、自行车、汽车，甚至建筑物的制造上。

一些专家认为，这一技术的问世可能预示着自我组装家具时代的来临。美国软件开发商、参与 4D 技术开发的欧特克公司正在对此进行更进一步的研究。该公司首席研究专家卡洛·奥古恩称：“想象一下这样的场景，你在宜家买到一把椅子，然后把它放到你的屋子里，关键的是，这把椅子会自我组装。”

奥古恩说，4D 打印概念的灵感来自于生物的自我复制能力。不过，该技术初期只能“打印”自动变形的条状物体，下一步的研究目标是“打印”片状物体，然后才是结构更加复杂的物体。

（资料来源、图源：百度百科）

思考： 请用波特五力模型分析4D行业前景。

第四节　分析消费者行为

根据顾客购买产品或劳务的不同目的，市场可分为消费者市场和组织市场。不同的市场，其购买行为的特点和购买决策的过程也不相同。企业不仅要认真研究所处的宏观环境和微观环境，还要研究顾客的购买行为，根据不同的市场购买行为来制定相关的营销策略。这样，企业才能更好地满足顾客的需求，实现自身的营销目标。

一、分析消费者市场

对于消费者也有广义和狭义两种理解。广义的消费者，指直接消费生产资料或生活资料的人，即生产资料或生活资料的直接使用者。狭义的消费者，指直接消费产品的人，即产品的直接使用者。

消费者市场又称生活资料市场，是人们为了满足个人或家庭生活需要而购买产品和服务所形成的市场，也是商品的最终归宿。消费者市场是市场体系的基础，别的市场类型和它有极强的关联性。因此，消费者市场是现代市场营销理论研究的主要对象。

1. 消费者的购买行为模式分析

研究消费者市场的核心就是研究消费者的购买行为。消费者每天都会做出大量的消费决策，企业可以通过征询消费者买什么、在哪买、怎么买、买多少、什么时间买和为什么买等问题，对消费者的购买决定进行研究。但是，要了解消费者的购买原因是非常困难的，它往往是消费者复杂的心理作用的结果。通过消费者购买行为模式，即“刺激—反应”模式（如图2－9所示），可看到消费者首先接受的是外部营销（4P）和环境刺激。这些刺激进入消费者购买黑箱，经过了一系列的心理活动，便产生了人们看得到的消费者反应。

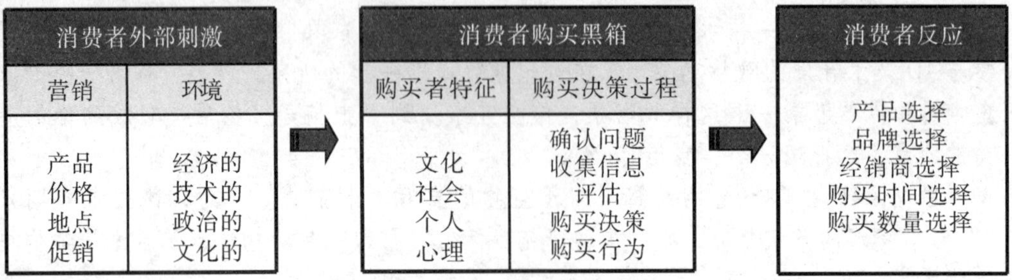

图2－9　消费者购买行为模式

因此，企业营销人员研究分析消费者购买行为就是分析影响消费者购买行为的各种因素和做出的购买决策的过程。

关于消费者的外部刺激中的“环境”，本章第二节已阐述过；另一种外部刺激“营销”，将会在本教材的后续章节一一详述。

讨论 2－8：试分析市场营销组合因素与消费者行为的关系：是谁影响谁？还是相互影响？

本节任务将重点放在消费者购买黑箱上。企业营销人员关注的关键是消费者购买黑箱中影响购买行为的因素和购买决策过程，以及企业可以采取什么样相应的营销决策。

2. 影响消费者购买行为的因素

从消费者购买行为模式可看出，影响消费者购买行为的主要因素是文化因素、社会因素、个人因素和心理因素（如图 2－10 所示）。

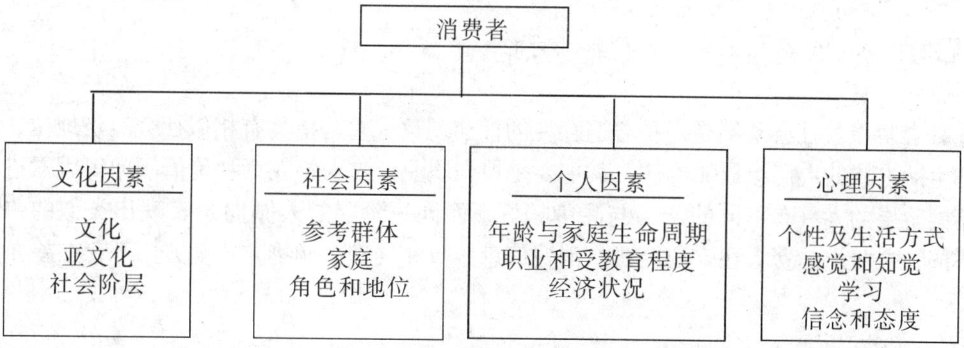

图 2－10　影响消费者购买行为的因素

（1）文化因素。文化因素对消费者需求和购买行为有着广泛而深远的影响。其中，最主要的有文化、亚文化和社会阶层三个方面。

①文化。文化是消费者的欲望和行为的最基本的决定因素，是在人们的社会实践中逐渐形成的，包括价值观、伦理道德、风俗习惯、宗教信仰、语言文字等。每一位消费者行为的背后，都会受到许多文化因素的影响。

②亚文化。亚文化是指某一文化群体所属次级群体的成员共有的语言、信念、价值观和生活习惯，通常包括民族、宗教、地理、种族等。亚文化提供给消费者特定的认同对象并对消费者的行为具有更直接的影响。

实例 2－12　气味的归属：香水瓶里的东西文化差异

中国和日本等东亚国家对香水业的影响更多在于文化层面。汉茶、桂花、竹子等植物已经出现在不少香水中；甚至禅宗、漆木屏风、牡丹亭、龙王这些概念，也曾被调香师作为灵感来源。不过，传统调香师用于诠释东亚文化的气味，与东亚消费者的嗅觉认知、审美依旧处于“磨合期”。

例如中国人非常熟悉的“茶香”，在传统香水中大多以“香柠檬为主的柑橘搭配植物青香”来体现，但这一香气架构其实更符合伯爵茶等西方茶。对于淡雅的桂花，西方调香师的鉴赏角度与中国人俨然不同。他们或是突显花香特质，以白花相衬，做得缤纷馥郁；或是捕捉桂花香气中的内酯成分，用桃子、杏子等气息去体现，做成甜美果香。全然不是李清照词中“暗淡轻黄体性柔，情疏迹远只香留”的那簇桂花。

服装品牌 ShanghaiTang 的“玉龙雪山”（Jade Dragon）香水，则是对“有东方文化气质的香水”不错的尝试：充满植物气息的柑橘与罗勒，温暖沉稳的雪松与琥珀，分别象征着祥和的“玉”与具有力量的“龙”。还有上海家化的双妹“夜上海”香水，采用复古的素心兰香调，复刻30年代东方名媛的典雅气质。法国沙龙香水品牌 By Kilian 的“亚洲神话”系列，则借用了更古老的传说，从《桃花源记》到宣纸上的水墨画，算得上是更为大胆却细腻的创作。

东亚消费者对“水”香的喜好，以至许多销售员常常用“闻起来像沐浴后的自然体香”来向他们推销香水。

（资料来源：《新周刊》）

思考：如何理解文化与消费行为之间的关系？

③社会阶层。社会阶层是一种普遍存在的社会现象。它是指具有相似社会经济地位、价值观念和生活方式的人们组成的群体，其主要是根据职业、收入、教育和价值倾向等因素进行划分。不同阶层的人具有不同的产品与品牌偏好，而同一阶层的人倾向于表现出类似的购买行为，不同社会阶层消费者在支出模式、消费信息接收和处理、购物方式等方面都存在差异。

相关链接：中国社会阶层的划分及消费特征

相关专家认为，就结构形态而言，目前中国社会阶层结构还只是一个中低层过大，中上层有所发育但还没壮大，最上层和底层都比较小的“洋葱头”型结构。粗略看来，中国城市各阶层可以划为7个阶层：金权精英阶层、运作决策阶层、实务管理阶层、中等阶层、中间阶层、基层业务阶层、边缘游离层。

总体来说，中国中上层人群和中下层人群的消费特征可以归结为以下几点：

中上层的消费习惯。中国高端人群主要是指拥有相当财富、身份和地位，处于财富金字塔顶端的那部分人群。他们或拥有雄厚的经济资源，或占据独特的知识资源，再或是占有广泛的社会资源，并将这些资源为己所用，不断创造更多的物质财富。作为社会的中坚力量，他们还拥有特质化的价值取向、生活背景、居住习惯和文化品位，对居住品质、生活环境有着超过一般标准的要求。这些要求不仅仅体现在物质层面上，更体现在追求物质与精神的统一、生活理念的前瞻性及多元化的功能等方面，体现在对健康、人文内涵、生态环境、私密性、服务等方面的特别关注。此外，高端人群对于社交、商务、时尚、休闲、娱乐等上层的生活需求也有较高的要求。

中下层的消费习惯。中下层主要包括：商业服务人员阶层、产业工人阶层、农业劳动者阶层以及城市无业、失业、半失业人员阶层。他们大多要求满足基本的饮食、教育和住房要求，极少有精神消费和享受消费。但随着经济的发展和生活教育水平的提高，这类人的消费习惯也在慢慢地改变。这类阶层占据着我国人口的绝大部分，是主要的消费市场，他们对价格敏感，要求物美价廉的商品，只买对的不买贵的。

（资料来源：媒介360）

讨论2－9：你现在所处的社会阶层有怎样的消费行为特征？

（2）社会因素。消费者行为同样也受到诸如参考群体、家庭、角色与地位等一系列社会性因素的影响。

①参考群体。能直接或间接影响个人的态度、意见和价值观的所有团体，我们就称其为参考群体。它可分为三类：成员团体、理想团体和隔离团体。成员团体即自己身为成员之一的团体，如家庭、亲朋好友、同事等；理想团体即自己虽非成员，但愿意归属的团体；隔离团体即自己不是其成员，同时也拒绝接受这个团体的价值观和行为的团体。

实例2－13　脉动：随时脉动回来

脉动是一款“活力型”功能饮料，独有“矿维力”，含有多种活性维他命和人体必需的矿物质成分，能随时补充人体所需的水分和养分，让人时刻保持动力。近年来，脉动根据其产品特色和市场定位，推出了电视广告：感觉不在状态？随时脉动回来！

该广告片讲述的是一位同学在图书馆自习，站立起来后身体却是倾斜的（表示该同学不在状态），这使他走路不平衡，不小心将图书馆的书架全部撞翻闯了大祸。后来这位同学喝了脉动饮料，立刻神清气爽，恢复了良好状态。

（资料来源：学习啦；图源：百度图片）

思考：脉动这则广告是如何借助“参考群体”来宣传推广的？

讨论2－10：举例说明“口啤营销”“意见领袖”和“社交网络”对消费者行为的影响。

②家庭。家庭是消费者最基本的相关群体，因而家庭成员对消费者购买行为的影响是最强烈的。例如，父母对子女的影响、子女对父母的影响、夫妻之间的影响等。

③角色和地位。消费者大都以家庭或个人为单位，从事购买活动的通常是家庭中的一个或几个成员。根据购买决策的参与者在购买活动中所起的作用，人们一般会扮演下列一种或几种角色。

表 2－2　消费者在购买决策中扮演的角色

角色	说明
发起者	首先想到或提议购买某种产品或劳务的人
影响者	其看法或建议对最终决策具有一定影响的人
决策者	能够对买不买、买什么、买多少、何时买、何处买等问题做出全部或部分决策的人
购买者	实施实际采购行动的人
使用者	直接消费或使用所购商品或劳务的人

五种角色都是消费者购买决策的参与者，也都是消费者行为研究中所指的“消费者”。研究消费者在购买决策中扮演的角色，并针对其角色的地位与特性，有助于营销人员有针对性地安排市场营销策略，较好地实现营销目标。

讨论 2－11： 以上五种角色中，营销人员最关心的会是谁？为什么？

（3）个人因素。消费者的购买行为也会受到个人特征的影响，特别是受年龄和家庭生命周期、职业和受教育程度、经济状况的影响。

①年龄和家庭生命周期。不同年龄的人有不同的消费心理和行为，同一个人在不同的年龄段对产品的需求也会不同。家庭生命周期是指从家庭建立到家庭解体所经历的整个阶段。处在不同的家庭生命周期阶段，消费者的购买行为也会出现差异（如表 2－3 所示）。

表 2－3　家庭生命周期对消费者购买行为的影响

家庭生命周期	购买行为
单身阶段	关心时尚，崇尚娱乐和休闲，新观念的带头人
新婚阶段：年轻、无子女	购买力强，耐用消费品购买力高，住房，高档家具，旅游度假
满巢一期：子女不到 6 岁	家庭用品采购高峰期，婴儿食品、服装、玩具等产品
满巢二期：子女尚未独立	购买经济实惠的产品，购买行为日趋理性化，孩子教育培养费用增加
满巢三期：子女已独立，同住	经济状况改善，家庭会更新一些大件商品
空巢阶段：子女不同住	外出旅游，参加老年人俱乐部等，对医疗服务和保健品的需求较强烈
鳏寡阶段：已退休，一人已离世	收入减少，生活节俭，对医疗服务和保健品的需求更强烈

讨论 2－12： 你现在属于哪个阶段？你的消费特点是什么？

②职业和受教育程度。不同职业的人对不同产品或品牌会表现出不同的看法和购买意向，即有不同的消费习惯，而受教育程度较高的消费者对书籍、报刊等文化用品的需求量较大，且购买商品时较理智。

相关链接：手机阅读成为主要方式

电子阅读已成为青年群体所青睐的阅读方式，而老年人和低学历者仍然喜欢纸质阅读。调查中当问及阅读的主要方式时，近六成受访市民选择了电子阅读（57.3%），选择纸质阅读的占42.7%。调查结果显示，随着电子产品的普及和现代生活节奏的加快，便捷的电子阅读方式已成为多数人的阅读习惯。

在电子阅读方式中，八成（80.2%）受访市民通过手机阅读，其他依次是网络（48.7%）、电子阅读器（15.0%）、MP4等电子产品（7.8%）和光盘（4.2%）。结果表明，随着移动互联网及手机应用的多元化发展，手机阅读发挥其内容及便利的优势，争取到了更多的读者。

从年龄看，选择电子阅读比例最高的是13～30岁的青年群体，占69.8%；31～50岁的中年群体占59.3%；而51～70岁的老年群体占44.3%。

从学历看，大专及本科群体选择电子阅读比例最高，占61.1%；其次是研究生及以上，占60.3%；高中、中专、初中及以下的分别占57.8%和43.6%。

（资料来源：《华商报》）

③经济状况。个人经济状况是决定消费者购买行为的首要因素。能否发生购买行为以及发生何种规模的购买行为，这取决于消费者自身的经济状况，同时也决定着消费者购买商品的种类和档次。收入较低的消费者往往比收入较高的消费者更关心价格。

（4）心理因素。心理因素不仅影响甚至在某种程度上决定了消费者的决策，而且它对外部营销环境刺激的影响也起着放大或抑制的作用。

①个性。个性指人的整个心理面貌，是个人心理活动的稳定的心理倾向和心理特征的总和。个性心理结构包括个性倾向性和个性心理特征两个方面。

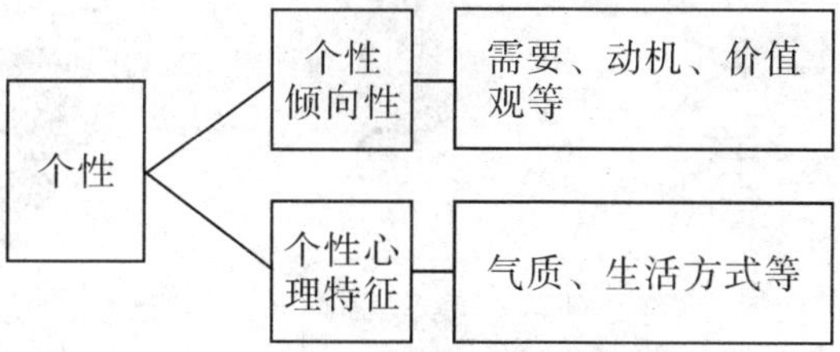

图2－11　消费者的个性

个性倾向性指人所具有的意识倾向性，它决定着人对现实的态度以及对认识活动对象的趋向和选择，主要包括需要、动机、兴趣、理想、信念、世界观等。个性倾向性是个性系统的动力结构。

需要是指消费者生理和心理上的匮乏状态。美国心理学家马斯洛提出的需要层次理论，就把人的基本需要分为五个层次（如图2－12所示）。

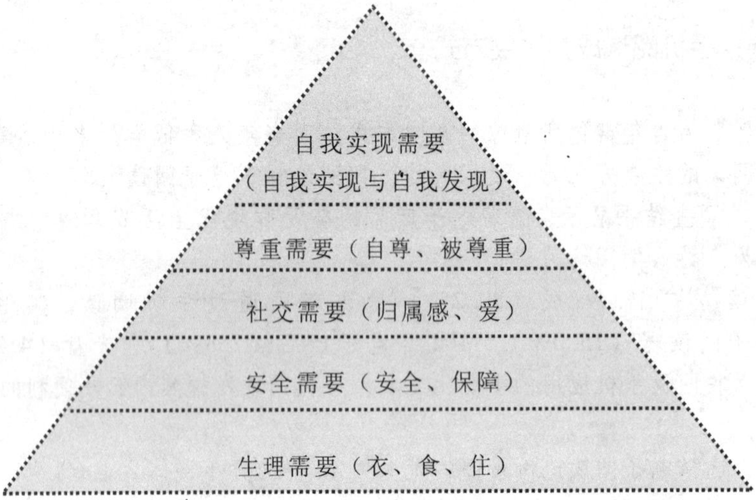

图 2－12　马斯洛需要层次理论

根据马斯洛的需要层次理论，人类的需要是按层次排列的。从最重要的需要到最不重要的需要，消费者总是先努力满足最重要的需要，当最重要的需要得到满足之后，他才会寻求满足下一个次重要的需要。马斯洛的理论可以帮助营销人员了解各种产品如何适应消费者的计划、目标和生活。

图 2－13　常见的五种购买动机

现实生活中，每个人在特定的时间里都有许多需要，但大部分需要不会形成动机，不能激发人们为满足需要而采取行动，只有当需要达到很强烈的程度时，才会转化为动机。可见，动机是一种足以强迫人们去满足的需要。

消费者的价值观在消费者行为中的应用主要指的是，使用完该商品或者品牌后，可以帮助消费者实现自身的价值。价值观可分为工具性价值观，如雄心勃勃、心胸广阔等，以及终极价值观，如舒适、令人激动的生活等。

实例 2－14　宝洁的奥运广告“感谢母亲”

众所周知，宝洁是全球最大的日用消费品公司之一。在 2016 年里约奥运会上，宝洁以最新全球广告短片 *STRONG*，开启了“感谢母亲”系列奥运活动的全新征程，讲述来自不同国家地区和肤色的奥运选手和母亲幼年时发生的故事：在经历战争、车祸、暴力、电梯失事、教练质疑等人生的艰难时刻，是妈妈们所表现出的强大、无私、勇敢和坚毅，无形地影响了奥运选手的成长成功之路。

作为国际奥委会的长期合作伙伴，更作为妈妈们的荣誉赞助商，宝洁不仅将妈妈们带到了奥运赛场见证她们引以为傲的孩子迈向辉煌舞台的第一步，更是在奥运村为签约的来自 21 个不同国家的近 50 名奥运选手和他们的伟大妈妈提供最温暖的服务。

（资料来源、图源：华龙网）

思考：宝洁公司为何不强调自身产品功能的优势，而打起了“感谢母亲”的广告？

个性心理特征指一个人身上经常地、稳定地表现出来的心理特定的组合，主要包括能力、气质和性格等。

气质是人典型、稳定的心理特征，是指一个人心理活动动力上的、个体独有的心理特征。由于气质是由人的高级神经系统的生理特点所决定的，因此，气质具有稳定性、持久性。消费者有各自不同的气质类型，这使他们的消费行为表现出特有的活动方式和表现方法。

多血质的消费者善于交际，有较强的灵活性，能通过较多的渠道得到商品信息。这类消费者对购物环境及各方面的人物有较强的适应能力，因而在购物时观察敏锐、反应敏捷，易于与营业员进行沟通。但有时其兴趣与目标往往因为可选择的商品过多而容易转移，或一时不能取舍，行为中常带有浓厚的感情色彩，兴趣常发生变化。

胆汁质的消费者在购物中喜欢标新立异，追求新颖奇特、具有刺激性的流行商品。他们一旦感到需要，就很快产生购买动机并干脆利落地迅速成交，但又往往不善比较，缺乏深思熟虑。如果遇到营业员怠慢，也会激起他们烦躁的情绪和激烈的反应。

黏液型的消费者在购物中比较谨慎、细致认真，大都比较冷静，善于控制自己，不易受广告宣传、商标、包装等的干扰，也较少受他人的影响，对商品比较了解，喜欢通过自己的观察、比较作出购买决定。他们对自己熟悉的商品会积极购买，并持续一段时间，对新商品也往往持审慎态度。

抑郁型的消费者在购物中往往考虑比较周到，对周围的事物很敏感，能够观察到别人不易察觉的细枝末节。其购买行为拘谨，一方面表现出缺乏购物的主动性，另一方面表现出对别人介绍的不感兴趣或不信任。

上述是几种典型气质的心理行为的表现。当然在现实中属于典型类型的人很少，多数人是属于混合型的。一般是以某种气质类型为主，同时兼有其他气质类型的特点。

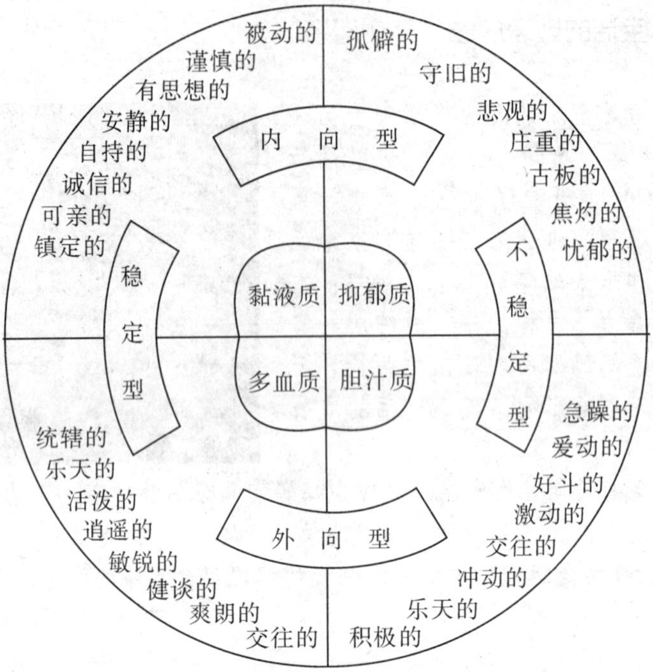

图 2－14　消费者的气质

讨论 2－13：如何根据消费者的不同气质，更好地与消费者进行沟通？

人们根据自己的价值观念等安排生活的方式，并通过其活动、兴趣和意见表现出来。生活方式是影响个人行为的心理、社会、文化、经济等各种因素的综合反应。具有不同生活方式的消费者对商品和品牌具有各自不同的偏好。如 Louis Vuitton 代表的就是一种特定阶层人士的生活方式——他们受人尊重，追求优雅和高品质的生活。一提到它，大多数人头脑中都会呈现出一个上流社会、贵族、奢华的形象。LV 成功地为消费者制造了对奢侈品的渴望。

②感觉和知觉。当消费者有了购买动机后，就要采取行动。至于怎样采取行动，则受到认识过程的影响。消费者的认识过程，是对商品等刺激物和店面环境等情境发生反应的过程。知觉不仅取决于刺激物本身，而且取决于刺激物同周围环境的关系以及个人自身的条件。不同的个人对相同的事物会有不同的看法，这是因为认知过程会出现选择性注意、选择性扭曲和选择性保留三种现象（如表 2－4 所示）。

表 2－4　认知过程中的三种现象

现象	说明
选择性注意	人们面对诸如广告等众多日常刺激物，这些刺激物大部分会被筛选掉。因此，营销人员不得不努力去吸引消费者的注意
选择性扭曲	即使是被注意到的刺激物，也并不一定与营销人员设想的方式相吻合。消费者经常对信息加以扭曲以使其与先前的产品和品牌信念相吻合
选择性保留	人们会忘记他们所知道的许多信息，但他们倾向于保留那些能够支持其态度和信念的信息

③学习。人类的有些行为是与生俱来的，但大多数行为是从后天经验中得来的，这种通过实践并由经验而引起的行为变化的过程，就是学习。通过学习，消费者获得了丰富的知识和经验，提高了对环境的适应能力。当然，在学习过程中，消费者的行为也在不断地调整和改变。

④信念和态度。消费者在购买和使用商品的过程中形成了信念和态度，这些信念和态度又反过来影响人们的购买行为。信念是指人们对某种事物所持的认为可以确信的看法，如相信“汽车越小越省油”。信念的形成对消费者的态度有很大的影响。态度会导致人们产生喜欢或厌恶的感觉，接近或远离特定事物，从而影响消费者的行为。

3. 消费者购买决策过程分析

在了解影响消费者购买行为的主要因素之外，企业的营销人员还应了解哪些人会参与决策以及购买决策的过程是怎样的。

一般来说，消费者在购买某一产品时，会有一个决策过程，这个决策过程包含以下五个阶段（如图 2 – 15 所示）。

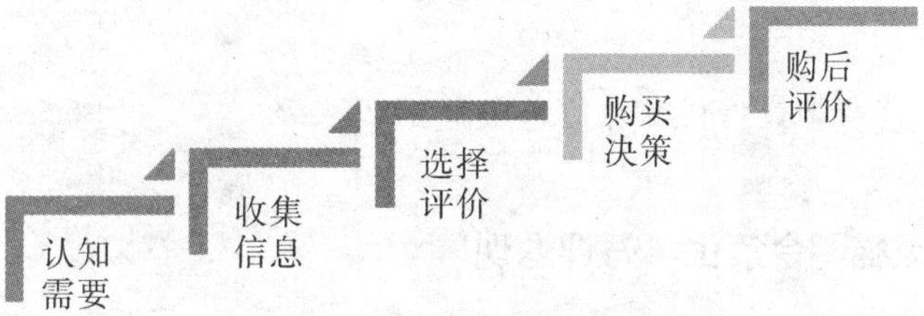

图 2 – 15　消费者购买决策过程

①认知需要。购买过程开始于购买者对某一问题或需求的认知，这一需求由内在的刺激因素（如感到饥饿或口渴）或外在的刺激因素（如看到一个广告）引发，然后转变为驱动力。通过消费者收集的大量信息，营销人员可以确定能激发其对某种产品类型的兴趣的最常见的刺激因素，进而可以制定激发消费者兴趣的营销战略，引导他们进入购买过程的第二阶段。

讨论 2 – 14：在此阶段，营销人员该如何刺激消费的购买欲望？

实例 2 – 15　强生的隐形眼镜广告

强生的电视广告展示了一位戴眼镜的女孩和她的男友在一家豪华的饭店里进餐，食物装在一个热气腾腾的碟子里，结果女孩的眼镜上布满了水雾。于是，她的男友向她推荐隐形眼镜以避免这些麻烦。待第二次约会之时，女孩戴上了隐形眼镜，男友对她不戴眼镜的样子欢喜不已。

（资料来源：中国营销传播网；图源：www. adtopic. net）

思考： 结合该案例谈谈如何引导消费者发现需求。

②收集信息。消费者一旦产生强烈的需要，就要收集充分的信息，以便进行购买决策。消费者的信息来源主要有以下四个方面（如表 2－5 所示）：

表 2－5　消费者的信息来源

来源	说明
个人来源	指家庭成员、朋友、邻居或同事等提供的信息
商业来源	指从推销员、广告、零售商、商品包装、展示会、商品说明书等方面获得的信息
大众来源	指大众传播媒介、消费者评估组织等提供的有关信息
经验来源	指消费者本人通过以前购买使用或当前试验中获得的信息

讨论 2－15： 消费者最信任哪种信息来源？

实例 2－16　天猫明令禁止"好评返现"

天猫此前针对商品或信息中出现返现（包含全 5 分返现、好评返现等）、免单等类似字样的管理规则生效后，此类情形得以控制，但仍存在部分商家多次违背规则进行此类活动。

针对商家在商品描述或包装中加入"好评返现"等营销信息的行为，天猫再次修改管理规则，明令禁止"好评返现"，同时对违反规则的商家将作出更严厉的处罚。

根据新规，发布天猫明令禁止的不当营销类信息：在商品页面发布的，每件商品扣一分（但三天内累计扣分不超过七分），同时第一次、第二次下架商品，第三次删除商品；若在店铺装修区等其他渠道发布的，每次扣四分。

（资料来源：环球网）

思考： 商家为何要"全 5 分返现、好评返现"？你想能想出其他更好的办法吗？

③选择评价。消费者掌握了一定的相关信息后，就会对此加以对比和评价。这种对比和评价往往是围绕产品属性展开的。如果消费者认为某种品牌的产品在各方面的属性都好于其他品牌的同类产品，而且容易买到，则无疑会购买此品牌的产品。在大多数情况下，消费者都要着重考虑产品的几种属性。通过对这些属性的判断和评价，最后决定选择某一品牌的产品。

相关链接：消费者的评价

消费者在获得相关信息后，会对不同的产品加以评价并做出选择。一般而言，消费者的评价内容涉及以下三个方面（如表2－6所示）：

表2－6　消费者的评价内容

评价内容	说明
产品属性	指产品具有的能够满足消费者需要的特性
品牌信念	指消费者对某品牌优劣程度的总的看法
效用要求	指消费者对该品牌每一种属性的效用功能应当达到何种水准的要求

消费者通常明确了上述三个问题后，会有意或者无意地运用一些评价方法对不同的品牌进行评价和选择。

④购买决策。当消费者对收集的信息进行综合评价，并根据一定的选购模式进行判断后，就会形成明确的购买意向。但购买决策的最后确定，除了消费者自己的喜好外，还有其他因素，如参考群体（亲朋好友）的态度和意外情况（失业、收入减少、家庭变故、商品涨价等）的影响。

讨论2－16：消费者一旦决定实现购买意向，必须做出哪些与产品相关的决策？企业从中能得到哪些启示？

⑤购后评价。消费者购买商品或服务后，通过自己的消费与使用或他人的评价，会对购买的商品或服务产生不同程度的满意或不满意，由此形成购后评价。这将影响消费者以后的购买行为，并对相关群体产生影响。因此，对企业而言，消费者的购后评价是一种极其重要的信息反馈，关系到企业及其产品在市场上的命运。企业要注意及时、有效地加强售后服务，收集消费者的购后评价，以便采取相应的营销措施，成功地开展市场营销活动。

学以致用

以购买矿泉水和购买手机为例，分析自己经历的购买决策过程，并比较说明这两种经历有何差异。

二、分析组织市场

1. 组织市场的构成及特点

（1）组织市场的构成。组织市场是各种为了实现组织目标而进行产品和劳务购买的购买者的集合。它主要由生产者市场、中间商市场、政府市场构成。

表2－7　组织市场的构成

构成	说明
生产者市场	又称为工业市场或产业市场，是指所购买的产品或服务是为了进一步生产其他产品或服务，以供出售、租赁或提供给其他消费者的个人或组织。它主要是由各种营利性的农业、林业、渔业、制造业和服务业等买主构成，这些用户所购买的商品称为生产资料
中间商市场	又称为转卖者市场，是指所有以营利为目的的从事转卖或租赁业务的个人和组织。它主要由批发商和零售商构成
政府市场	是为了执行政府职能而采购、租用产品或劳务的各级政府单位。它主要是由该国各级政府的采购机构组成。由于各国政府掌握了相当大一部分国民收入，因此，政府市场是一个潜力巨大的市场。与其他市场的不同之处在于，它的采购政策要受到公众的监督，以竞价投标为主

（2）组织市场的特点（如表2－8所示）。

表2－8　组织市场的特点

特点	说明
购买者数量较少，但购买规模较大	公司营销人员所服务的购买者通常比消费品营销人员所服务的购买者少得多，但规模要大得多
供需双方合作关系较为密切	由于较少的顾客数量以及大客户的重要性和实力，供应商经常被要求对产品、业务和行为进行定制，以满足各个顾客的不同需求
专业人员采购	受过训练的采购代理按照组织的采购政策、约束和要求购买工业产品。许多购买手段（如采购方案和采购合同）在消费者购买中并不常见
决策过程复杂	由于组织市场的采购人员具有专业性，其参与决策的人员也较多，涉及的因素也较多，这就使得它的采购过程时间长且复杂
直接采购	组织市场的购买者大多向生产者直接采购所需的生产资料，而不通过中间商采购
衍生需求，需求波动大	组织市场的购买者对产业用品的需求，归根结底是从消费者对消费品的需求衍生出来的。企业购买生产资料是为了用来作为劳动对象和劳动资料，以便生产出消费资料。因此，组织市场的需求会随着消费品需求的变化而变化。正是因为这种“衍生需求”，消费者需求的少量增加会导致组织市场购买需求的大幅增加
需求缺乏弹性	企业为了保证正常的连续生产，一般不会因为价格变动而改变生产方向。另外，如果原材料的价值很小，这种成本在整个成本中所占的比重也会很小。因此，在组织市场上，购买者对产品和服务的需求总量受价格变动的影响不大
购买者地理位置相对集中	组织市场的购买者往往集中在某些密集的产业市场地区，因此，该市场购买量占全国购买总量的比重也相对较大

2. 组织市场购买决策的参与者

在组织市场上，所有参与购买决策过程的人员构成采购组织的决策单位，即“采购中心”。采购中心的组织成员在购买决策过程中扮演着七种角色（如表2－9所示）。

表2－9　组织市场购买决策的参与者

参与者	说明
发起者	请求购买物品的人，包括使用者或其他人
使用者	使用产品或服务的人；使用者常常率先提出购买建议，并协助确定对产品的要求
影响者	所有影响购买决策的人，例如企业内部的技术人员。他们经常协助确定产品规格，并为评价方案提供信息
决定者	决定产品要求和供应商的人
批准者	有权批准决定者和购买者所提供行动方案的人
购买者	正式有权选择供应商并安排购买条件的人，如高级别的经理。购买者可以帮助制定产品规格，但他们的主要角色是选择卖主和进行谈判
看守者	有权力阻拦销售人员和信息接近采购中心成员的人，如采购代理、接待人员和电话接线员

3. 组织市场购买决策过程

组织市场的购买决策过程主要经过八个阶段（如图2－16所示）。

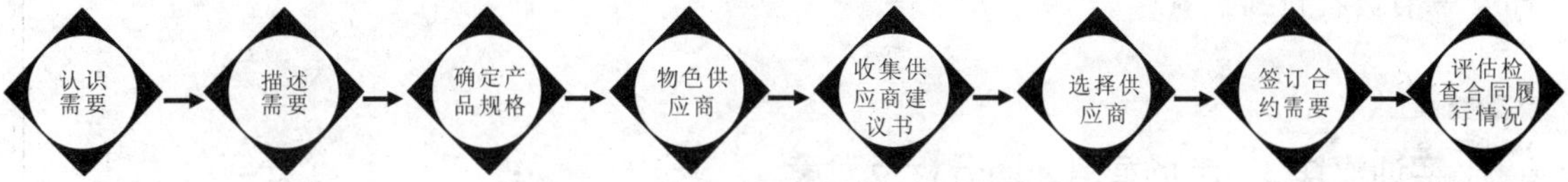

图2－16　组织市场购买决策过程

表2－10　组织市场的购买决策过程分析

阶段	说明
认识需要	企业因为内部因素（如推出新产品、新的生产计划）和外部因素（如广告、竞争）考虑购买新的生产资料（即产品）
描述需要	企业采购组确定需要以后，列出需要清单，做出详细的技术说明，作为采购人员取舍的标准
确定产品规格	由企业的采购人员和技术人员共同决定产品的规格要求
物色供应商	根据产品的规格，通过多种渠道寻找候选供应商
收集供应商建议书	请合格的供应商提交供应建议书或提出报价单
选择供应商	采购中心的成员将建议书进行审查并选出一个或几个供应商
签订合约	采购者开具订货单给选定的供应商，在订货单上列举技术说明、需要数量、交货期、退货手续、品质保证等条件

（续上表）

阶段	说明
评估检查合同履行情况	采购者最后还要向使用者征求意见，以便决定以后是否继续、更改或放弃与该供应商的采购合作

学以致用

小王是某家电连锁超市的采购主管，他准备为家里买一台空调，也为单位购买一批空调，试问这两种购买行为有何不同？

测试你掌握的知识

1. 简单解释什么是营销环境。
2. 简单解释宏观环境、微观环境分别包含哪些因素。
3. 学会运用波特五力模型分析某行业。
4. 消费者行为会受到哪些因素影响？
5. 消费者购买决策过程包含哪几个阶段？企业如何根据各阶段购买行为的特点来引导和刺激消费者行为？

实训模块2　市场营销环境分析及对策

按4～6人为一小组组建营销团队，从实干邦平台上任选一个企业，分析该企业所在行业的宏观环境及微观环境，结合企业自身的优势与劣势，用SWOT法归纳，寻找机遇，给企业提出营销对策。

具体操作步骤可参考配套实训教材，也可扫描二维码登录实干邦平台进行实训操作。

第三章　发现价值——市场调查

精明的商人只有嗅觉敏锐才能将商业情报作用发挥到极致，那种感觉迟钝、闭门自锁的公司老板常常会无所作为。

——李嘉诚

【学习目标】

1. 掌握市场调查的内涵和基本类型。
2. 掌握市场调查的方式和方法。
3. 掌握调查问卷的设计方法。
4. 学会调查数据整理分析方法。
5. 学会撰写调查报告。

【思维导图】

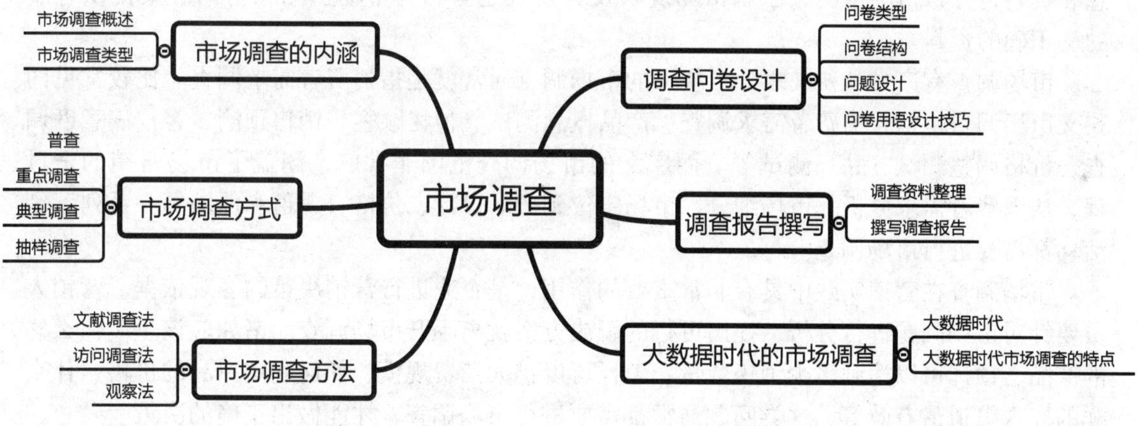

【营销实战】

什么箱包会受欢迎

李明是一家著名的市场调查公司的市场调查专员。最近其所在部门接到一项由路锐箱包委托的调查任务，希望借助市场调查公司了解大学生对于箱包的需求。路锐是一家中型的国内箱包企业，有20多年的箱包行业经验。目前路锐箱包主打的消费人群是商务人士，在商务箱包市场有一定的知名度。随着公司的进一步发展壮大，路锐箱包希望能进入大学生市场，开发针对大学生的双肩背包。李明需要在公司规定的时间里制订好市场调查的方案，并配合部门其他成员进行市场调查工作。

（资料来源：作者自编）

注：本书未标明出处之案例均为作者自编。

思考：你理解的市场调查是什么？李明所在的部门需要做哪些工作？

第一节　市场调查的内涵

一、市场调查概述

市场调查是指运用科学的方法，有目的、系统性地搜集、记录、整理有关市场营销的信息和资料，分析市场情况，了解市场现状及其发展趋势，为市场预测和营销决策提供客观的、正确的资料。

市场调查有广义和狭义之分。狭义的市场调查通常就是指消费者需求调查。比较常见的狭义市场调查包括：消费者需求调查、产品概念测试、神秘顾客、销售预测、客户满意度调查、价格调整测试、品牌测试等。而广义的市场调查范围非常广，涵盖了市场营销的全过程，从消费者需求分析、市场细分、市场定位到产品设计、价格、渠道和促销等一系列营销活动都需要进行市场调查。

市场调查在营销实践中具有非常重要的作用，是企业进行营销决策的客观依据。营销人员要针对市场问题进行分析，提出可行的解决方案就离不开市场调查。诸如应该生产什么样的产品、预计可以达到多少销售数量、怎样可以扩大消费规模、如何制定产品的价格、什么样的广告渠道最有效等，这类问题通常都需要进行市场调查，才能做出正确的决策。

二、市场调查类型

1. 按调查的性质分类

按调查的性质可以分为探索性调查、描述性调查、因果关系调查、预测性调查四种类型，如表 3－1 所示。

表 3－1　市场调查类型（按调查性质分类）

类别	内涵	说明/举例
探索性调查	探索性调查一般是指在调研内容与性质不太明确时，为了了解问题的性质或确定调研的方向与范围而进行的搜集初步资料的调查	某公司某品牌的洗发水市场份额去年下降了 0.5%，公司需要通过探索性调查来确定调查的主题和内容
描述性调查	描述性调查是针对“谁”“什么”“何时”“何地”“为什么”“什么方式”这样一些问题的回答，我们称之为市场调查的六要素，即 5W1H	上例中假如通过探索性调查我们发现洗发水市场份额下降主要是因为消费者的需求发生变化，而公司产品没做出相应的调整，这时需要进行描述性调查，了解消费者的需求变化
因果关系调查	因果关系调查通常要利用各种统计技术去了解和说明各种市场问题与环境因素之间的关系	例如消费者购买一款手机考虑的因素非常多，我们需要知道哪些因素最重要，就需要进行因果关系的调查
预测性调查	预测性调查是为了预测未来市场的变化趋势而进行的调查，它着眼于对未来市场状况的调查研究	例如对公司开发的即将推出市场的新产品进行销量的预测

2. 按消费目的分类

按消费目的来对市场调查进行分类，则有消费者市场调查和生产资料市场调查，如表 3－2所示。

表 3－2　市场调查类型（按消费目的分类）

类别	内涵	说明/举例
消费者市场调查	消费者市场调查主要是了解消费者需求数量和结构及其变化；其次还要对诸如人口、经济、社会文化、购买心理和购买行为等影响因素进行调查	消费者的购买目的是为了满足个人或家庭的生活需要。例如某品牌发起一项对目标消费人群某产品消费需求的调查，就属于这类调查
生产资料市场调查	也称为产业市场调查，主要是指对市场商品供应量、产品的经济寿命周期、商品流通渠道等方面的内容进行调查	例如某品牌要开拓华东市场，对华东市场某品类产品的供应量、经销网络等进行调查，就属于生产资料市场调查

3. 按商品流通环节分类

按商品流通环节来划分，可以把市场调查分为批发市场调查和零售市场调查两个类型，如表 3－3 所示。

表 3-3　市场调查类型（按商品流通环节分类）

类别	内涵	说明
批发市场调查	批发市场调查是指通过对不同层次的批发商进行市场调查，了解渠道运营的基本状况	批发市场调查着重掌握批发市场的商品交易状况，分析商品批发市场的流通数量、流通渠道与社会生产的关系和零售市场的关系等
零售市场调查	零售市场调查是指为了了解商品在零售领域的流通和交易情况所进行的市场调查	主要是对零售市场的数量、规模、分布及零售商品的供求总量、结构等情况进行的调查

另外，市场调查也可以按照产品、地域空间或者时间等维度来进行划分。例如，按产品可以分为食品类、文娱类等；按地域空间可以分为国内、国外等；按时间可以分为一次性、经常性和长期性市场调查。

实例 3-1　柴静的“穹顶之下”

2015 年 2 月的最后一天，离开央视休整一年的著名调查记者柴静，带着自己的公益作品《柴静雾霾调查：穹顶之下》登陆优酷头条，重回公众视线。这部由柴静、优酷、人民网联合首发的节目有 100 多分钟，上线 1 天的点击量已破 599 万，被点赞 6 万多次。在节目中，柴静为所有观众讲解了在过去的一年中，她所“看见”的一切：在雾霾中生活一天，一个白色的采样仪变为黑色，从中检测出来 15 种致癌物质；随环保部门在中国大气污染严重地区以无人机巡航，深入非法排污工厂，揭开鲜为人知的“褐煤”污染的巨大影响。她还深夜来到北京的延庆，调查柴油车排放不达标并大面积造假的现状；回故乡寻找十年前山西污染节目中的当事人，探寻能源结构背后工业化城镇化之路，抨击体制问题带来的严重危害；拜访中国能源领域权威人士，探索未来能源体制改革方向，提出告别煤炭时代进入油气时代……

（资料来源：搜狐新闻，有修改）

思考：柴静的纪录片采用了哪几种类型的市场调查？

学以致用

消费者调查的目的是了解消费者需求。作为大学生，你有哪些方面的需求？哪些需求可以通过市场调查分析出来？

第二节　市场调查方式

市场调查方式是指根据调查目标和内容来确定调查对象的过程。一般来说，调查方式可以分为普查、重点调查、典型调查和抽样调查，其中抽样调查是最常见和最常用的调查方式。

一、普查

普查又称为全面调查，是指在某一时间点上对所有的调查对象逐一进行的调查。其优点是所取得的资料全面、准确，标准化程度高；缺点是调查费用较高，调查工作所需时间较长，组织管理工作难度较大。在营销调研实践中很少会用这种调查方式来进行调查。

二、重点调查

重点调查指从调查对象总体中选取少数重点单位进行调查，并以此推断总体基本特征的一种非全面调查方法。重点单位指在调查对象总体中单位数量较少，但某一标志值占总体标志值的比重很大。例如要调查 18 ~ 23 岁的女性对化妆品的需求，调查者直接把女子职业院校作为调查对象，就是一种重点调查的方式，因为女子职业院校的女性年纪正好符合调查的要求，而且女性集中。

三、典型调查

典型调查是指在对调查总体深入细致了解的基础上，选择具有代表性的单位进行调查，并对总体进行推断的一种非全面调查。其在进行样本挑选的时候具有主观性。例如我们要调查大学生对某品类产品的消费需求，由于全国学校太多，调查的时候就可以对院校进行分类，然后在每一个类别中抽取一些比较典型的院校作为调查对象。

讨论 3 - 1： 重点调查和典型调查有什么区别？

四、抽样调查

抽样调查是指按照一定的方式，从调查总体中抽取部分样本进行调查，并根据调查结果推断总体的一种非全面调查。抽样可分为随机抽样和非随机抽样两种。

1. 随机抽样

随机抽样是指将调查总体进行编号，然后从中随机抽取一定数量的样本作为调查对象的一种调查方式。随机抽样强调每个个体被抽取的概率要相等。其可分为简单随机抽样、等距随机抽样、分层随机抽样和整群随机抽样四种类型，如表格 3－4 所示。

表 3－4　随机抽样类别

类别	内涵	说明/举例
简单随机抽样	也称 SRS 抽样，是指从总体 n 个单位中任意抽取 n 个单位作为样本，使每个可能的样本被抽中的概率相等的一种抽样方式	例如要调查了解初中生课外阅读的兴趣时，我们可以根据学生的学号，利用计算机随机抽取 n 个样本作为调查对象
等距随机抽样	先将调查总体按某一标志顺序排列，编上序号，然后用调查总体数除以样本单位数求得抽样间隔，并在第一个抽样间隔内随机抽取一个单位作为样本单位，最后按计算的抽样距离作等距抽样，直到抽满 n 个单位	假设要用等距随机从 100 名学生中抽出 20 名学生，先把成绩由低到高排列，计算抽样间隔就是 5，然后从 1～5 号随机抽取一名，假设是 3，那么样本就为 3、8、13、18、23、28……
分层随机抽样	先按照调查根据总体已有的某些特征，将总体分成几个不同的部分（每一部分叫一个层），再分别在每一部分中随机抽样	例如要调查大学生消费习惯，我们先按照学校的性质、办学层次等把我国的大学进行分类，然后再从每一类别中随机抽取部分学校部分学生进行调查
整群随机抽样	是指将调查总体按一定标准划分成群或集体，以群或集体为单位按随机的原则从总体中抽取若干群或集体	应用整群随机抽样时，要求各群有较好的代表性，即群内各单位的差异要大，群间差异要小，应区别于分层随机抽样

讨论 3－2：分层随机抽样和整群随机抽样有什么区别？

2. 非随机抽样

非随机抽样是指抽样时不是遵循随机原则，而是按照研究人员的主观经验或其他条件来抽取样本的一种抽样方法。非随机抽样又分为任意抽样、判断抽样、配额抽样和滚雪球抽样四种类型，如表 3－5 所示。

表 3-5　非随机抽样类别

类别	内涵	说明/举例
任意抽样	是根据调查者的方便与否以随意的方式来抽取样本的一种调查方法	如在街头路口任选若干位行人进行访问调查；在商店柜台前向他们中的任意部分人做市场调查等；在剧院、车站、码头等公共场所，任意选择某些人进行调查
判断抽样	是根据调查者的主观经验来选择那些最具代表性的样本的一种调查方法	当调查人员对自己的研究问题十分熟悉，对调查总体比较了解时可采用这种抽样方法
配额抽样	是指调查人员将调查总体样本按一定标志分类或分层，确定各类（层）单位的样本数额，在配额内任意抽选样本的抽样方式。配额抽样又分为独立控制配额抽样和交叉控制配额抽样	例如要调查年轻人的电子产品消费习惯，先按年龄标准把年轻人分类，确定每个类别样本数额，然后再用一种非随机抽样的方式来抽取样本
滚雪球抽样	是指先任意选择一些被访者并对其实施访问，再请他们提供另外一些属于所研究目标总体的调查对象，根据所形成的线索选择此后的调查对象	例如要调查退休老人的生活习惯，可以清晨到公园去结识几位散步的老年人，对其进行调查，再通过他们结识其他的老年人来进一步调查

实例 3-2　哪种调查方式比较合适

龙文教育是一家全国性的教育培训机构，专注于 1 对 1 的个性化辅导，业务范围涵盖了小学、初中、高中和成人的个性化课程辅导。为了了解全国初中生的课程辅导需求，龙文教育设计了以下几种调查方式：

1. 对全国的初中生进行全面的课程辅导需求调查。

2. 将广州市的所有初中进行编号，采用简单随机抽样的方式，随机抽取 10 所初中，并对 10 所中学进行全面的课程辅导需求调查。

3. 将全国划分为华东、华南、华北、华中、西南、东北、西北七个区域，每个区域随机抽取三所中学，对 21 所中学进行全面的课程辅导需求调查。

思考：以上三种调查方式哪种最好？还有更好的调查方式吗？

学以致用

调查方式就是指如何确定调查对象。如果我要对大学生消费行为进行调查，应该采用哪种调查方式比较合适？为什么？

第三节　市场调查方法

市场调查方法是指如何进行资料的收集，也就是根据市场调查的任务和要求，运用科学的方法，有计划、有组织地搜集调查资料的工作过程。调查方法一般有以下几种：文献调查法、询问法和观察法。

一、文献调查法

文献调查法又称间接调查法，是指通过查看、阅读、检索、筛选、购买、复制等手段收集二手资料的一种调查方法。文献调查法需要制订严密的调查计划，并对将要利用的文献进行真实性、可用性的检查，这样才能保证调查的系统性和可靠性。

文献调查法的应用非常广泛，实际上任何形式的市场调查都离不开文献调查法。通过文献调查法我们能够了解到前人在同一个问题上做了哪些研究、采用了什么研究方法、有哪些有用的结论等，为调查者节省大量的时间和精力，也为我们进一步的研究提供了方向和思路。

文献的来源一般包括：

（1）国家统计局和各级地方统计部门定期发布的统计公报、定期出版的各类统计年鉴。这些都是权威性的一般综合性资料文献。

（2）各种经济信息部门、各行业协会和联合会提供的定期或不定期信息公报。这类文献或数据定向性较强，是市场调查中文献的重要来源。

（3）国内外有关报纸、杂志、电视等大众传播媒介。这些传媒提供种类繁多、形式多样的各种直接或间接的市场信息，它们是文献调查中主要的查找对象。

（4）国内外各种博览会、交易会、展销订货会等营销性会议，以及专业性、学术性会议上所发放的文件和资料。

（5）企业内部资料，如销售记录、进货单、各种统计报表、财务报表等。

（6）研究机构、高等院校发表的学术论文和调查报告等。

实例 3－3　安达公司应该如何收集资料

安达公司是一家自行车生产厂家。近年来，随着自行车电池技术的不断提高，很多类似的自行车生产厂商都转向生产电动自行车，安达公司也准备转向电动自行车的生产。公司从事自行车生产十多年，已初步具备电子自行车的研发和生产能力。但是为了进一步降低经营风险，提高竞争力，在进入电动自行车市场之前，安达公司还是希望先进行自行车市场调查，了解电动自行车市场的市场规模、市场容量、市场增长潜力、竞争对手情况等信息。

思考： 安达公司应该收集哪些二手资料？二手资料应该通过哪些途径获取？

二、访问调查法

访问调查法又称询问法或者采访法，是收集第一手资料时最常用、最基本的一种方法。访问调查法是将所要调查的事项以访问的方式向被调查者提出询问，以获得所需要资料的一种方法，它需要借助访问提纲或者调查问卷来进行。访问调查法又分为面谈访问法、电话访问法、邮寄访问法和留置问卷法四种类型，如表3－6所示。

表3－6 访问调查法的类型

类别	内涵	优缺点	适用性
面谈访问法	通过调查者与被调查者面对面交谈以获取市场信息的一种调查方法。一般有街头访问或者入户调查两种类型	优点：回答率高、能深入了解情况、可以直接观察被调查者的反应 缺点：调查成本高、时间长、对访问员的要求高、调查质量无法保证	适用于调查范围较小而调查项目比较复杂的情况
电话访问法	是指调查者通过电话与被调查者进行交谈，以获取信息的一种方式	优点：信息回收快速，获取样本快速，调查时间短、费用不高 缺点：拒访率较高，访问时间较短	适用于关于某特定问题的消费者调查，或者已经拥有了相当的信息，只需进一步验证情况时的调查
邮寄访问法	是由调查人员将设计好的问卷，通过邮寄的方式送达被调查者手中，请他们答完后寄回，以获取信息的方法	优点：调查范围大，被调查者回答问题时间充裕，并可避免面谈中受调查者倾向性意见的影响 缺点：问卷回收率低，回收时间长	时效性要求不高，受访者个人信息完整，与顾客有良好合作关系
留置问卷法	是指将调查问卷当面交给被调查者，说明填写的要求，并留下问卷，让被调查者自行填写，由调查人员定期收回的一种市场调查方法	优点：问卷回收率较高，被调查者回答问题时间充裕，并可避免受到调查者倾向性影响 缺点：调查范围受限，费用高	调查者可以在留置问卷时先把问卷填写的相关说明告诉被调查者，避免理解错误

三、观察法

观察法是研究者根据一定的研究目的、研究提纲或观察表，用自己的感官和辅助工具去直接观察被研究对象，从而获得资料的一种方法。按参与观察的程度来分，可以分为三种类型：完全参与观察、不完全参与观察、非参与观察。

观察法应用比较广泛，例如测定商场顾客流量或车站码头顾客流量，测定主要交通道口车流量，对竞争对手进行跟踪或暗访观察，对商场购物环境、商品陈列、服务态度调查等。在市场营销中，比较常见的一种观察法叫作神秘顾客法。所谓“神秘顾客法”是指由一些身份特殊的顾客以普通消费者的身份，通过实地体验，了解调查对象的服务和管理等各方面情况，然后将收集到的信息资料整理成报告，递交给调查者。

除以上的调查方法外，还有网络调查法和实验法等各种调查方法。每一种调查方法都有优点和缺点，要根据调查的实际需要来选用不同的调查方法。

实例 3－4 神秘顾客

某服装连锁企业为了调查连锁店营业员的服务质量，采用了神秘顾客法来进行调查。为此，企业专门设计了一张观察表，让市场部的工作人员假扮顾客到各连锁门店进行观察研究，以此作为提升营业员的服务质量的依据。观察表的部分项目如下：

观察项目	评价标准	评价等级
同停留在货架前挑选货品的顾客主动打招呼并询问其需求	店员主动过来打招呼并询问需求 店员主动过来打招呼但不询问需求 店员未主动打招呼，但顾客招呼时，能迅速过来 店员未主动打招呼，当顾客招呼一遍以上时才过来	优 良 中 差
主动热情地介绍商品的特性、面料及洗涤方式	全面详细地介绍商品的特性、面料及洗涤方式 顾客询问后，热情向顾客介绍 顾客询问后，被动解答，一问一答 顾客询问后，因反感而不答	优 良 中 差
鼓励顾客试穿，乐意陪顾客到试衣间，并将待试服装准备好	鼓励顾客试穿，陪同顾客到试衣室，并将待试的服装准备好 鼓励顾客试穿，陪同顾客到试衣室，但未将待试服装准备好 不鼓励顾客试穿，顾客提出试穿后同意顾客试穿，但不陪同顾客到试衣室 不鼓励顾客试穿，也不同意顾客试穿	优 良 中 差
告诉顾客售后服务的内容，包括：免费修改裤长、更换颜色、尺码等	主动告诉顾客全部售后服务的内容 告诉顾客二项售后服务内容 告诉顾客一项售后服务内容 未告诉顾客售后服务内容	优 良 中 差
如试穿满意，顺便向顾客介绍、配搭其他商品和饰品	主动介绍并主动引导顾客配搭其他货品 未主动为顾客配搭，当顾客提出配搭要求后，能热情帮助配搭 顾客提出配搭要求后，不情不愿地寻找相应货品 顾客提出配搭要求后，没有反应	优 良 中 差

（资料来源：百度文库，有删减）

思考：1. “观察法”的优缺点有哪些？

2. 对营业员的服务质量进行调查为什么要采用神秘顾客法？用其他调查方法可行吗？

学以致用

调查方法就是指收集资料的方法，而文案调查法是应用最广泛的调查方法。那应该如何去判断一份通过文案调查收集回来的资料是否有价值？

第四节　调查问卷设计

在市场调查中必须借助一定的工具来完成调查，其中调查问卷是最常用的一种工具。例如我们要进行街头拦截访问，或者要进行入户调查，以实现与消费者面对面的沟通，一般都需要借助问卷来进行市场调查。因此，我们必须学会如何设计一份合格的调查问卷。

一、问卷类型

按问题的类型来划分，我们可以把问卷分为结构式问卷、半开放式问卷和开放式问卷三种。结构式问卷是指问卷中问题的类型为封闭式问题，让消费者在有限的答案中选择一个或多个答案。而开放式问卷问题的类型则为开放性的问题，消费者可以按照自己的想法自由发挥。一般来说，开放式问卷比较适合小规模的深度访谈，而结构式问卷适合大规模、内容较多的描述性的市场调查。半开放式问卷是指一份问卷既有封闭式的问题又有开放式的问题，它也是市场调查经常采用的一种问卷形式。

二、问卷结构

一份完整的调查问卷应该包括问卷标题、说明词、填表说明、正文和作业记录。

1. 标题

标题主要是用来概括说明本次调查的研究主题，使被访者对所要回答的问题有一个大致的了解。例如“关于大学生电子产品消费习惯的调查”，能够让被访者对调查的大致问题有一个初步的判断。

2. 说明词

说明词主要是用来说明调查的目的、需要了解的问题及调查结果的用途等。有些问卷还要有问候语，以引起被访者的重视。同时，说明词还要向被访者介绍调查组织单位、请求被访者合作、向被访者表示感谢等。

3. 填表说明

填表说明主要是用来规范和帮助被访者准确回答问卷问题。填表说明可以集中放在问卷前面，也可以分散到各有关问题之前。对于自填式问卷，填表说明一定要详细清楚，而且格式位置要醒目。

4. 正文

正文是问卷的核心部分。它主要是以提问的方式提供给被访者，让被访者进行选择和回答。这部分内容设计得好坏关系到整个问卷的成败，也关系到调查者能否很好地完成信息收集、实现调查目标。

5. 作业记录

作业记录主要是记录调查人员姓名、访问日期、访问时间、访问地点等，有些调查还需记录调查过程中的特殊事件以及被访者的配合情况等。

实例 3－5 大学生自行车消费需求调查问卷

亲爱的同学：

您好！我是××自行车行。为了了解我校学生对自行车的需求状况，以便更好地为同学们提供服务，特制定了此调查问卷。请您抽出一点宝贵的时间，回答下列问题，并将您的答案写在每题后面的括号里。您的意见对我们很重要，非常感谢您的合作！

1. 您的性别(　　)

A. 男　　B. 女

2. 您在学校每个月大概花费多少钱？(　　)

A. 500 元以下　　B. 500～1 000 元　　C. 1 001～1 500 元　　D. 1 500 元以上

3. 您在学校有自行车吗？(　　)

A. 有（回答“有”请继续回答 4－16 题）　　B. 没有（终止作答）

4. 您是否喜欢自行车这项运动？(　　)

A. 喜欢　　B. 一般　　C. 不喜欢

5. 请问您喜欢什么类型的自行车？(　　)

A. 山地车　　B. 公路车　　C. 折叠车　　D. 死飞　　E. 普通自行车

6. 您购买自行车的价格大概是多少？(　　)

A. 199 元以下　　B. 200～500 元之间

C. 501～1 000 元之间　　D. 1 000 元以上

7. 您在学校购买自行车的主要用途是什么？(　　)

A. 代步　　B. 骑行运动　　C. 爱好　　D. 追求时尚

8. 您购买自行车会注重(　　)【多选题】

A. 价格　　B. 灵活便利　　C. 性能　　D. 外观

E. 品牌　　F. 质量　　G. 安全

9. 您希望自行车有哪种功能？(　　)【多选题】

A. 载人　　B. 减震　　C. 变速　　D. 折叠

E. 其他

10. 您对自行车最不满意的地方是什么？（　　）【多选题】

A. 式样不好　B. 骑行吃力　C. 车子太重　D. 不太牢固

E. 电镀油漆易脱落

11. 您喜欢的自行车是什么材质的？（　　）

A. 钢铁　B. 铝合金　C. 玻璃钢　D. 碳纤维

12. 您比较喜欢以下哪种牌子的自行车？（　　）【请按喜欢程度由高到低排序】

A. 凤凰　B. 捷安特　C. 永久　D. 喜德盛

E. 迪卡侬　F. 菲利普　G. 美利达　H. 其他

13. 您会购买哪一些有关的装备产品？（　　）【多选题】

A. 自行车服装　B. 头盔　C. 自行车鞋　D. 车灯

E. 维修工具（包括打气筒、内胎等）　F. 水壶或水袋

14. 您是从哪些渠道获取有关自行车信息的？（　　）【多选题】

A. 自行车资料网站　B. 传单宣传

C. 上门推销　D. 学校的自行车协会

E. 朋友介绍

15. 您的自行车是在哪里购买的？（　　）

A. 自行车专卖店　B. 京东等购物网站

C. 校园品牌代理　D. 自行车协会

E. 校园二手交易　H. 其他

调查员姓名：　被访者姓名：　被访者联系方式：

调查时间：　调查地点：

思考：这份问卷有问题吗？为什么？若有问题，如何修改？

三、问题设计

一份完整的问卷包括了五个方面的内容，但是其中最重要的还是正文部分，也就是问题的设计。一般来说，一份问卷可能包含以下五种问题类型。

1. 单项选择题

单项选择题顾名思义就是一个问题只能有一个答案。优点是可求得明确的判断，并在短暂的时间内求得受访者的回答，条目简单，易于统计，比较适合简单的、事实性的问题。例如“您的性别是”“您使用过某某品牌的洗发水吗”，诸如此类的事实性问题可以采用单项选择题。

2. 多项选择题

多项选择题指的是一个问题有多个选项和多个答案可供选择。一般适用于较复杂的态度性的问题或者有多个答案的事实性问题。例如“您购买某某产品时会注重哪些功能”“您使

用过下列哪些品牌的产品”等类问题可以采用多项选择题。

3. 顺序题

顺序题又称排队题，是指问卷设计者列出若干个项目，由被调查者按重要性进行排列顺序的一种方法。与多项选择题相比，它不仅能反映被调查者的意见、动机、态度、行为等方面的因素，同时还能比较出各因素的先后顺序，便于被调查者回答。例如“在您购买某产品时，您觉得以下哪些方面对您最重要？请将以下选项按重要程度由高到低排列（　　）①品牌　②价格　③包装　④促销　⑤亲朋影响　⑥方便快捷”。

4. 比较题

比较题是指采用对比的方式，将具有可比性的事物进行对比并作出选择的方法。当我们需要测量消费者对不同品牌产品的感知或者态度时，可以设置比较题来对消费者的态度进行测量。例如以下的问题：

请您逐一比较下列各组不同品牌的洗衣机质量，在您认为质量好的牌子后面打“√”：

①三星□　海尔□　　②三星□　美菱□

③三星□　小天鹅□　④海尔□　美菱□

⑤海尔□　小天鹅□　⑥美菱□　小天鹅□

5. 量表题

量表题是指由问卷设计者列出评价性的询问语句和备选答案，备选答案只是消费者的态度，按不同程度给出。答案没有对错之分，只是程度不同。一般适用于测量消费者对某件事物的态度。

常见的产品测试尺度的形式主要有：质量、式样、价格、满意度、耐用性、可靠性。例如下列问题就是采用量表题对消费者的态度进行测量。

购买手机时，您认为下列因素重要吗？（请按照您认为的重要程度在相应的表格中打“√”）

重要程度 / 因素	非常重要	重要	一般	不重要	非常不重要
品牌知名度高					
外观造型优美					
内置功能强大					
质量好					
性价比高					

四、问卷用语设计技巧

1. 避免用一般性的问题

一般性问题对调查并无实质的意义，所问的问题过于笼统或者含糊不清，其结果就没有多少用处。例如："您对某百货商场的印象如何?"这个问题就应该分解为"品种是否齐全""价格是否合理""服务是否周到""购物环境是否宽松"等一系列问题。

2. 避免不确切的问题

应该避免使用"经常""普通""一些"等词语，因为不同的人理解并不相同。例如："您是否经常购买洗涤液?"回答者不知"经常"究竟是一周、一天还是一个月，就不如问"您多长时间购买一次洗涤液?"来得准确。

3. 避免使用含糊不清的句子

问卷的问题应该是清晰没有歧义的。例如："您最近是出门旅游，还是休息?"有些人认为旅游就是一种休息，他们之间并不存在选择关系，就不如这样问："您最近是出门旅游，还是在家休息?"

4. 避免引导性提问

如果问题带有明显的观点引导或者暗示，力求被调查对象做跟这些观点相近的回答，这就是引导性提问。引导性提问导致被调查对象不能做出真实的回答，收集的资料并非事实。例如："消费者普遍认为这种冰箱好，您认为如何?"这种问题本身就带有诱导性。

5. 避免主观断定性问题

问卷设计者已经为被调查对象做好角色假设，然后再来提问，这种问题会带来强烈的主观性。例如："您一天抽多少支烟?"要是被调查对象不抽烟怎么办？这时应该设置一个"您抽烟吗?"这样的中间问题，如果回答是肯定的，再接着往下提问。

6. 要避免问题使人难堪

如果有些问题非问不可，也不能强行发问，应考虑到回答者的自尊心。例如女士的年龄，被调查对象的学历、收入水平等，这种问题可设置一定的范围，让被调查对象选择。例如"高中及以下、大学、硕士及以上"，有些问题没有必要问得过细。

7. 设计问题要考虑被调查对象回答的难度

例如：有的提问不考虑时间，例如："您家庭近三年每年的生活支出是多少?"多数人根本回忆不出来；再如："您家上月的水电费是多少?"多数人也回答不出来。

8. 避免问题与答案不一致

不能在问卷中出现逻辑问题。例如："您经常看哪个栏目的电视节目：A. 生活　B. 商务电视　C. 电视购物　D. 经常看　E. 偶尔看　F. 根本不看"。这个题目在逻辑上就出现了问题，让被调查者无法回答。

学以致用

问卷是应用广泛而且非常有效的调查工具。如何保证一份问卷是有效的而且可靠的?

第五节　调查报告撰写

在撰写调查报告之前，需要先对收集回来的市场调查资料进行整理分析，再把整理分析的结果以调查报告的形式呈现出来。调查报告是对调查结果的一种书面的陈述，也是市场调查的最终产品。

一、调查资料整理

1. 调查资料的审核

对收集回来的调查资料，我们第一步要做的就是审核。审核主要从四个方面展开：准确性、完整性、有效性和时效性。

（1）准确性。准确性是指检验二手资料、问卷或调查表的真实性，抽样和复检访问员是否到访。若访问员伪造问卷应作废弃处理，并派员重访。

（2）完整性。检查二手资料是否收集齐全。如果是问卷，则检查问卷的份数是否齐全、问卷填答的项目是否完整，并作出处理。大量问题无回答应作废卷处理；个别问题无回答，归入“暂未决定”或“其他答案”中；个别问题大量无回答，可删除此问题。总的来说要按实际情况对问卷做出处理。

（3）有效性。检查二手资料的来源是否可靠。如果是问卷，则检查问卷或调查表中的项目是否存在填答错误。逻辑性错误答案，再次核实或按“不详值”对待；答非所问的答案，再次询问或按“不详值”对待；缺乏回答答案，若个别问卷则抛弃，若同一问题有不少问卷缺乏回答可作子样本看待。

（4）时效性。检查二手资料的各种数据统计的时间和问卷调查的访问时间等。如果二手资料的统计信息年代太久，即使很权威也失去了意义。问卷等一手资料收集，若延迟访问对调查结果无影响，则问卷有效；若延迟访问有影响，则废弃此问卷。

2. 资料的编码与录入

（1）资料编码。编码就是将原始资料转化为计算机可以识别的数据或符号的过程。它包括预编码和后编码两种类型。预编码是在问卷设计的同时就对问题设计出编码，主要是针对客观题。后编码先把开放式问卷的结果进行分类，然后再对它们进行编码，主要针对开放式的问卷。

（2）录入数据。一般包括手工录入和计算机自动录入两种方式。最常用的手工录入方式是通过键盘录入专门的统计分析软件中（如 Excel、SPSS）。随着计算机技术的高速发展和计算机应用的迅速普及，数据的录入工作已逐渐从手工处理转变为计算机操作。

表 3－7　数据录入

A	B	C	D	E	F
问卷编号	Q1（性别）	Q2（收入）	Q3（职业）	Q4（喜欢类型）	Q5（购买价格）
1011120101	1	1	1	1	1
1011120102	2	2	2	2	2
1011120103	1	3	1	3	4
1011120104	1	4	1	4	3
1011120105	2	2	2	5	1
1011120106	1	1	1	1	1
1011120107	1	3	2	6	1

3. 数据处理与列示

（1）数据处理。通过编码之后，录入的数据就构成了一个数据矩阵。调查人员的任务就是数据压缩，把隐藏在这些大量分散数据中的重要信息揭示出来。这些有用信息的揭示，对原始数据统计分析很有作用。最常见的一些分析方法包括频数、平均值、百分比、因子分析、标准差、方差分析、回归分析等。

（2）数据列示。数据列示是指对加工整理后的数据用统计表、统计图、数据库、数据报告等形式表现出来，能够最直观地反映出调查的结果。常用的数据列示有统计表、柱形图、条形图、饼形图、线形图和雷达图等。具体形式如图 3－1 和图 3－2 所示。

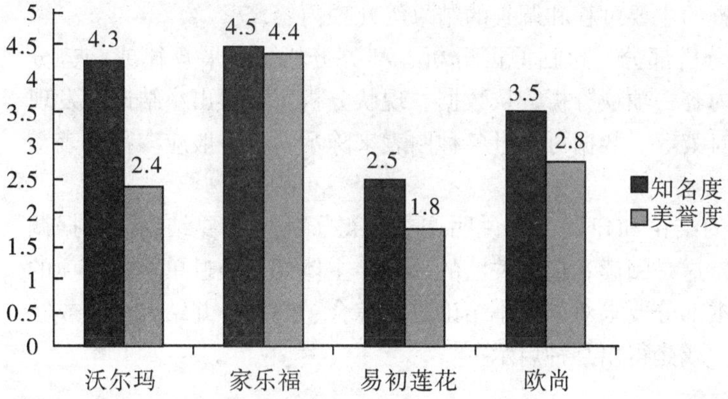

	知名度	美誉度
沃尔玛	4.3	2.4
家乐福	4.5	4.4
易初莲花	2.5	1.8
欧尚	3.5	2.8

图 3－1　统计表与柱形图

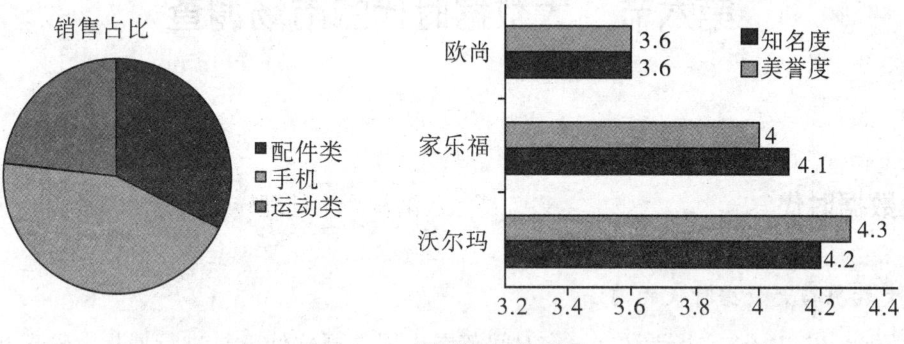

图 3－2　饼形图与条形图

二、撰写调查报告

市场调查报告就是以书面表达的方式把市场调查的过程和调查结果展示出来，它是市场调查成果的集中体现。一般是由封面、目录、摘要、正文和附件等几部分组成。

1. 设计调查报告封面

调查报告的封面包括报告的题目、报告的使用者、报告的编写者及提交报告的日期等内容。作为一种习惯做法，调查报告题目的下方应注明报告人或单位、通信地址、电话、报告日期，然后另起一行注明报告呈交的对象。

2. 确定调查报告标题

调查报告的标题要求简洁明了，把调查的主题概括出来。

3. 制作目录和编写摘要

目录可以运用word自带的目录工具来生成。报告摘要具体包括以下几个方面的内容：简要说明调查目的，即简要说明调查的原因；介绍调查对象和调查内容，包括调查时间、地点、对象、范围、调查要点及所要解答的问题；简要介绍调查研究的方法；简要说明调查结论与建议。

4. 编写正文

正文一般由前言、主体（数据分析）、结论和建议三部分构成。

（1）前言。前言部分一般应包括调查项目的背景、调查的必要性和意义、调查的主要内容、调查的主要方式方法、调查的主要过程和调查的结果等几项内容。

（2）主体。主体即调查数据分析部分，包括原因分析、利弊分析、发展规律或趋势分析。一般按照调查设计的项目、内容一项项分析，从数据、现状分析，到得出小结论或发现问题，并进一步探寻原因，提出对策等。数据可通过各种图表来陈示，但一般应多种图表交叉配合运用。

（3）结论和建议。调查报告的结论和建议部分说明调查获得了哪些重要结论，根据调查的结论建议应该采取什么措施，这是阅读者最为关注的部分。主体部分经过单项或多项的结合分析得出了一系列的结论，本部分要求对以上小结论进行综合、归纳，并结合企业或客户实际情况提出你的看法和建议，或是得出某种启示。

第六节　大数据时代的市场调查

一、大数据时代

1. 大数据与大数据时代的内涵

大数据（Big Data），指无法在一定时间范围内用常规软件工具进行捕捉、管理和处理的数据集合，是需要新处理模式才能具有更强的决策力、洞察发现力和流程优化能力的海量、高增长率和多样化的信息资产。最早提出“大数据时代”到来的是全球知名咨询公司麦肯锡，麦肯锡称：“数据，已经渗透到当今每一个行业和业务职能领域，成为重要的生产因素。人们对于海量数据的挖掘和运用，预示着新一波生产率增长和消费者盈余浪潮的到来。”

在维克托·迈尔-舍恩伯格及肯尼斯·库克耶编写的《大数据时代》一书中，大数据指不用随机分析法（抽样调查）这样的捷径，而对所有数据进行分析处理。大数据的5V特点（IBM提出）：Volume（大量）、Velocity（高速）、Variety（多样）、Value（低价值密度）、Veracity（真实性）。

（1）数据体量巨大。数据体量（Volumes）大。大型数据集一般在10TB规模左右，但在实际应用中，很多企业用户把多个数据集放在一起，已经形成了PB级的数据量；百度资料表明，其新首页导航每天需要提供的数据超过1.5PB（1PB=1024TB），这些数据如果打印出来将超过5 000亿张A4纸。有资料证实，到目前为止，人类生产的所有印刷材料的数据量仅为200PB。

（2）处理速度快。由于计算机技术的不断发展，处理数据的速度（Velocity）也越来越快。即使只是用个人电脑，在数据量非常庞大的情况下，也能够做到数据的实时处理。数据处理遵循“1秒定律”，可从各种类型的数据中快速获得高价值的信息。

（3）数据类型多样。数据类别（Variety）大。数据来自多种数据源，数据种类和格式日渐丰富，已冲破了以前所限定的结构化数据范畴，囊括了半结构化和非结构化数据。现在的数据类型除了文本形式，更多的是图片、视频、音频、地理位置信息等多类型的数据，个性化数据占绝大多数。

（4）真实性。数据真实性（Veracity）高。大数据是通过消费者的网络行为沉淀下来的数据，这些网络行为都是消费者真实的和可靠的行为，绝大部分消费者不会故意去掩饰自己的消费行为，因此大数据是真实的、可靠的。

（5）低价值密度。数据价值密度（Value）相对较低。如随着物联网的广泛应用，信息感知无处不在，信息海量，但价值密度较低，如何通过强大的机器算法更迅速地完成数据的价值“提纯”，是大数据时代亟待解决的难题。以视频为例，一小时的视频，在不间断的监控过程中，可能有用的数据仅仅只有一两秒。

2. 大数据的作用

（1）对大数据的处理分析正成为新一代信息技术融合应用的结点。移动互联网、物联网、社交网络、数字家庭、电子商务等是新一代信息技术的应用形态，这些应用不断产生大数据。云计算为这些海量、多样化的大数据提供存储和运算平台。通过对不同来源数据的管理、处理、分析与优化，将结果反馈到上述应用中，将创造出巨大的经济和社会价值。

大数据具有催生社会变革的能量。但释放这种能量，需要严谨的数据治理、富有洞见的数据分析和激发管理创新的环境（Ramayya Krishnan，卡内基·梅隆大学海因兹学院院长）。

（2）大数据是信息产业持续高速增长的新引擎。面向大数据市场的新技术、新产品、新服务、新业态会不断涌现。在硬件与集成设备领域，大数据将对芯片、存储产业产生重要影响，还将催生一体化数据存储处理服务器、内存计算等市场。在软件与服务领域，大数据将引发数据快速处理分析、数据挖掘技术和软件产品的发展。

（3）大数据利用将成为提高核心竞争力的关键因素。各行各业的决策正在从“业务驱动”转变为“数据驱动”。对大数据的分析可以使零售商实时掌握市场动态并迅速做出应对；可以为商家制定更加精准有效的营销策略提供决策支持；可以帮助企业为消费者提供更加及时和个性化的服务；在医疗领域，可提高诊断准确性和药物有效性；在公共事业领域，大数据也开始发挥促进经济发展、维护社会稳定等方面的重要作用。

二、大数据时代市场调查的特点

1. 大数据时代改变了调查方式

在大数据出现以前，尽管大家都知道普查是了解市场最好的一种调查方式，但是由于普查的范围太广，成本太高，往往导致企业没办法组织普查。大数据的出现，让传统最常用的抽样调查地位受到了挑战。现在许多行业都很容易以非常低的成本获得大数据，例如服装企业可以从天猫、淘宝、京东等公司获取大数据，然后对大数据进行挖掘分析，以此来更加精准地了解顾客需求。在这个背景下，许多传统的市场调查就会被大数据挖掘所取代。企业很容易获得全部消费者的数据，也就不需要抽样调查了，可以直接进行全面调查。

2. 大数据时代实现了对市场信息的实时监控

在大数据时代到来以前，不管采用何种调查方式，基本都没办法实现对变化的市场信息实时监控。尽管企业也通过 ERP 软件对中间商的销售和库存情况进行实时的监控，但是也仅此而已，没有办法了解到实时的市场信息。大数据时代让企业对市场信息实时监控成为可能。例如经营一家天猫的商店，企业可以实时监控消费者进店的流量信息、跳失率、平均停留时间等这些关键的店铺经营数据。通过购买阿里的高级数据分析工具，你也可以实时监控整个品类的营销信息，然后再根据这些信息迅速地调整店铺的营销手段。

3. 大数据时代改变了市场调查的重点

传统的市场调查往往比较关注对因果关系的探索，例如我们会问消费者为什么会喜欢红色而不喜欢蓝色？而随着大数据时代的来临，市场调查变得越来越关注相关关系而不是因果关系。消费者为什么喜欢可能并不是最重要的，啤酒跟什么搭配着来卖会更好卖会成为大数据时代关注的热点，当然也有一部分原因是因为大数据时代的市场调查很难做这种因果关系的分析。我卖的商品是不是跟性别有关、跟年龄有关、跟生活习惯有关等会成为大数据分析时代的市场研究的热点。当然，如果需要进一步探寻因果关系，还是需要采用传统的市场调查方式，例如抽样调查。

实例 3 - 6　航线星云

开源网站 OPENFLIGHTS. ORG 上记载了大约 6 万条直飞航班信息，这些航班穿梭在 3 000 多个机场间，覆盖了 500 多条航线。

通过高级分析技术，我们可以看到世界上各家不同的航空公司看起来就像是一个美丽的星云（国际星云的组成部分）。同种颜色的圆点和粗线提供了见解，它们代表提供相同航线的航空公司，显示出它们之间的竞争以及在不同区域间的潜在合作。

这张基于数据可视化的 Sigma 图表显示了服务城市相似的不同航空公司。图中的圆点或圆圈代表航空公司，连线的粗细和远近则反映两个航空公司之间的相似性；连线越粗或越短则代表两家航空公司服务的城市越相似。图表中有几组航空公司，直观地表现了它们

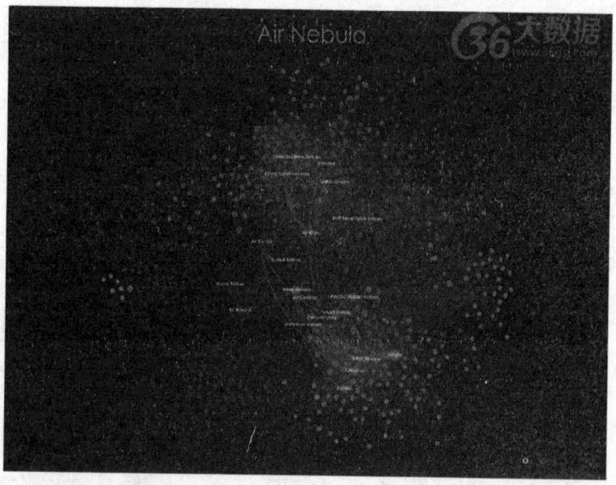

所服务的地理区域。

这张图表中的关键当然是航空公司之间的相似性甚至是重叠，它们是中国的南航和东航、阿联酋航空和卡塔尔航空、英航和汉莎航空、美航和达美航空；我们可以从中看出这些公司之间的竞争关系。瑞安航空则通过服务与汉莎航空和英航占据了一个利基市场；比起意大利或汉莎等其他的欧洲航空公司，法国航空则与美国联航等美国航空公司更为相似，这也许可以解释为联合品牌效应。本质上说，这是一张多维的韦恩图，用一种简明扼要的方式揭示了不同主体间的复杂关系。

（资料来源、图源：360 大数据）

思考：这张图对于航空公司而言有什么样的价值？

测试你掌握的知识

1. 简单解释什么是市场调查。
2. 举例说明市场调查的几种类型。
3. 市场调查的方式有哪些？
4. 市场调查的方法有哪些？
5. 应该如何设计一份调查问卷？
6. 调查数据应该如何处理？
7. 请举例说明大数据在现代生活中的运用。

实训模块 3　消费者需求调查

营销团队从实干邦平台上任选一个品类的产品，了解该品类产品的消费需求，参考本书中实例 3－4，用 5W1H 模型设计调查问卷，撰写调查方案并实施调查，提交调查报告。

具体操作步骤可参考配套实训教材，也可扫描二维码登录实干邦平台进行实训操作。

第四章　选择价值——目标市场营销战略

战略就是“让你的企业和产品与众不同，形成核心竞争力。对受众而言，就是鲜明地建立品牌”。

——杰克·特劳特

【学习目标】

1. 理解市场细分对于企业的意义和作用。
2. 掌握企业进行市场细分的标准和方法。
3. 掌握企业使用哪些标准来选择最有吸引力的目标市场。
4. 掌握企业进入目标市场的选择模式。
5. 理解企业如何选择并有效地传递自己的市场定位。
6. 理解企业如何确定其主要竞争对手及制定自己的竞争战略。

【思维导图】

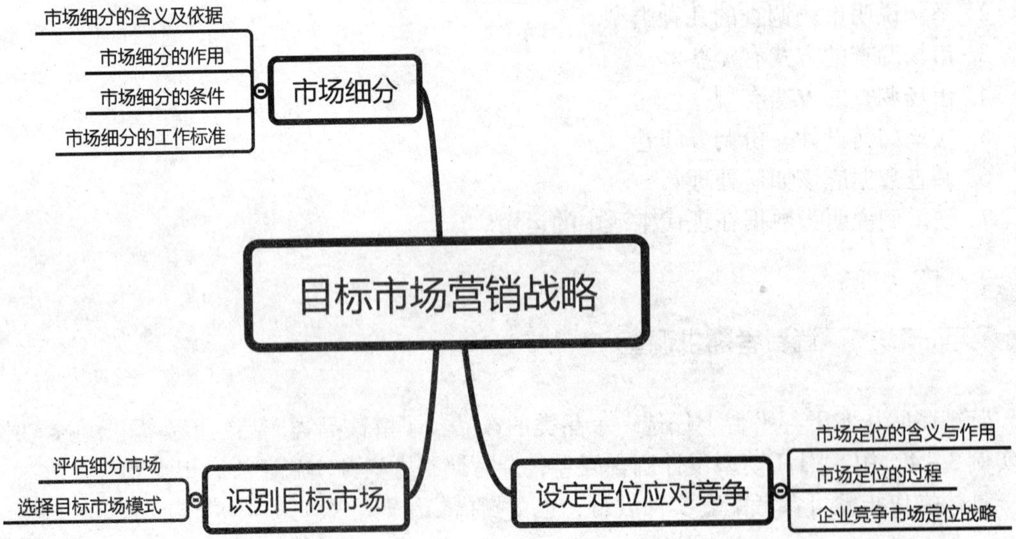

【营销实战】

宝洁公司多种洗发水产品

宝洁公司在中国大陆地区销售的洗发水有如下几种：

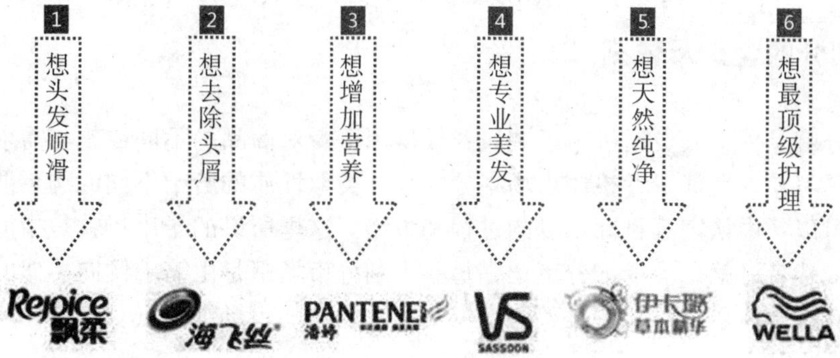

思考：1. 为什么宝洁公司不生产一种能够满足所有消费者需求的洗发水？

2. 宝洁公司对洗发水市场进行细分的依据是什么？

3. 宝洁公司在行业里处于怎样的竞争地位？它是如何选择竞争战略的？

现代市场是一个十分庞大而复杂的市场，顾客人数太多、分布太广，各种不同的需求和偏好共同存在。无论企业实力有多强，想要满足其所有的需求与偏好，几乎是不可能的。因此，企业不应处处与他人竞争，而应以自己的优势与他人的劣势竞争，即企业要能提供最有效服务的子市场，并在这样的子市场上确立经营优势。

目标市场营销即企业识别各个不同的购买者群体，有选择地将一个或几个消费者群体作为自己的目标市场，并发挥自己的资源优势以满足其全部或部分的需要。目标市场营销是市场营销理论的重大发展，已成为现代营销的核心战略。

目标市场营销包含三大步骤：①市场细分（Segmentation）：确定并描绘需要被提供相对独立的产品或者营销组合的购买者群体；②目标市场选择（Targeting）：选择一个或多个准备进入的市场；③市场定位（Positioning）：在市场上建立和传播产品与众不同的关键利益。所以又被称为“STP营销”（如图4－1所示）。

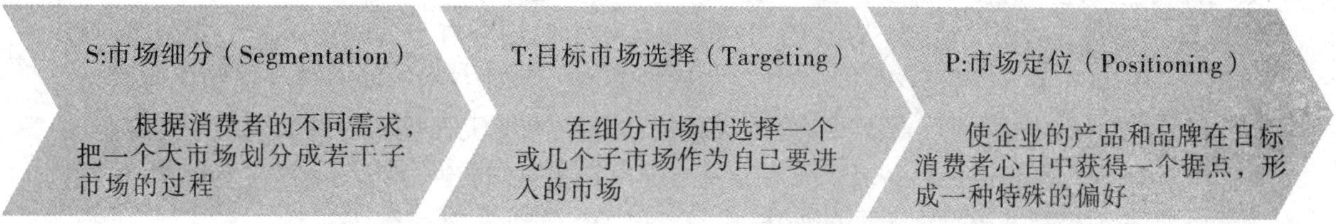

图4－1 目标市场营销战略的步骤

第一节　市场细分

一、市场细分的含义及依据

市场细分就是营销人员通过市场调研，根据消费者对商品的不同欲望与需求、不同的购买行为与购买习惯，把消费者整体市场划分为具有类似性质的若干不同的购买群体——子市场，使企业可以从中认定其目标市场的过程和策略。这里所讲的子市场就是指消费者群。

每一个消费者群就是一个细分市场，每一个细分市场都是由需求倾向类似的消费者构成的群体，所有细分市场之总和便是整体市场。如洗发水的市场细分（如图 4-2 所示）。

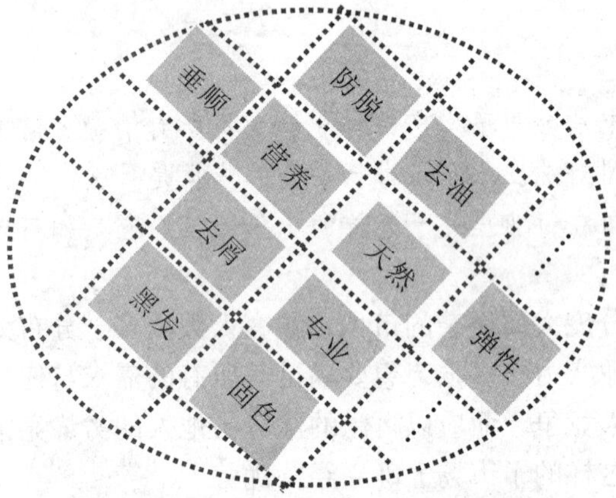

图 4-2　洗发水的市场细分

在企业营销活动中，市场细分是一项常态化的工作。企业进行市场细分，往往是出于对消费者需求变化的主动适应：

（1）消费者的需求客观上存在的绝对差异性造成了市场细分的必要性。由于人们所处的地理条件、社会环境不同，所受的教育不同，自身所具有的心理素质、价值观不同，所有的经历和所从事的职业也不同，他们对商品的品种、款式、色彩、规格、数量、价格乃至购买时间和购买地点的要求也会有所不同。

（2）消费者的需求客观上存在的相对同质性使市场细分有了实现的可能。处在同一地理条件、社会环境下，总会有一些人接受相同的教育，并具有相近的心理特征和价值观念。因此，他们对商品的品种、款式、色彩、规格、数量、价格乃至购买时间和购买地点的要求也会大致相同。正是因为消费者需求在某些方面存在相对同质性，市场上存在绝对差异的消费者才能按一定标准聚合成不同的群体。

因此，市场细分是一个聚集的过程，而不是分解的过程。市场细分在求大同、存小异的基础上，针对某种产品的特点而最易做出反应的消费者，根据多种变量连续进行集合，指导其形成企业的某一细分市场。特别需要注意的是，细分市场不是根据产品品种、产品系列来进行的，而是从消费者的角度进行划分的，即消费者的需求、动机、购买行为的多元性和差异性。

二、市场细分的作用

（1）有利于选择目标市场和制定市场营销策略。市场细分后的子市场比较具体，比较容易了解消费者的需求。企业可以根据自己的经营思想、方针及生产技术和营销力量，确定自己的服务对象，即目标市场。针对较小的目标市场，企业可以制定特殊的营销策略。

（2）有利于发掘市场机会，开拓新市场。通过市场细分，企业可以对每一个细分市场的购买潜力、满足程度、竞争情况等进行分析对比，探索出有利于本企业的市场机会，使企业能及时制订新产品开拓计划，进行必要的产品技术储备，掌握产品更新换代的主动权，开拓新市场，更好地适应市场的需要。

（3）有利于集中人力、物力投入目标市场。任何一个企业的资源、人力、物力、资金都是有限的。通过细分市场，选择了适合自己的目标市场，企业便可以集中人、财、物及资源，去争取局部市场上的优势，然后再占领自己的目标市场。

（4）有利于企业提高经济效益。上述三个方面的作用都能使企业提高经济效益。除此之外，企业通过市场细分可以面对自己的目标市场生产出适销对路的产品，既能满足市场需要，又可增加企业的收入。产品适销对路可以加速商品流转，加大生产批量，降低企业的生产销售成本，提高生产工人的劳动熟练程度，提高产品质量，全面提高企业的经济效益。

实例 4-1　婴幼儿护肤——从强生、青蛙王子到红色小象

护肤品市场无疑是市场细分化程度最高的，从性别到收入、从地区到年龄、从功能到成分、从肤质到部位，且一直是各路诸侯征战，烽烟四起。

而强生公司在高度竞争的护肤品市场中以年龄细分，成功抢滩中国巨大和空白的婴幼儿市场，以纯净温和的形象推出 PH 值为中性，不伤害婴儿皮肤的强生婴儿护肤品。先入为主的强生一举抢占了中国婴儿、儿童乃至渴望拥有婴儿肌肤的成人这一细分市场。

后进入市场的中国本土品牌青蛙王子如何面对强生婴儿这一霸主？青蛙王子再次从年龄因素发现了市场机会。以“长大了就不该再用婴儿产品”的广告词直指强生，推出了针对 3～12 岁儿童的具有更强保护皮肤功效的儿童倍润霜，打造中国儿童护肤第一品牌。

其他企业已经没有市场机会了吗？红色小象作为新进入者的代表再次用细分市场找到了生存之道。随着消费理念的升级与消费结构、消费方式的变化，中国的消费行为正在发生巨变。上美集团适时推出的高端母婴护肤品牌——红色小象，其于 2015 年 12 月上市，并于 2016 年大手笔投放 5 亿元广告，强势进军母婴护理品牌。区别于强生和青蛙王子，红色小象主打的润肤霜售价为前两者的两倍。

（资料来源：根据红色小象官网资料整理）

思考：强生、青蛙王子和红色小象是如何通过细分发现市场机会的？

三、市场细分的条件

企业可以根据单一因素，也可根据多个因素对市场进行细分。选用的细分标准越多，相应的子市场也就越多，每一个子市场的容量相应就越小；相反，选用的细分标准越少，子市场就越少，每一个子市场的容量则相对较大。寻找合适的细分标准对市场进行有效的细分，在营销实践中并非易事。一般而言，成功、有效的市场细分应遵循以下四个基本原则：

表4－1　有效市场细分的条件

有效原则	具体内容
可衡量性	细分的市场是可以识别和衡量的，即细分出来的市场不仅范围明确，而且对其容量大小也能大致做出判断
可进入性	细分出来的市场应是企业营销活动能够抵达的，即是企业通过努力能够使产品进入并对顾客施加影响的市场
足量性	细分市场的规模和获利能力应大到值得为之服务。如果细分市场的规模过小，市场容量太小，细分工作烦琐，成本耗费大，获利小，就不值得去细分
能区分	细分市场在概念上能被区分，并且对不同的营销组合有不同的反应。如果不同细分市场顾客对产品需求差异不大，行为上的同质性远大于其异质性，此时，企业就不必费力对市场进行细分

实例4－2　长尾理论与小众市场的崛起

各行业市场竞争日益激烈，通过不断细分无疑是发现市场机会的重要手段，然而市场的足量性要求又常常成为阻碍企业进一步细分市场的桎梏。在互联网时代，管理专家们通过数据分析研究，提出了“长尾理论”。这一理论的核心是：只要存储和流通的渠道足够大，需求不旺或销量不佳的产品所共同占据的市场份额可以和那些少数热销产品所占据的市场份额相匹敌甚至更大，即众多小市场汇聚成可与主流大市场相匹敌的市场能量。而那些小市场即为“长尾市场”。

网络购物平台已经可以覆盖全国甚至全球市场，即使某一产品在某一地区市场销量有限，但扩展到全国市场，总量则是巨大的。于是淘宝网成就了众多本来小众产品的市场。无论是收藏级别的紫砂壶还是极具个性的配饰，订制服装还是残疾人代步车，都可以通过网络平台实现大量销售。

思考：长尾理论是如何应用在“屌丝理财神器”余额宝上的？

四、市场细分的工作标准

1. 消费者市场细分的工作标准

如前所述，一种产品的整体市场之所以可以细分，是由于消费者或用户的需求存在差异，而引起消费者需求差异的变量很多。实际中，企业一般是组合运用有关变量来细分市场，而不是单一采用某一变量。概括起来，细分消费者市场的变量主要有四类，即地理变量、人口变量、心理变量、行为变量（如表4－2所示）。

表4－2　消费者市场的细分标准及其细分变量

细分标准	细分变量	变量内容
地理变量	地域	东北、华北、西北、西南、华东、华南
	城镇规模	大城市、中等城市、小城市、乡镇
	自然环境	平原、丘陵、山区
人口变量	年龄	0～5岁、6～10岁、11～18岁、19～34岁、35～49岁、50～64岁、65岁及以上
	性别	男、女
	收入	1 000元以下、1 001～3 000元、3 001～6 000元、6 001～10 000元、10 000元以上（以月为基本单位）
	家庭生命周期	年轻单身、年轻已婚无子女、年轻已婚最小子女不到6岁、年轻已婚最小子女6岁以上、较年长已婚与子女同住、较年长已婚不与子女同住、较年长单身、其他
	职业	政府和社会行政人员、管理人员、私营企业主、专业技术人员、职员、工人、农民、失业人员等
	受教育情况	小学及以下、初中、高中、专科、本科、硕士及以上
	社会阶层	下下层、下上层、中下层、中上层、次上层、上上层
心理变量	生活方式	节俭型、奢侈型、传统型、新潮型
	动机	求美、求廉、求实、求新、求名、求便、炫耀、好胜
	个性	被动型、交际型、权力型、野心型
行为变量	场合	普通场合、特殊场合
	利益	质量、服务、经济、速度
	使用者状况	从未使用、以前用过、有可能使用、第一次使用、经常使用
	使用率	偶尔使用、适度使用、频繁使用
	忠诚度	没有、适度、强烈、绝对
	准备阶段	未知晓、知晓、已了解、有兴趣、想得到、企图购买
	对产品的态度	热衷、积极、不关心、否定、敌视

（1）按地理变量细分市场。按照消费者所处的地理位置、自然环境来细分市场。比如，根据国家、地区、城市规模、气候、人口密度、地形地貌等方面的差异将整体市场分为不同的小市场。地理变量之所以能够作为市场细分的依据，是因为处在不同地理环境下的消费者对于同一类产品往往有不同的需求与偏好，他们对企业采取的营销策略与措施会有不同的反应。

实例 4－3　区域市场中的方便面

方便面市场发展到现在，细分化程度已经相当高，已从农村到普通城市、一线城市等以收入特色为主的细分，发展到西南、华北等以口味为特色的细分。比如统一老坛酸菜牛肉面就代表了重庆区域市场产品在全国市场的崛起，而康师傅也针对各区域市场推出符合当地口味的方便面：江南美食系列、广东的老火靓汤系列、西北油泼辣子系列、东北炖系列、沿海的海陆鲜汇系列等。但最令企业意想不到的是碗装方便面和袋装方便面的市场销售居然也有南北之分。

无论商家怎么努力促销，北方的碗装面销售都不及南方。究其原因，竟是北方人以面食为主，在食用方便面的时候更看重面的口感，多采用煮面的方式，所以袋装方便面是他们的首选。而南方人以吃大米为主，吃方便面纯属为了方便，所以更注重方便二字，碗装方便面当然是他们的首选。

思考：除了方便面，你还能找到哪些商品是以地理细分为主的？它们是怎么做的？

（2）按人口变量细分市场。按人口统计变量，如年龄、性别、家庭规模、家庭生命周期、收入、职业、受教育程度、宗教、种族、国籍等为基础来细分市场。消费者需求、偏好与人口统计变量有着很密切的关系。比如，只有收入水平很高的消费者才可能成为高档服装、名贵化妆品、高级珠宝等的经常买主。人口统计变量比较容易衡量，有关数据相对容易获取，所以企业经常以它作为市场细分的依据。

实例 4－4　万科的市场细分

万科是目前中国最大的专业住宅开发企业，总部设在深圳。截至 2016 年底，公司进入中国大陆 65 个城市，分布在以珠三角为核心的广深区域、以长三角为核心的上海区域、以环渤海为核心的北京区域，以及由中西部中心城市组成的中西部区域。2016 年公司实现销售面积 2 765.4 万平方米，销售金额 3 647.7 亿元，同比增长 39.5%，在 40 个城市的市场销售排名位列当地前三。

万科的理念是：有什么样的人，就有什么样的生活。有多少种生活，就应有多少种居住空间。万科，为生而不同的人设计各不相同的住宅，四大产品系列——GOLDEN/CITY/TOWN/TOP 为四种不同的生活状态服务，全程关怀生命，相伴每段人生的居住理想。

万科发现与购房行为最相关的指标是：家庭收入、家庭生命周期和房屋价值观。据此万科将全国客户细分为如下五大类：

这五大类消费者有如下特征：

价值纬度	家庭生命周期纬度	细全指标	详细描述
社会新锐	青年之家	业主年龄、是否与父母（老人）同住	25～44岁的青年或青年伴侣（无孩子、无父母）
	青年持家		25～34岁或者已经结婚的青年＋父母（老人）
望子成龙	小太阳	孩子年龄、是否与父母（老人）同住	0～11岁小孩＋业主
	后小太阳		12～17岁小孩＋业主
	三代孩子		老人＋业主＋18岁以下孩子
健康养老	老人一二三代	有老人家族的直系代数	（准）空巢中年或老年、老人＋中年夫妻、老人＋中年夫妻＋18岁以上孩子
富贵之家	富贵之家	家庭年收入	收入（包括教育、职务等资源）远高于其他家庭的家庭
经济务实	务实之家	家庭年收入	收入（包括教育、职务等资源）远低于其他家庭的家庭
	中年之家	业主和子女年龄	中年夫妇＋18～24岁的孩子

（资料来源：根据万科官网资料和世联地产资料整理）

思考：

1. 请分析万科的这五类客户的购房动机和产品需求特点。
2. 请上网查询并举例说明万科的产品是如何满足这五类消费者的需求的。

（3）按心理变量细分市场。在心理细分中，购买者根据其生活方式、个性特点或价值观被划分成不同的群体。属于同一群体的人可能表现出差异极大的心理特征。生活方式是指一个人怎样生活，人们追求的生活方式各不相同：有的追求新潮、时髦，有的追求恬静、简朴；有的追求刺激、冒险，有的追求稳定、安逸。个性是指一个人比较稳定的心理倾向与心理特征，它会导致一个人对其所处环境做出相对一致和持续不断的反应。俗语说："人心不同，各如其面"，每个人的个性都会有所不同。个性通常会通过自信、自主、支配、顺从、保守、适应等性格特征表现出来。因此，个性可以按这些性格特征进行分类，从而为企业细分市场提供依据。在西方国家，有些企业以个性特征为基础对诸如化妆品、香烟、啤酒，保险之类的产品市场进行细分并取得了成功。

实例4－5　VF按照生活方式打造服饰品牌

VF公司提供超过30个"适合全世界消费者的生活，不管是上班族、牛仔、冲浪者、足球妈妈、运动迷还是摇滚乐队"的优质生活方式品牌。

VF是美国头号牛仔制造商，拥有Lee、Riders、Rustler、Wrangler等品牌，但是牛仔并不是VF的唯一焦点。该公司把品牌仔细按照五种生活方式进行细分——牛仔服、形象服（工作服）、户外及极限运动服装、运动服和时装。North Face和Timberland都是户外单元中的品牌，为户外活动爱好者提供顶级装备。在运动服单元，Nautica是以航行和海洋为灵感设计的高端休闲服装，聚焦于那些喜爱它们的人群。Vans最初是做滑冰鞋的，Reef则是以冲浪为灵感的鞋服品牌。在时装单元，Lucy专注于高级休闲套装，而7 for All Mankind提供会在精品店和Saks、Nordstorm等高端商场出售的高级粗斜纹棉布服装及配饰。在产品线另一端，形象服单元的Horace Small为警察、火警和其他一线人员提供制服。无论你是谁，VF说："我们适合你的生活。"

（资料来源：加里·阿姆斯特朗、菲利普·科特勒《市场营销学》）

思考：举例说明还有哪些品牌是以生活方式来细分市场的。

（4）按行为变量细分市场。根据购买者对产品的了解程度、态度、使用情况及反应等将他们划分成不同的群体。许多人认为，行为变量能更直接地反映消费者的需求差异，因而成为市场细分的最佳起点。按行为变量细分市场如表4－3所示。

表4－3　按行为变量细分市场

行为变量	细分依据
购买场合	根据消费者提出需要、购买和使用产品的不同时机，将他们划分成不同的群体
追求利益	根据购买者所追求的利益对其进行分类
使用者状况	根据顾客是否使用和使用程度来细分市场，通常可分为经常购买者、首次购买者、潜在购买者和非购买者
使用数量	根据消费者使用某一产品的数量大小来细分市场，通常可分为大量使用者、中度使用者和轻度使用者。大量使用者人数可能并不是很多，但他们的消费量在全部消费量中占很大的比重

（续上表）

行为变量	细分依据
品牌忠诚程度	根据消费者对产品的忠诚程度来细分市场。有些消费者经常变换品牌，另外一些消费者则在较长时期内专注于某一或少数几个品牌
购买的准备阶段	消费者对各种产品的了解程度往往因人而异。有的消费者可能对某一产品确有需要，但并不知道该产品的存在；还有的消费者虽已知道产品的存在，但对产品的价值、稳定性等还存在疑虑；另外一些消费者则可能正在考虑购买。针对处于不同购买阶段的消费群体，企业应进行市场细分并采用不同的营销策略
态度	根据市场上顾客对产品的热心程度来细分市场。不同消费者对同一产品的态度可能有很大差异，如有的持肯定态度，有的持否定态度，还有的则处于既不肯定也不否定的无所谓态度。针对持不同态度的消费群体进行市场细分，广告、促销等方面的措施应当有所不同

实例 4－6　天美时手表的市场细分

美国钟表公司发现大约 23% 的购买者购买价格低廉的手表，46% 的人购买经久耐用、质量较好的手表，还有 31% 的人购买可以在某些重要场合显示身份的手表。当时，美国市场上一些著名的手表公司都全力以赴地争夺第三个市场，他们生产价格昂贵的、强调声望的手表，并通过大百货商店、珠宝店出售。美国钟表公司分析比较这三个市场层面后，决定把精力集中到前两个竞争较弱的细分市场，并适应这两个消费者群的需求特点，设计开发了一种名为“天美时”的价廉物美的手表，选择更贴近目标顾客的超级市场、廉价商店等零售商和批发商为分销渠道出售。正是这一成功的市场细分战略使该公司迅速获得了很高的市场占有率，成为当时世界上最大的手表公司之一。

（资料来源、图源：21 品牌网）

思考：天美时手表使用哪种细分标准？这种细分标准有何好处？

2. 生产者市场的细分依据

许多用来细分消费者市场的标准，同样可用于细分生产者市场，如根据地理、追求的利益和使用率等变量加以细分。不过，由于生产者与消费者在购买动机与行为上存在差异，所以，除了运用前述消费者市场细分标准外，还可用一些新的标准来细分生产者市场。

表 4－4　生产者市场的细分依据

细分依据	具体内容
用户行业	不同行业用户采购同一种产品的使用目的往往不同。不同行业的最终用户通常会在产品的规格、型号、品质、功能、价格等方面提出不同的要求，追求不同的利益。比如钢材，有的用户用于生产，有的用于造船，有的用于建筑
用户规模	在产业市场中，大量用户、中量用户、少量用户的区别，要比消费者市场更为明显。用户或客户规模不同，企业的营销组合方案也应不同。对于大客户，宜直接联系、直接供应，由销售经理亲自负责；而对于小客户，则宜由批发商或零售商去组织供应
用户地点	产业市场比消费者市场更为集中。企业按用户的地理位置来细分市场，选择用户较为集中的地区作为自己的目标市场，不仅联系方便、信息反馈快，而且可以更为有效地规划运输路线、节省运费，同时也能更充分地利用销售力量，降低推销成本

学以致用

你认为营销人员用哪一种细分方案能更有效地对你进行销售？观点选择：年龄细分 VS. 行为细分。

第二节　识别目标市场

所谓目标市场，就是企业决定要进入的市场。企业在对整体市场进行细分之后，要对各细分市场进行评估，然后根据细分市场的市场潜力、竞争状况、本企业资源条件等多种因素决定把哪一个或哪几个细分市场作为目标市场。

如果说市场细分显示了企业所面临的市场机会，目标市场选择则是企业通过评价各种市场机会，决定为多少个细分市场服务的重要营销策略。

一、评估细分市场

评估细分市场是进行目标市场选择的基础。一个企业可以从以下三个方面对细分市场进行评估。

1. 细分市场的规模和发展潜力

企业进入某一市场是期望能在此有利可图。如果市场规模狭小或者趋于萎缩状态，企业进入后将难以获得发展，这种情况下，企业应审慎考虑，不宜轻易进入。当然，企业也不宜以具有市场吸引力作为唯一的取舍标准，特别是应避免“多数谬误”，即与竞争企业遵循同一思维逻辑，将规模最大、吸引力最大的市场作为目标市场。大家共同争夺同一个顾客群的结果是造成过度竞争和社会资源的浪费，同时使消费者的一些本应得到满足的需求遭受冷落和忽视。

2. 细分市场结构的吸引力

细分市场能否给企业带来适当的利润是极为重要的，企业经营的目的最终落实在利润上。只有获得利润，企业才能生存和发展。细分市场可能具备理想的规模和发展特征，然而从赢利的观点来看，它未必有吸引力。

3. 企业目标和资源

某些细分市场虽然有较大吸引力，但不能推动企业实现发展目标，甚至分散了企业的精力，使之无法完成其主要目标，对于这样的市场，企业应考虑放弃。另外，还应考虑企业的资源条件是否适合在某一细分市场经营。只有选择那些企业有条件进入、能充分发挥资源优势的市场作为目标市场，企业才能立于不败之地。

实例 4－7 Rose only——高端人群的“爱情唯一”

Rose only 成立于2013年1月初，在2月14日情人节正式上线。其主打高端鲜花市场，理念是：如果要在该花店买花，一辈子只能送一位佳人。如果换了女朋友，则不能再通过 Rose only 送花给新女朋友。其品牌定位是高端人群的“爱情唯一”，“一生只爱一人”。在买花的过程中，买花者需要绑定收花者的身份证号码，且每人只能绑定一次，在买卖行为过程中加深其品牌理念。

七夕节前，其预定请求达到了数万人。由于预估不足，花店提前5天挂出售罄通告，当天销售玫瑰接近5 000盒，整个8月 Rose only 销售额达到了近千万元。Rose only 创始人蒲易称，未来的目标是做鲜花行业的 tiffany，在继续传播“专爱”信仰的基础上会拓展产品线，进一步满足顾客的情感诉求。

虽然销量一直非常好，但是 Rose only 并没有改变自己的品牌定位，而是放弃了其他的销售机会，不做团购，不做 B2B，不做送给亲戚好友的产品。

（资料来源：《互联网思维——独孤九剑》）

思考：Rose only 在产品定位方面成功的原因是什么？为什么它放弃了其他的销售机会？

学以致用

以中国消费者为例，讨论追逐高端和低端这两个共存的倾向，然后回答：如何紧跟这两种不同的消费者趋势？

二、选择目标市场模式

企业在对不同细分市场进行评估后，就必须对进入哪些市场和为多少个细分市场服务做出决策。企业可采用的可能的目标市场模式分为五种（如图4－3所示）：

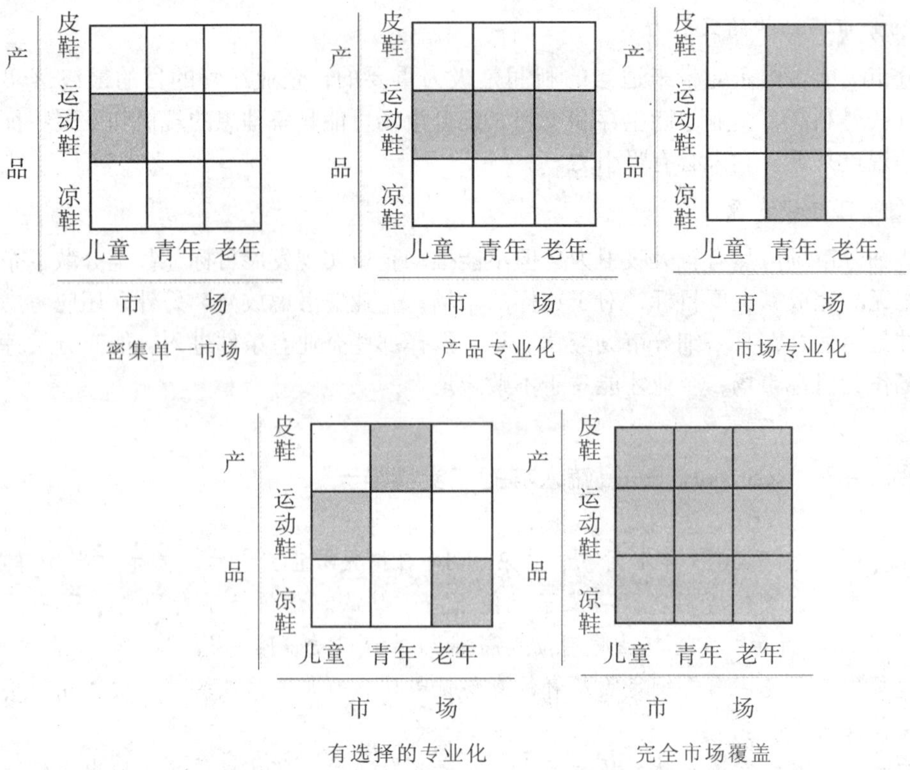

图4－3 目标市场模式

1. 密集单一市场

这种模式是企业选择一个细分市场进行集中营销。企业可能具备了在该细分市场取得成功的必要条件；或者因资金有限，只够在一个细分市场上经营；也可能是这个细分市场上还没有竞争对手等原因使企业采用该模式。企业通过密集营销，更加了解本细分市场的需要，并树立了良好的声誉，因此便可在该细分市场建立巩固的市场地位。但是，密集单一市场覆盖模式风险较大。因为企业的目标市场范围较小，如果目标市场发生变化，如出现强大的竞争对手、价格下跌、消费者的偏好发生转移等情况，企业就可能陷入困境。

实例4－8 汽车市场的集中营销

劳斯莱斯汽车公司是以“贵族化”享誉全球的汽车公司。该公司的汽车年产量只有几千辆，连世界大汽车公司产量的零头都不够。但从另一角度看，物以稀为贵。劳斯莱斯轿车之所以成为显示地位和身份的象征，是因为该公司在销售中要审查轿车购买者的身份及背景条件。

（资料来源：根据百度资料整理；图源：车图大街）

思考： 密集单一市场模式有何优缺点？适合哪些类型的企业？

2. 产品专业化

此模式是企业集中生产一种产品，向各类顾客销售这种产品。例如，显微镜生产商向大学实验室、政府实验室和工商企业实验室销售显微镜。企业向不同的顾客群体销售不同种类的显微镜，而不去生产各类实验室可能需要的其他仪器。企业通过这种战略，在某个产品领域树立起很高的声誉。

3. 市场专业化

这种模式是企业专门为满足某个顾客群体的各种需要而服务。例如，企业可为大学实验室提供一系列产品，包括显微镜、酒精灯、化学烧瓶等。企业专门为这个顾客群体服务而获得良好的声誉，并成为这个顾客群体所需各种新产品的销售代理商。但如果大学实验室突然经费预算削减，它们就会减少从这个市场专业化企业购买仪器的数量，致使企业产生危机。

实例 4－9　母婴品牌的市场专业化

母婴行业中很多品牌都围绕目标人群——婴儿做一系列的产品扩展，包括婴儿配方奶粉、婴儿用具、婴儿服装、婴儿辅食、婴儿护肤品等。例如日本的百年品牌——和光堂，起源于 1906 年，迄今已有一百多年的历史。由小儿科教授弘田长开设的和光堂药房是公司前身。公司创立之初，即着手于婴幼儿保健和科学育儿指导方面的工作。和光堂品牌诚信宣言：永远的婴幼儿品质。目前其全系列婴幼儿产品已经包含奶粉、辅食及用品，从婴儿饼干、辅食粉到婴儿牙刷、爽身粉甚至婴儿驱蚊贴。由于坚持品质第一，提供最专业的照护，深受广大消费者的喜爱。

（资料来源：根据和光堂官网资料整理）

思考： 母婴品牌市场专门化这类模式有何优缺点？

4. 有选择的专业化

此模式是企业选择若干个细分市场，其中每个细分市场在客观上都有吸引力，并且符合企业的目标和资源条件。虽然各细分市场之间很少有或者根本没有任何联系，但是每个细分市场都有可能赢利。这种多细分市场目标优于单细分市场目标，因为这样可以分散企业的风险，即使某个细分市场失去吸引力，企业仍可继续在其他细分市场获取利润。

5. 完全市场覆盖

这种模式是指企业想用各种产品满足各种顾客群体的需求。显然，只有实力雄厚的大企业才能采用完全市场覆盖模式，如国际商用机器公司（计算机市场）、通用汽车公司（汽车市场）和欧莱雅集团（化妆品市场）。

实例 4－10　欧莱雅集团独步化妆品市场

2016 年，欧莱雅在中国年销量达 149 亿元，拿到了八个第一。分别是：护肤第一，彩妆第一，高端第一，面膜第一，药妆第一，男士护肤第一，专业美发第一，加在一起就是总体第一。人们不禁会问，这间来自巴黎的成立于 1907 年的世界第一化妆品集团是怎么做到的？让我们来看一下它的部分产品线吧。这还不包括在中国收购的美即等品牌。

顶级品牌	赫莲娜、乔治阿玛尼
一线品牌	兰蔻、碧欧泉
二线品牌	科颜氏、羽西
三线或以下品牌	巴黎欧莱雅、美爵士、卡尼尔、小护士、美体小铺
彩妆	巴黎创意美家、植村秀、美宝莲、圣罗兰
药妆品牌	薇姿、理肤泉、修丽可
口服美容品牌	一诺美
香水品牌	阿玛尼、拉尔夫劳伦、卡夏尔、歌雪儿、维果罗夫
美发品牌	欧莱雅专业美发、卡诗、美奇丝

（资料来源：根据欧莱雅官网资料整理）

思考：大型化妆品集团用大而全进入市场的方式属于哪种模式？这种模式的适用条件有哪些？有哪些优缺点？

学以致用

讨论并总结五种目标市场模式的优缺点和适用情况，并画表格加以说明。

第三节　设定定位应对竞争

企业在选定目标市场之后，就要在该市场进行企业与产品的市场定位。但是，通常的情况是市场已经有许多竞争对手，企业为了能战胜竞争对手，必须了解竞争对手，使自己的战略计划与众不同，以确定进入目标市场的市场定位。这是企业市场营销战略体系中的重要组成部分，关系到企业与产品在消费者心目中的地位。

一、理解市场定位的含义与作用

市场定位指的是用一定的营销组合来影响潜在顾客对一个品牌、产品线或者一个组织的全面认识和感知。具体而言，市场定位可以涉及某种产品、一系列产品或者是某一品牌，以在消费者心中塑造企业及其产品独一无二的个性或者形象。企业在选择了目标市场后，接下来就要对产品进行市场定位，帮助企业及其产品塑造一个鲜明而又深刻的品牌形象，这是企业能否取得市场上的成功的关键。市场定位是企业战略的重要组成部分，是为了适应消费者心目中的某一特定的看法而进行的产品设计和营销的行为。例如海飞丝洗发水的定位是去屑，潘婷洗发水的定位就在于让秀发如丝般顺滑。

有效的市场定位，可以让产品在顾客心目中留下深刻印象，可以塑造一个成功的企业品牌形象，从而扩大销售，让企业获得更高的市场份额以及更好的竞争优势；而失败的市场定位会导致产品或者品牌的失败。因此，企业应当努力使企业及其品牌的形象在消费者心目中占据特定的位置，并且树立良好的品牌形象。

实例 4－11　云南白药创可贴与邦迪创可贴的不同定位

在以邦迪主导的创可贴市场竞争中，邦迪和创可贴几乎成为一个捆绑。在消费者的心目中，创可贴就是邦迪，邦迪和创可贴紧密联系在一起。

作为市场的新进入者，云南白药很快发现，在消费者的认知领域中，邦迪创可贴实际上等于一条胶布。云南白药以此为契机，进行认知的切割和概念再造：云南白药创可贴是“含药”的创可贴。这样，就在整个行业里建立了一个新的认知规范。当这种认知范式建立之后，云南白药创可贴的产品定位马上就提炼出来了。

邦迪创可贴的确有其致命“死穴”，严格说来，它不是药，仅仅是一块应急的小胶布。而白药是药，胶布和药的界限相当清晰、泾渭分明，这恰恰为云南白药抗衡邦迪提供了一个机会：为“胶布加点白药”，“从无药到有药”，将“含药”作为市场突破点，对产品进行差异化定位，云南白药创可贴与邦迪创可贴的核心差异立刻显现出来。产品差异化定位，这个历久弥新的钻石法则为云南白药创可贴带来了巨大的竞争优势。

（资料来源：根据搜狐健康资料整理）

思考：邦迪创可贴和云南白药创可贴的产品定位分别是什么？

二、市场定位的过程

企业市场定位的全过程可以通过以下四个步骤完成（如图 4－4 所示）。

图 4－4　市场定位的过程

1. 了解竞争对手及其产品定位

企业面临各种竞争对手的挑战与市场争夺，因此，企业必须明确“谁是自己的竞争对手”“谁是自己最主要的竞争对手”“竞争对手采取的营销策略是什么”等问题。企业明确了谁是自己的竞争对手后，接下来就应该了解竞争对手正在提供何种产品或服务，在顾客心目中的形象如何，并估测其产品成本和经营状况。也就是说，企业一方面要确认竞争者在目标市场上的定位；另一方面要正确衡量竞争对手的潜力，判断其潜在的竞争优势是什么。

2. 分析消费者需求及市场空白

企业要明确在产品或服务诸多属性中，顾客最关心的是什么，目前市场上现有产品或者服务是否能满足顾客的需求，还有哪些顾客关心的问题没有得到很好的满足，从而作为企业制定定位战略的依据。例如，消费者对某一商品，最关心的是购买便利还是价格便宜，是质量优良还是款式新颖等，从而制定本企业的定位战略。

3. 准确选择相对竞争优势

在明确了消费者最关心的因素是什么后，企业还要结合竞争对手的定位状况，进一步确认目标市场上潜在的竞争优势是什么，企业应该怎样做。相对竞争优势表明企业能够胜过竞争对手的能力，这种优势可以是现有的，也可以是潜在的。准确地选择相对竞争优势就是一个企业各方面实力与竞争对手实力相较量的过程。例如，在同等条件下，可以提供比竞争对手提供的价格更低的产品，或者能够以更多的特色满足用户特定的需要。

4. 显示及传播独特的竞争优势

这一步骤的主要任务是企业要通过一系列的宣传促销活动，使其独特的竞争优势准确传达给目标顾客，并在顾客心目中留下深刻的印象。为此，企业要充分了解目标顾客的偏好是否与本企业的定位一致，并通过一切努力来强化和巩固与市场相一致的形象。企业在做出定位决策时，还必须大力开展广告宣传活动，把企业的定位观念准确地传播给目标市场，从而在目标市场上形成独特的、印象鲜明的形象。例如，提到去头屑，人们首先想到海飞丝；提到可乐，人们首先想到可口可乐；提到肚子胀不消化，人们首先想到江中牌健胃消食片。这些都是企业定位成功、宣传到位的代表。

实例 4－12　江中牌健胃消食片的定位

在消化不良用药领域中，研究发现在消费者的认知中仅有一个强势品牌吗丁啉，没有明显的第二品牌、第三品牌。研究同时还发现，消化不良用药市场的用药率较低，部分消费者出现消化不良症状（肚子胀、不消化）时用药需求未被唤起，多采取揉揉肚子或散散步等方法来缓解。其中，儿童市场用药率低的情况尤为突出。儿童由于脾胃尚未发育完全，消化不良的发病率高于其他人群，主要症状是挑食、厌食。一方面，儿童正处在长身体的阶段，家长担心消化不良会影响其生长发育，解决消化不良的需求更为迫切；另一方面，家长又担心药品的毒副作用会伤害儿童的身体健康，在用药选择上非常谨慎。

一方面市场空白，消费者的需求得不到很好的满足；另一方面吗丁啉花大力气推广教育了多年，知名度极高而销量却停滞不前。吗丁啉的产品形态等强烈暗示它是一个治疗较严重病症的药物，而调查数据显示，消费者认为消化不良是“常见的小毛病”的超过50%。显然，对于消化不良这个小毛病，特别是饮食不当引发的消化不良，用点酵母片之类的“小药”就可以了，药效较强的吗丁啉并非首选。

吗丁啉在中国的发展极不均衡：在江浙市场的发展已趋成熟，消费者对吗丁啉这一品牌耳熟能详；而在黑龙江、江西等地区，消费者对吗丁啉知之甚少。因此，消化不良用药市场存在大量空白——既有地域性市场空白，也有吗丁啉无法覆盖的“日常助消化”功能性需求市场空白。

在发现助消化药市场存在巨大的空白后，研究人员立即与江中药业的专家（销售人员、主力经销商）进行了详细的商讨，主要是从产品、渠道等各方面论证江中牌健胃消食片能否占据这个空白市场。在得到肯定的答复后，研究人员向江中牌药业提出江中牌健胃消食片的品牌定位——“日常助消化用药”。定位在“日常助消化用药”，避开了与吗丁啉的直接竞争，向无人防御且市场容量巨大的消化酶、地方品牌夺取市场，同时也在地域上填补“吗丁啉”的空白市场。

确立了“日常助消化用药”的品牌定位，就明确了营销推广的方向，也确立了广告的标准，所有的传播活动就都有了评估的标准，所有的营销努力都将遵循这一标准，从而确保每一次的推广在促进销售的同时，都对品牌价值（定位）进行积累。因为面对的是需求未被满足的空白市场，广告只需反复告知消费者：江中牌健胃消食片是什么，它能起什么作用，就能不断吸引消费者去购买，从而开拓这个品类市场。广告语“胃胀腹胀，不消化，用江中牌健胃消食片”，传播上尽量凸现江中牌健胃消食片作为“日常用药、小药”的特点，广告风格相对轻松、生活化，而不采用药品广告中常用的权威认证式的宣传方式。最终，江中牌健胃消食片在助消化用药市场抢先进入了消费者心中，得以有力主导这个新兴市场。

（资料来源、图源：广州成美营销顾问公司网站）

思考：

1. 江中牌健胃消食片的主要竞争对手是谁？其产品定位如何？
2. 现有产品是否能满足消费者的需求？还有哪些需求没有得到满足？
3. 针对竞争对手的市场定位和潜在消费者的需求，企业应该怎样做？江中牌健胃消食片选择的相对竞争优势是什么？
4. 江中牌健胃消食片是如何来显示及传播这一独特的竞争优势的？

三、企业竞争市场定位战略

企业竞争市场定位战略是根据竞争状况的定位，也就是根据本企业及其产品和同类企业及其产品之间的竞争关系进行定位的策略。企业作为市场竞争的参与者，由于自身的资源实力不同，目标细分市场上所处的竞争地位也不同。根据企业的竞争地位及其营销策略，市场上的企业处于四类竞争状态，即市场领先者、市场挑战者、市场追随者和市场补缺者。

1. 市场领先者的竞争战略

市场领先者是在行业中处于领先地位的营销人员，占有最大的市场份额，一般是该行业的领导者，如可口可乐（饮料行业）和麦当劳（快餐行业）。市场领导者通常在价格变动、新产品推介、分销覆盖和促销强度上对其他公司起领导作用。这类企业更关心的是自己市场地位的稳固性和能否有效保持已有的市场份额，它必须时刻保持警惕，以免错失重大的发展机遇。例如，柯达公司错失了数码影像发展的时机，导致破产；诺基亚低估了智能手机的发展速度，丧失了霸主的地位。

要想保持第一的地位，需要在三条战线上采取行动：一是扩大市场总体需求；二是通过出色的防御措施和进攻行动来保持现有的市场份额；三是即使在市场规模不变的情况下，公司仍可以努力进一步扩大它的市场份额。

2. 市场挑战者的竞争战略

市场挑战者是市场占有率位居市场领先者之后而在其他的竞争对手之前的企业，但不能认为它们的竞争实力一定次于市场领先者，因为它们很可能是一些很有实力的企业，只是暂时对某项业务还没有投入足够的精力或还没有将其作为主要业务来发展。市场挑战者首先必须确定自己的战略目标，大多数的目标是提高市场份额。接着，挑战者必须决定对谁进行攻击。第一种选择是攻击市场领先者，这是一个高风险的、有潜在高回报的战略；第二种选择是攻击规模相同但经营不佳、资金不足的公司，这些公司产品过时或价格过高，又或者在某些方面不能令顾客满意；第三种选择是攻击规模较小、资金缺乏的本地公司和区域性公司，这种情况下有可能把这些小竞争对手都赶出市场。在清楚确定了对手和目标后，市场挑战者的进攻战略主要有五种（如表 4－5 所示）。

表 4－5　市场挑战者的进攻战略

进攻战略	方法
正面进攻	针对对手的产品、广告、价格和分销全方位发起攻击。进攻的结果取决于谁的实力更强或更有持久力。正面进攻采取的是实力原则
侧翼进攻	采取的是“集中优势兵力攻击对方的弱点”的战略原则。侧翼进攻可以在对手经营不佳的地区进攻或为未被满足的市场提供服务
包围进攻	在对方市场领域内，同时在两个或两个以上的方面发动进攻的做法。用来对付如果只在单一方面进攻便会迅速采取反应的竞争对手，使其首尾难顾。包围战略奉行的是“速决速胜”
绕道进攻	如同采用军事上的“迂回进攻”的方法，即尽量避免正面冲突，在对方没有防备的地方或是不可能防备的地方发动进攻。该战略有三种方法：多元化经营不相关的产品；多元化进入新地区市场；采用超前的新技术以取代现有产品
游击进攻	采用“骚扰对方”“拖垮对方”的战略方法。适宜实力较弱、短期内没有足够财力的企业，在向较强实力对手发起攻击时采用。此做法的特点是：进攻不是在固定的地方也不是在固定方向上展开，而是“打一枪换一个地方”，如采用短期促销、降价、不停变换广告进行骚扰等

实例 4－13　清扬——挑战海飞丝去屑霸主

联合利华旗下的清扬去屑洗发水一进入市场就瞄准了老大——宝洁海飞丝的霸主地位，选准方向，全力出击。

一、猛打宝洁去屑软肋，首推男士专用洗发水，联合利华出其不意

中华医学会科学普及部公布最近对 5 351 人进行的网络调查显示，对于“去头屑”这个日常问题，60% 的人对洗发水的去屑效果不满意。从这些数据可以看出，海飞丝上市十余年，其去屑效果并不像其广告诉求说的那么明显。清扬恰到好处地抓住了海飞丝的这根软肋，对其进行攻击。清扬对“维他矿物群”进行了商标注册（TM）和专利申请，将其功能诉诸科技，也让消费者在长久以来的去屑、顺发等无穷尽的空头广告中看到新的希望。对于没有更好选择时才选择海飞丝的顾客来说，清扬具有相当大的吸引力。而其“男士专用去屑”更是别出心裁，清扬首创“男士专用”，成为我国首款专为男士所设计的洗发产品。一直以来，洗护发产品都是男女混用的。在消费品这个女性独秀的市场，男性一向有被忽略之嫌。首推男士专用，恰到好处地抓住了男性消费者渴望被重视的诉求。联合利华此招不可谓杀伤力不大。

二、选准时机全面铺货，巨资广告暗藏杀机，联合利华放剑一搏

清扬此次选择进入中国市场还把握了非常好的时机。2 月份冬末春初开始全面铺货，利用春季进行全面推广，在其洗头水销售高峰的夏季时分，消费者的思维里已经留下了清扬去头屑的印象，再加上春季试用的效果及习惯，清扬的产品将在夏季迎来第一个购买热潮。3 月 25 日正式开始投放广告，各大卖场的促销活动也进行得如火如荼。其在推销广告等 SP 手段的投入达到上亿元。而清扬的广告更是暗藏杀机。广告词：“如果有人一次次对你撒谎，你绝对会——甩了它，对吗？”其弦外之音显得意味深长。斥巨资请来台湾当红明星小 S 拍摄清扬守信篇，赢得了消费者一片赞扬之声，而清扬在以央视为主的各大电视台黄金时段的广告轰炸，更是使得海飞丝措手不及。

（资料来源：根据中国质量新闻网资料整理）

思考：你觉得清扬能够挑战成功吗？海飞丝又该如何应对？

3. 市场追随者的竞争战略

市场追随者是指那些在产品、技术、价格等大多数营销战略上模仿或跟随市场领先者的公司。产品模仿战略可能与产品创新战略同样有利可图。创新者要承担开发新产品、进行分销和教育市场的巨大开支，对这些工作和风险的回报通常是取得市场领先地位。追随者虽然可能无法赶上市场领先者，但也能实现高利润，因为它不用负担任何创新的费用。市场追随者有以下三种战略类型（如表 4－6 所示）。

表 4－6　市场追随者的战略

战略	方法
充当仿制者	以微小的差别仿效领先者的产品、名称和包装。比如一些山寨版的手机从外观、功能等各方面模仿苹果手机，价格较低
充当模仿者	即在某些方面模仿市场领先者，但在包装、广告、定价等方面保持一定的区别。只要模仿者不大力攻击市场领先者，市场领先者就不会反击
充当改造者	采取在某些方面紧跟市场领先者，而在另外一些方面又走自己的路的做法。这类企业具有创新能力，但当它在整体实力不如对方的时候，需要避免采用直接冲突的做法，以便企业有时间悉心培养自己的竞争实力，在以后成长为市场的挑战者

4. 市场补缺者的竞争战略

还有一种选择是成为小市场中的市场领先者，即市场补缺者。较小的公司通常通过瞄准大型公司不感兴趣的小市场，避免与大型公司竞争。如台湾地区就有不少照相器材产品制造商，专为世界大公司主流产品生产配套产品，如快门线、镜头盖用的连接线、脚架套等。由于这些企业对市场进行了补缺，可使许多大企业集中精力生产主要产品，也可使自身获得很好的生存空间。

补缺战略的关键其实是“专业化”，即利用分工原理，专门生产和经营具有特色的或是市场需要的产品或服务。由于是在一个较小的领域内追求较大的市场份额，补缺也可以使那些最小的企业获得发展或者是取得较高的投资回报。一般而言，在下面几个方面可以找到专业化的竞争发展方向（如表 4－7 所示）。

表 4－7　补缺战略

补缺特长	方法
最终使用者的专业化	企业专门为最终使用用户提供服务或配套产品
纵向专业化	企业专门在营销链的某个环节上提供产品或服务
顾客类型专业化	市场补缺者可以集中力量专为某类顾客服务
地理区域专业化	企业将营销范围集中在比较小的地理区域，这些地理区域往往具有交通不便的特点，大企业不愿经营
产品或产品线专业化	企业专门生产一种产品或是一条产品线
定制专业化	专门为单个客户定制产品
服务专业化	专门为市场提供一项或有限的几项服务
渠道专业化	公司专门只对一种分销渠道服务

实例 4－14　中小型生鲜电商要做补缺者

目前，我国生鲜电商的主要客群是 20 到 45 岁的上班族人群，生鲜电商们为这些住在、工作在“公寓”内的客群配送日常的水果和做饭用的蔬菜、肉类。问题是，这个传统客群无论是大型生鲜电商品牌还是小型生鲜电商创业者都是可以做的，因此竞争也就变得非常激烈。

把客群限制放开，就会发现我们极有可能忽略了一个市场，那就是以老年人为核心的生鲜配送市场。随着国内老龄化的加剧，中老年的相关服务市场在不断扩大，而且他们的购买能力也是相当惊人的。如何和以“吃”为核心的生鲜电商进行结合，也是一个重要的创新点。对于中老年人来说，他们其实是不愿意做饭的。这并不是因为没有时间，而是因为“时间成本”非常高而且很容易浪费——因为只要做一口米饭、一点点菜就能吃两顿还有富余。

因此，如果小型生鲜电商们能为这个客群服务，与区域内的超市、便利店结合，根据他们的需求进行小量、多品种、符合营养需求的配餐服务，就可以有效地扎根于这种社区型市场。这时候，利用小型共享型生鲜电商们在最后一公里方面的优势，为中老年人配送一些水果、生活用品乃至必要的药品，都可以成为一站式解决中老年客群需求的解决方案，这就使得生鲜电商们有了更多的收入来源。而且，值得一提的是，中老年用户不仅自己可以付费，他们的儿女们也会为他们付费，比如直接将一张礼品卡交给父母，这对于零售店和生鲜电商来说都可以成为一种维持业务运转的手段。同时，别忘了，这些老年人都是“公寓模式”的典型代表，这意味着一趟配送就可以满足一栋楼的所有需求，这个平均成本就相当低廉了。

大型电商品牌可以继续深耕、优化自己的供应链体系，像亚马逊生鲜一样，走自营模式，慢慢实现全业务线、产品线的协同效应。而中小型、创业型生鲜电商们在参考 Instacart 的共享型生鲜电商模式的同时，更可以抓住来自“最后一公里”的红利，在为中青年客群提供生鲜配送的同时，为根植于社区的中老年客户群提供“广义的生鲜配送”，成为整个生鲜市场的“补缺者”。

（资料来源：钛媒体）

思考：你觉得服务于社区中老年人的生鲜配送模式如何？

学以致用

分析并讨论加多宝金罐凉茶的定位战略。

测试你掌握的知识

1. 什么是市场细分？有哪几种划分标准？
2. 细分市场评估应该从哪些方面进行？
3. 企业进入目标市场的选择模式主要有哪些？
4. 什么是市场定位？市场定位的步骤包括哪些？
5. 基于主要竞争对手，企业制定的竞争战略有哪几种？

实训模块 4－1　市场细分及目标市场选择

实干邦平台拟联合某面膜生产企业向市场推出一款面向女性的面膜产品，希望该产品在市场上能够不以价格而以产品特点和概念来吸引消费者，同时创立品牌。营销团队需要了解并调查女性群体对于面膜的需求有哪些，并根据显著差异特性来细分市场，给每个细分市场命名，最后评估每一个市场的规模和潜力，从而为进一步选定要进入的细分市场和成功完成产品定位打下基础。

具体操作步骤可参考配套实训教材，也可扫描二维码登录实干邦平台进行实训操作。

实训模块 4－2　市场定位

实训模块中，已要求营销团队对年轻女性面膜市场进行细分。请分析市场中主要竞争者的情况，然后为该面膜做定位要求。要求画出定位图并制订传播方案。

具体操作步骤可参考配套实训教材，也可扫描二维码登录实干邦平台进行实训操作。

第五章　创造价值——产品开发与管理

营销不是以精明的方式去兜售自己的产品或服务，而是一门创造真正客户价值的艺术。

——菲利普·科特勒

【学习目标】

1. 掌握产品整体概念，针对其五个层次进行举例分析。
2. 了解新产品的定义、分类及开发程序。
3. 掌握产品组合概念，灵活运用产品组合策略。
4. 辨识产品生命周期的不同阶段，学会运用相应的营销策略。

【思维导图】

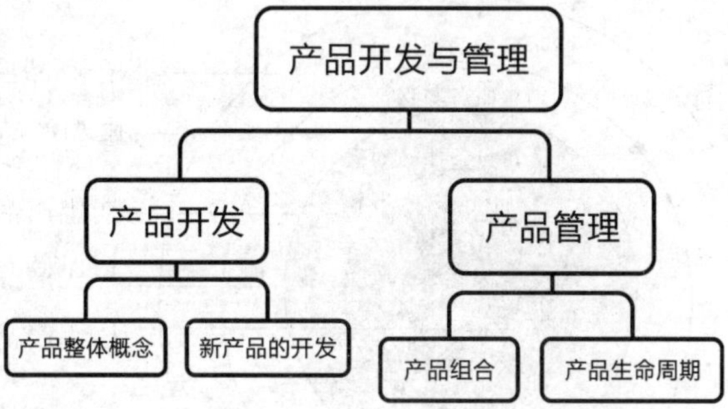

【营销实战】

会吃“美金”的“芭比”

“芭比”是美国玩具市场上的一种洋娃娃，每只售价仅10美元95美分。有位父亲买下价廉物美的芭比娃娃送给女儿作为生日礼物，并很快就忘了此事。直到有一天，女儿对父亲说：“芭比需要新衣服。”原来，附在包装盒里的商品供应单提醒小主人芭比应当有自己的一些衣服。于是父亲又去买了“芭比系列装”。后来，女儿又说女孩在同伴中的地位取决于她的芭比身份的高低。于是，父亲为了满足女儿不算太过分的虚荣心，又掏钱买了空姐制服、护士装、舞蹈演员装等行头。不久，女儿又说她的芭比喜欢上了“凯恩”。于是，父亲买回凯恩娃娃与芭比成双结对。凯恩“进门”，同样附有一张商品供应单，提醒小主人别忘了给凯恩添置衣服、浴袍、电动剃须刀等物品。紧接着女儿又在家中宣布芭比和凯恩准备“结婚”，父亲又为娃娃的婚礼“大操大办”。谁知事情还没结束，女儿又收到了商品供应单，说她的芭比和凯恩有了爱情的结晶——米琪娃娃。又冒出个会吃美金的“第二代”洋囡！

（资料来源：新浪网）

思考：1. 真正“吃”美金的是什么？该案例中产品的设计有何特色？
2. 该案例在产品开发设计时考虑了哪些因素？

第一节　产品开发

一、产品整体概念

市场营销学所讲述的产品概念是一个整体的概念，它是指商品交换活动中，企业为消费者提供的能满足消费者需求的所有有形或无形因素的总和。近年来，菲利普·科特勒等学者进一步认为，产品整体概念可以概括为五个层次：核心产品层、形式产品层、期望产品层、附加产品层和潜在产品层（如图 5－1 所示）。

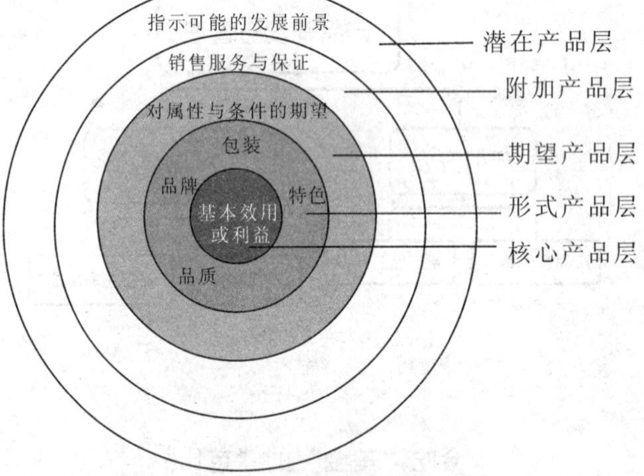

图 5－1　产品整体概念层次关系

产品整体概念的提出，十分清楚地体现了以顾客需求为中心的现代市场营销观念，这一概念的内涵和外延都是以顾客需求为准则，由顾客的需求来决定。就产品本身而言，企业既可以分层次、分内容、分重点地开展与竞争者的竞争，也可以从整体上突出产品的优势。

1. 核心产品层

产品最基本的层次是核心利益，即向消费者提供产品的基本效用和利益，也是消费者真正要购买的利益和服务。消费者购买某种产品并非为了拥有该产品的实体，而是为了获得能满足自身某种需要的效用和利益（如图 5－2 所示）。

图 5－2　对核心产品的理解

讨论 5－1：手机的核心产品是什么？

2. 形式产品层

产品核心利益需要依附一定的实体来实现，产品实体称为形式产品，即产品所展现在消费者面前的基本形式。对于实体产品，它主要由产品的品质（也称质量、材质）、特色、款式（也称式样）、品牌、包装五大因素构成。对于服务类产品，则由服务的程序、服务人员、地点、时间和品牌五大因素构成。

讨论 5－2：一家旅馆的形式产品有哪些？

3. 期望产品层

期望产品是消费者购买产品时期望获得的、与产品密切相关的一整套属性和条件。期望产品得不到满足时，会影响消费者对产品的满意程度、购后评价和重复购买率。

讨论 5－3：一家旅馆可以为顾客提供的期望产品有哪些？

4. 附加产品层

附加产品是产品包含的全部附加服务和利益，主要包括运送、安装、调试、维修、产品保证、零配件供应、技术人员培训等。附加产品来源于对消费者需求的综合性和多层次性的深入研究，要求营销人员必须正视消费者的整体消费体系；但同时必须注意，消费者是否愿意承担因附加产品的增加而增加的成本等问题。

讨论 5－4：冰箱的基本性能是冷藏，在满足这一基本性能的基础上，企业可以考虑添加哪些附加性能与产品设计结合起来一并销售？

5. 潜在产品层

潜在产品包括产品在未来可能进行的所有改进和变革。它是在核心产品、形式产品、期望产品、附加产品之外，能满足消费者潜在需求的、尚未被消费者意识到或者已经被意识到但尚未被消费者重视或消费者不敢奢望的一些产品。潜在产品是产品概念中的最高层次，谁能把握住潜在产品的发展方向谁就能取得市场先机，形成绝对竞争优势。但提供潜在产品应根据经济条件和竞争条件采取适当措施，否则就有可能对未来产品特点预测失败而丧失市场。例如，胶卷业的柯达对未来的摄影行业发展预测失误，拱手把大片摄影市场留给了数码业公司，损失惨重。因此企业应加大研发力度，不断推陈出新，走在行业的前端，以长远的眼光和超强的预测能力实现企业的可持续发展。

讨论5－5：伴随着技术的发展，未来的手机会是什么样子的？

实例5－1　星巴克与您，不止于咖啡

据相关媒体报道，美国咖啡连锁巨头星巴克在全世界已经拥有了2万多家分店，遍布全球37个国家和地区。星巴克为满足顾客需求，精心调制出各色口味：甜酸果味的“女神天韵口味”；醇度饱满、口感厚重的“纳瑞诺咖啡”；香味诱人的“维罗娜咖啡”。此外，星巴克请专门的设计师来设计咖啡店的店面，为顾客提供舒适优雅的消费环境。如果顾客对咖啡豆的选择、冲泡、烘焙等有任何问题，咖啡师傅都会耐心细致地向其讲解，使顾客在找到最适合自己口味的咖啡的同时，体味到星巴克所宣扬的咖啡文化。

星巴克，一个属于你的第三空间。
在这里，邂逅你自己

（资料来源、图源：星巴克中国官网）

思考：请用产品整体概念来分析星巴克卖的是什么。

学以致用

> 根据团队选取的创业想法或创业项目，结合相关的环境分析和调研信息，试着从产品整体概念分析其产品（或服务）对应的五个概念层次内容。

二、新产品的开发

新产品开发在保持企业利润增长、淘汰落后产品、满足消费者喜新厌旧的心理方面都发挥着极其重要的作用。索尼公司每年投入新产品开发的科研经费占销售额的10%～30%，研发人员超过万人；宝洁产品之所以能维持居高不下的市场占有率，就在于它能不断地开发出新产品，宝洁每年在新产品研发上大约投入13亿美元，全球有超过7 000位科学家投入新产品的研发中。

1. 新产品的含义与分类

市场营销学中所说的新产品是从市场和企业两个角度来认识的，它与因科学技术在某一领域的重大发展所产生的新产品不完全相同。从企业营销的角度来说，新产品是指在某个市场上首次出现的或者是企业首次生产销售的整体产品。产品整体概念中任何一部分的创新、革新和改良，都可称为新产品。具体而言，新产品可以分为全新产品、换代新产品、改进新产品以及仿制新产品四个类型（如表5－1所示）。

表5－1　各类新产品的特点比较

新产品的类型	特点	实例
全新产品	指应用新的技术、新的材料研制出的具有全新功能的产品。新产品的出现一般都是由重大的科学技术突破带来的，具有全新的功能，能够满足消费者新的需求	例如智能手机、谷歌眼镜、无人机、无人驾驶汽车等产品的问世
换代新产品	指在原有产品的基础上，采用或部分采用新技术、新材料、新工艺研制出来的新产品	例如手机和电脑等电子产品的更新换代
改进新产品	是指在原有老产品的基础上进行改进，使产品在结构、功能、品质、花色、款式或包装上具有新的特点，产生新的突破。改进后的新产品，其结构更加合理，功能更加齐全，品质更加优质，能更多地满足消费者不断变化的需要	例如产品包装的改版，或一些商品针对其“普通款”推出的“增强款”“升级款”等
仿制新产品	指对国际或国内市场上已经出现的产品进行引进或模仿、研制生产出的产品。开发这种产品不需要太多的资金和尖端的技术，因此比研制全新产品要容易得多	例如微波炉、电冰箱等电器，经常是厂家之间相互模仿。但企业应注意对原有产品的某些缺陷和不足加以改造，而不应全盘照抄

讨论5－6：你在生活中了解或使用过哪些新产品？它们分别是从哪些方面进行创新的？

实例5－2　“走路自行车”的诞生

在汽车日益流行的今天，单车再度成为人们关注的焦点。荷兰一位60后机械工程师，把跑步机和单车合二为一，做出一款走路自行车，立刻刷爆社交网络！这款单车的名字叫作“Lopifit”，车上共有3档速度可供调节，最快行驶速度可达成人行走速度的4倍，时速在27公里左右。而一次充电最多可行驶50公里。这款“走路自行车”首批300辆在网上售卖，一个

星期之内便已销售一空。

现在，Lopifit 已经在全世界的社交媒体中刷屏了，不但有十多个国家的电视台对其进行了报道，而且包括 LiveScience、TechCrunch 等科技网站都对其大加赞赏。在 YouTube 上面，关于 Lopifit 的宣传视频拥有超过2 500万的点击量。现在，发明者 Bruin 已经创立了自己的公司，并开始在电商网站上售卖他的发明。这款 Lopifit，基本款要价 1 699 欧元，折合人民币 12 346元。

（资料来源：根据腾讯视频整理）

思考：请分析“走路自行车”是如何进行产品创新的。

2. 新产品的开发程序

为了提高新产品开发的成功率，必须建立科学的新产品开发管理程序。不同行业的生产条件和产品项目不同，管理程序也有所差异。新产品开发的程序大致经过如下六个阶段（如图 5－3 所示）。

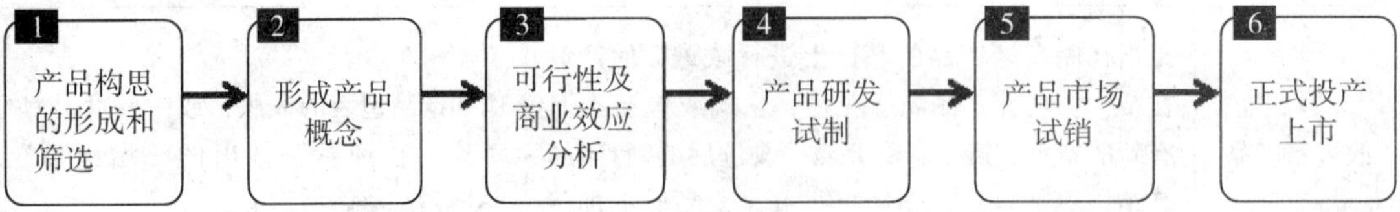

图 5－3　新产品的开发程序

（1）产品构思的形成和筛选。新产品的构思也被称为创意，新产品开发过程始于寻找创意。新产品的创意来源有很多，主要来自产品研发人员、消费者、竞争对手、渠道成员、公司员工、高级管理层等。

产品创意初步形成后，还需要对其进行筛选，即运用一系列评价标准，对各种创意进行比较判断，从中找出最有希望成功的创意。进行筛选的主要目的是权衡各创新项目的费用、潜在效益与风险，选出那些符合本公司发展目标和长远利益，并与公司的资源相协调的产品创意，放弃那些可行性较小的产品创意。筛选的标准包括：①新产品能否满足特定的需求？②是否提供了更高的客户价值？③新产品能否达到期望的销售额和销售利润？④产品创意取得成功的整体概率。

（2）形成产品概念。经过筛选后保留下来的产品构思还要进一步发展成为产品概念。所谓产品概念，是指企业从消费者的角度对产品构思进行详尽的描述，即将新产品创意具体化，描述出产品的性能、具体用途、形状、优点、价格、名称、提供给消费者的利益等，让消费者能一目了然地识别出新产品的特征。

确定最佳产品概念，进行产品和品牌的市场定位后，就应当对产品概念进行试验。所谓产品概念试验，就是用文字、图画描述或者用实物将产品概念展示于一群目标顾客面前，观察他们的反应。优选最佳的产品概念，选择的依据是未来市场的潜在容量、投资收益率、销售成长率、生产能力以及对公司设备、资源的充分利用等。

实例 5－3　帮宝适的产品概念

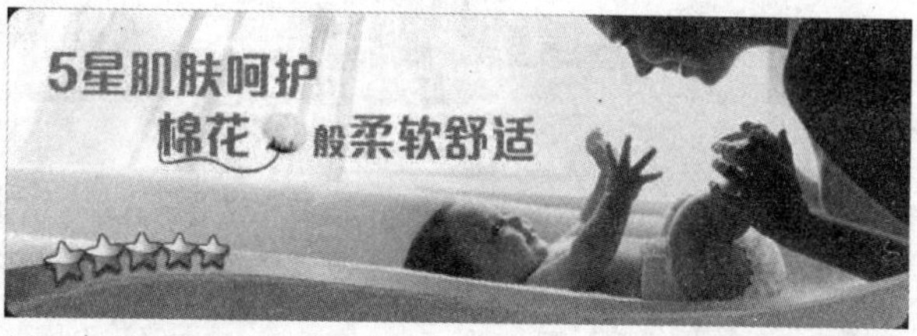

享誉全球的纸尿裤“帮宝适”在测试市场中发现了在产品概念方面存在很大的偏差，从而避免了失败的命运。“帮宝适”纸尿裤最初的创意来源于妈妈们照顾小孩的需求——方便。洗尿布、换尿布一直是妈妈们最烦恼的事情之一，纸尿布的诞生很好地解决了这一问题。但就在打着“方便妈妈”的旗号投入市场时，“帮宝适”却吃了个闭门羹。“方便妈妈”的概念使购买“帮宝适”的妈妈们联想到“懒惰的妈妈”“不疼爱孩子的妈妈”……

因此，产品虽然满足了需求，但并不受消费者青睐。发现这一问题后，宝洁公司迅速改变产品定位，从卖“妈妈的方便”到卖“宝宝的舒适”。时至今日，帮宝适始终以宝宝的感受为主线，舒适、快乐、更好地探险、更好地游戏……从而使产品真正满足了“妈妈们的方便”这一需求。

（资料来源：《销售与市场》；图源：帮宝适官网）

思考：结合案例分析将产品创意转变成产品概念时要注意什么问题。

（3）可行性及商业效应分析。新产品开发的可行性分析，主要是针对新产品开发的生产条件、技术、资金、市场环境、市场需求、社会评价等方面进行分析，其主要目的在于避免企业盲目开始新产品的开发，在保证新产品成功开发上发挥着较大的作用。

商业效应分析则包括对预期销售量、成本和利润预算等方面进行分析，以确定是否满足公司的目标。如果符合目标，那么产品概念就能进入产品开发阶段；反之，则被淘汰。

（4）产品研发试制。主要是将通过商业分析的新产品概念交送研究开发部门和技术部门试制成为实体产品模型及样品，进行品牌的包装研制和品牌的设计。应当强调，新产品研究和制造必须使模型及样品具有产品概念所规定的所有特征。在此之前，新产品仅是一种语言与符号描述，其评价成本是比较小的。但在本阶段，研制过程中有时要投入大量的资金。研制的过程可能数日，也可能长达几个月甚至几年。

（5）产品市场试销。消费者试用新产品，感到满意后，企业通常要制造少量正式产品，投入一定范围的市场进行试销。在这一阶段要重点考核两个指标：“试购率”和“再购率”。“试购率”即第一次购买试销品的比率；“再购率”即第二次重复购买的比率。测试形式一般有三种（如图 5－4 所示）。

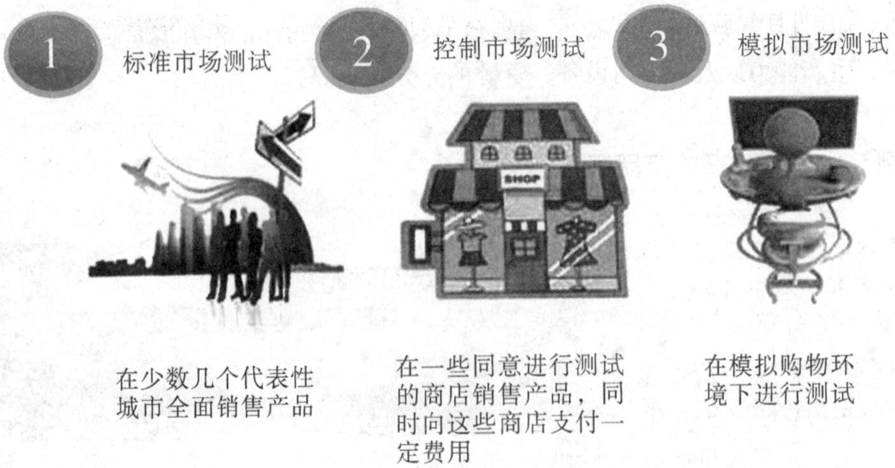

图5－4　产品市场测试的选择

（6）正式投产上市。新产品经市场试销，如果从收集到的资料分析证明是成功的，就应大批量生产，并择机投放市场。为了慎重地投放新产品，企业通常要做出以下四个方面的决策（如表5－2所示）。

表5－2　新产品上市策划

新产品上市策划	说明
投放时间	新产品进入市场时间要适当，通常可考虑新产品进入市场的最佳时间
投放地区	在一般情况下，新产品是先在主要地区的市场上集中进行广告宣传，待其在这些市场上占有相当的份额，取得了立足点后，再扩大到更为广阔的市场
目标市场	企业应根据新产品的特点，选择最有潜力的消费者群，作为自己新产品销售的目标市场
营销策略	由于新产品首次大规模投向市场需耗费大量的费用，因此企业要拟订新产品在每一市场首次推出的营销策略，分配营销组合策略（特别是促销组合）中各因素的费用预算，有计划地进行各种营销活动

实例5－4　90后CEO死磕出一款畅销的“有时”蓝莓果酒

李泓江是一名90后CEO，在国外长大，曾从事房地产的工作。高薪的同时承受巨大压力，他通过与朋友聚餐喝酒纾压。在这过程中，他萌生了想要做出一款健康的、度数低、适用群体广的酒的想法，于是他与另外两位朋友开启了创业之路。创业之初他们就遇到困难，喝酒伤身，要把酒变成健康食物，并不容易。不久他们发现果酒度数较低，同时考虑到当今大部分人经常与电脑为伴，蓝莓饱含

花青素，具有明目护眼的功效，于是决定在果酒里加入蓝莓。

加拿大的蓝莓果实丰富，多汁香醇，李泓江几经努力终于谈下了与加拿大的一家酒庄的合作。为了方便更多人群饮用，他们将这款果酒的度数降到11度，每瓶125毫升的果酒就蕴含约300颗加拿大优选蓝莓。微醺恰到好处，既可以让男性在商务聊天时思路清晰，也可以让不胜酒力的女性享受片刻的放松。

他们同时打造了一款专属的瓶身设计，瓶口内径为15毫米，保证了每一口喝下去都刚刚好，饮酒的过程从容不迫。专属的5毫米防漏台，保证每次拿起、放下，都不会有酒液顺着瓶壁留下。纯木质的T型塞，最大限度地保持美观和密封的平衡，可以让人在轻松开启之余，享受那清脆的“砰”声带来的心动。在外壳包装上，他们选择与曾为YSL、兰蔻、宝马巴黎等国际品牌设计产品的独立设计师Liza合作。因为蓝莓在西方国家也叫作星星果，所以Liza将蓝莓与星辰结合，把广阔星海印在外包装上，洒在了透明的玻璃瓶上。当你饮用时，喝下的不仅是酒，更是这群年轻人想要带给你的健康与好心情。

他们将该款酒命名为——有时，出自《瓦尔登湖》：“有时，我们只需要一颗静下来的心。”在都市快节奏生活的重压下，人人都需要在生活中有那么一刻短暂的停顿，喘一口气才能继续跑下去。这款酒情人节一上市，就被火速疯抢，一时卖断货。

（资料来源、图源：首席品牌官）

思考：请分析“有时”蓝莓果酒产品开发的过程以及该产品在哪些方面进行了创新设计。

学以致用

根据团队选取的创业想法或创业项目，在现有产品（或服务）的基础上，围绕产品整体概念的五个层次，组织开发人员进行新产品构思。小组成员根据对新产品的构思进行筛选与评判，用文字、图像、模型等将构思转化为新产品概念，选择最有潜力的产品概念。

第二节　产品管理

一、产品组合

1. 产品组合的概念

企业在营销活动中经常会遇到这样的问题：向市场提供什么商品？提供多少种商品？营销学把企业所经营的全部商品的整体构成，称为“产品项目”。那些在使用价值、原材料、销售渠道、销售对象等方面比较接近的产品项目，组成了一个产品类别，我们把它称为“产品线”或“产品系列”。

产品组合是指一个企业生产经营各种不同类型产品之间质的组合和量的比例，它可以通过广度、长度、深度和关联度四个参数反映出来（如图 5 – 5 所示）。

图 5 – 5　宝洁公司（中国）产品组合示意图

（1）产品组合的广度。又称为宽度，是指一个企业所拥有的产品线数目的多少。

产品组合的广度（宽度）＝产品大类（产品线）的数目

例如，图 5 – 5 中宝洁公司共经营 7 大类产品，即有 7 条产品线，分别是清洁用品、洗发水、化妆及护理用品、口腔护理、尿布、食品及小家电，因此其产品组合宽度为 7。产品线越多，产品组合就越宽，反之就越窄。拓宽产品组合的宽度，可以分散企业的投资风险，有利于扩展企业的经营领域，但同时需要投入更多的资金和技术支持其发展。

（2）产品组合的长度。是企业产品组合中包含在各条产品线中的所有产品项目的总数。

产品组合的长度 = 所有产品项目总数

例如，图5-5中宝洁公司经营的7大类产品中，共有21个具体产品项目，因此其产品组合长度为21。产品项目内容多则称之为长，少则称之为短。增加产品组合的长度，可以使产品线更丰富、充裕。

（3）产品组合的深度。指产品线中每一产品项目有多少品种，所含不同花色、规格、质量产品数目的多少。

例如，飘柔洗发水有5种不同的系列（焗油护理、滋润去屑、人参滋养、橄榄油莹润、持久洁净家庭护理系列），3种规格（200毫升、400毫升、750毫升），则产品深度为5×3=15。增加产品组合的深度，可以占领同类产品的更多细分市场，满足更广泛的市场需求，扩大总的销售量。

（4）产品组合的关联度。指产品线之间的关联程度，即在最终用途、生产条件、销售渠道等方面的相关程度。

一条产品线的产品与另一条产品线的产品，它们的最终用途、生产条件、技术要领、分配路线越接近，互相联系越紧密，产品组合的关联度就越大，反之就越小。例如，图5-5中宝洁公司1、2、3、4产品线关联度就比较大，但5、6、7产品线关联度就比较小。加强产品组合的关联度，可以提高企业在某一地区或某一行业的声誉，有利于企业发挥相关专业上的经营能力，也有利于各种产品之间在产销方面的相互促进。

2. 产品组合的优化调整

企业在调整和优化产品组合时，可根据企业自身资源条件、市场状况和竞争态势对产品组合的广度、长度、深度进行不同的组合，可选择的策略如下：

（1）扩大产品组合策略。该策略也称“全线全面型策略”，即拓展产品组合的宽度和增加产品组合的深度。前者是在原产品组合中增加产品线，扩大产品经营范围；后者是在原有产品大类中增加新的产品项目。扩大产品组合有利于综合利用企业资源，扩大生产和经营规模，降低生产经营成本，提高企业竞争力；有利于满足顾客的多种需求，进入和占领多个细分市场。

实例5-5　阿里巴巴集团缔造的商业神话

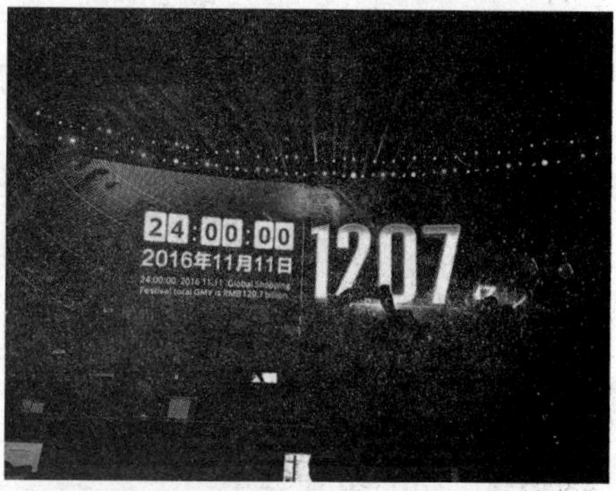

阿里巴巴是全球电子商务（B2B）企业中的著名品牌，是目前全球最大的网上交易市场和商务交流社区。

阿里巴巴集团成立于1995年，是中国第一家互联网商业信息发布站“中国黄页”；2000年，阿里巴巴推出“中国供应商”服务，为中国中小企业提供外贸电子商务服务；2003年，个人电子商务淘宝网正式诞生，其商品类型从服装、日用品等传统零售商品到电影业务、移动餐饮服务，再到房地产业务，无所不有；2007 年 1 月，以互联网为平台的商务管理软件公司阿里软件成立；2011 年 1 月，阿里巴巴集团宣布将在中国打造一个仓储网络体系，并与伙伴携手大力投资中国物流业；2014 年 9 月 19 日晚，阿里巴巴登陆纽交所，正式上市；2016 年 11 月 12 日，阿里方面提供的数据显示，在“双十一”当天，阿里巴巴旗下各平台总交易额达到 1 207 亿元，其中无线占比达到 81.87%。

（资料来源、图源：腾讯科技网）

思考： 1. 采用扩大产品组合策略，对企业而言需要具备哪些条件？
2. 采用这种策略应该注意哪些问题？

（2）缩减产品组合策略。该策略也被称为“市场专业型策略”，指删除一些产品系列或产品项目，集中力量生产经营一个系列的产品或少数产品项目，实现高度专业化，减少资金占用，提高产品质量，降低消耗，实施具有针对性的广告促销，集中拓展有效的分销渠道，提高营销效率。

讨论 5－7： 在什么情况下企业应当考虑减少产品项目？采用这种策略，对企业存在什么风险？

（3）产品线延伸策略。每一企业的产品线只占所属行业整体范围的一部分，每一产品都有特定的市场定位。当一个企业把自己的产品线长度延伸到超过现有范围时，我们称之为产品线延伸。产品延伸策略具体有向下延伸、向上延伸和双向延伸三种实现方式。

①向下延伸。向下延伸是在高档产品线中增加低档产品项目，即高档（中高档）→中档（中低档），如：五粮液→五粮醇→五粮春→金六福→京酒等。采用该策略可作为反击竞争对手的手段，弥补高档产品减销的损失，及时填补市场空缺，防止竞争对手乘虚而入。

实例 5－6 飘柔洗发水的向下延伸

飘柔是宝洁洗发水产品销量最高的品牌，有着最广大的消费者支持。飘柔正式推出 9.9 元超低价位新飘柔产品，标志着一个飘柔新战略的开始。飘柔的新超低价格意味着宝洁要将飘柔产品线向下延伸，向广大的中端市场渗透。飘柔不是采用传统的品牌向下延伸策略，将原有产品直接降价出售，而是在一个品牌里做两档产品：一档飘柔精华护理，一档飘柔家庭护理。两档产品都处在中端，一个是中端里的高端，一个是中端里的低端。研究统计显示两档的销量都在不停上涨。

（资料来源：新浪网；图源：宝洁公司官网）

思考：分析飘柔品牌的向下延伸策略成功的原因，并指出使用该策略有何利弊。

②向上延伸。向上延伸是在原有的产品线上增加高档产品项目，即中档（中低档）→高档（中高档）。实行这一策略的主要目的是：高档产品市场具有较大的潜在市场增长率和较高利润率的吸引；企业的技术设备和营销能力已具备加入高档产品市场的条件，能够应付竞争对手的对抗与反击，企业要重新进行产品线定位。

③双向延伸。双向延伸是原定位于中档产品市场的企业掌握了市场优势后，决定向产品线的上、下两个方向同时延伸，扩大市场阵地。

实例 5－7　娃哈哈的双向延伸策略

杭州娃哈哈集团有限公司创建于 1987 年，在创始人宗庆后的领导下，现已发展成为一家集产品研发、生产、销售于一体的大型食品饮料生产集团，是中国最大的饮料生产企业，产量位居世界前列。娃哈哈在中国 29 个省、市、自治区建有 70 多个生产基地、170 多家子公司，拥有员工 3 万名、总资产 402 亿元。

娃哈哈推出了中国第一支儿童营养液——娃哈哈儿童营养液，在其稳稳地占领了儿童市场后，娃哈哈又瞄准了青年市场，继而推出娃哈哈包装饮用水：娃哈哈矿泉水、娃哈哈桶装水以及娃哈哈纯净水等。目前，公司产品涉及含乳饮料、瓶装水、碳酸饮料、茶饮料、果汁饮料、罐头食品、医药保健品、休闲食品、婴儿奶粉、童装、白酒 11 大类 150 多个品种，其中瓶装水、含乳饮料、八宝粥罐头多年来产销量一直位居全国第一。娃哈哈正通过产品线延伸，不断扩大市场的占有份额。

（资料来源：杭州娃哈哈集团官方网站）

思考：实施双向延伸策略应如何把握好延伸的度？

（4）产品线号召决策。指在产品线中有重点地选择一个或少数几个产品项目进行特别号召，以满足企业的特定营销目标，即利用“畅”销的产品带动“滞”销产品。这种策略一般来说对企业产品的促销有一定的效果，比如统一老坛酸菜牛肉面的销售策略。

（5）产品线现代化决策。产品的科技现代化是为了“引诱”顾客转入较高价格的升级换代型产品，改进产品最佳时机的选择也是企业的重大决策之一。过早转换会使企业现有产品线的销售受到不良影响，过迟则会错失良机。为此，很多现代企业都采取“四代”，即生产一代、储备一代、研究一代、构思一代的做法：当老产品进入成熟期时，第二代产品应开始投放市场，进入导入期；当老产品进入衰退期时，第二代产品应进入成长期，同时企业要着手研制第三代产品，并构思第四代产品。

学以致用

根据团队选取的创业想法或创业项目，在现有产品（或服务）基础上进行产品组合分析。

二、产品生命周期

1. 产品生命周期的概念

产品的“生命周期”(Product Life Cycle）理论，又称“商品循环”理论（简称为“PLC 理论”)，是市场营销实践的结果。任何生物体都有一个从产生、发展到衰亡的过程，产品在市场上同样经历着这一过程，因此称之为产品的“市场生命”。

产品生命周期是指某产品从进入市场到被淘汰退出市场的全部运动过程和经历的全部时间。企业通过分析预测产品的生命周期可以更好地掌握自己企业所经营的产品的特点，及时进行产品的更新换代工作。

在营销学中，产品生命周期指的是市场寿命，它与其他几个概念的区别如下（如表 5 - 3 所示)。

表 5 - 3　产品生命周期相关概念的比较

区别	说明
产品生命周期≠商品的使用寿命	商品的使用寿命是指商品的耐用程度。有的商品使用寿命短，但市场寿命长（如食盐）；有的商品使用寿命长，但市场寿命短（如流行服装）
产品生命周期≠行业产品生命周期	行业产品生命周期是指某产品在某个行业（或整个市场）范围内的生命周期。如汽车在交通工具行业中旺盛的寿命期，但产品的款式、型号经常被淘汰，寿命期短
产品生命周期≠牌号生命周期	两者之间的生命周期虽有不同，但又有密切的联系。如汽车这种产品的生命周期由市场需求及技术决定，周期较长，“××牌汽车”是具体牌号，周期较短

讨论 5 - 8：讨论影响产品生命周期的因素有哪些。

2. 产品生命周期各阶段的特点及营销策略

产品在投入市场后依次经过引入期、成长期、成熟期和衰退期四个阶段，这一过程的典型形式可以用产品生命周期曲线图来表示（如图 5 - 6 所示)。

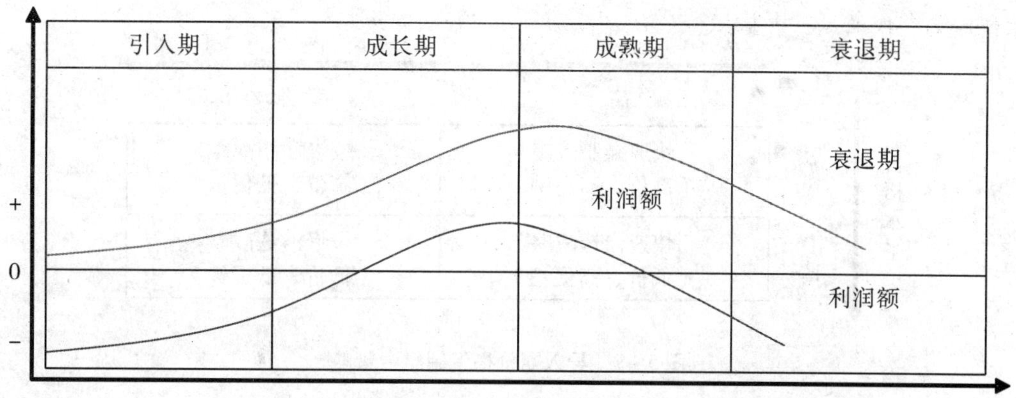

图5－6　典型产品生命周期形态

研究产品的生命周期规律，就是要针对生命周期各阶段的市场特点，采用相应的市场对策，以获得理想的营销效果。产品处在生命周期的不同阶段，在销量及其增长、成本、利润以及竞争情况等方面具有不同的特征（如表5－4所示）。

表5－4　产品生命周期各阶段的特征和营销目标

	导入期	成长期	成熟期	衰退期
销售量	低	剧增	最大	衰退
销售速度	缓慢	快速	减慢	负增长
成本	高	一般	低	回升
价格	高	回落	稳定	回升
利润	亏损	提升	最大	减少
目标顾客	创新者	早期使用者	多数使用者	落伍者
竞争者	很少	增多	稳中有降	减少
营销目标	建立知名度，鼓励试用	最大限度地占有市场	保护市场，争取最大利润	压缩开支，榨取最后价值

（1）导入期的营销策略。新产品初上市，由于顾客对它还不熟悉，销售量增长缓慢。在此阶段，为了建立产品的知名度，需要大力促销、广泛宣传，吸引潜在顾客的注意和试用，争取打通分销渠道，占领市场。公司销售的重点是那些更容易使用新产品的购买者。如果把价格与促销两个营销因素结合起来考虑，各设高低两档，则可有四种营销策略供企业选择（如图5－7所示）。

价格水平 \ 促销水平	高	低
高	快速撇脂战略 （高价、高促销）	缓慢撇脂战略 （高价、低促销）
低	快速渗透战略 （低价、高促销）	缓慢渗透战略 （低价、低促销）

图5-7 导入期价格促销组合策略

实例5-8 全美超市走进低碳节能环保新时代

全球能源危机、环境危机日趋严重，全美创意性地高举家庭节能环保大旗，建立了第一家节能环保超市，并抢占这一领域的市场空白。其采用世界最先进的连锁经营方式，以超市集约化模式销售节能环保产品，并创造性地融入平价概念，使消费者的选择面更广，购买量更大，从而开创了节能环保产品平价营销的先河。

全美节能环保型超市从厨具、洁具、床上用品、照明设备到空气与水净化设备，囊括十几个系列的上千个品种，无一不凸显节能环保低碳时代的主旋律。

购买全美节能环保型超市产品具有省钱、省时、便捷、时尚以及新奇的特点，其产品外形设计新颖奇特，触及人们生活的方方面面，独创的绿色产品超市行销体系，为消费者提供了便捷化、一站式节能环保家居用品购物环境。时尚概念和家居低碳消费使全美节能环保型超市成为低碳消费的引领者和先行者。

（资料来源、图源：央视网IT频道）

思考：“绿色”“环保”是时代发展的潮流，“节能”“低碳”是国民经济发展的趋势，节能环保产品目前正处于导入期，请结合该案例分析一下实施这四种策略的市场条件是什么。

（2）成长期的营销策略。成长期是指该产品已经在市场上被消费者接受、销售额迅速上升的阶段。在购买群体增加的同时，受利润机会的吸引，新的竞争对手将进入市场，“成长期”即为“竞争期”。成长期是产品生命周期当中衔接导入期与成熟期的关键一环。企业为了尽可能长地维持市场成长，一般会采取下列几种营销策略（如表5-5所示）。

表5-5 成长期营销策略

成长期营销策略	说明	目的
产品策略	提高产品质量；增加产品的性能或者改进产品外观；增加新式样和辅助产品；进入新的细分市场	提高产品的竞争能力，吸引更多的顾客，使产品保持更长久的成长期
价格策略	选择适当的时机降低产品价格	可以争取那些对价格比较敏感的顾客，还可以对竞争对手形成冲击力
促销策略	在成长期，促销重点是宣传产品的特色，运用产品定位策略，树立产品形象，建立品牌偏好	维系老顾客，吸引和发展新顾客
渠道策略	在原有的销售渠道的基础上开拓新的销售渠道，增设销售网点和经销代理机构	扩大产品的销售面，加强产品的销售服务工作，提高市场占有率

讨论5-9：请分析产品处于成长期的市场特点。

（3）成熟期的营销策略。成熟期是指大多数购买者已经接受了该产品，但市场销售额缓慢增长或下降的阶段。成熟期是四个阶段中持续时间最长的时期，同时也是企业获利的最佳时期。大多数产品都处于生命周期的成熟阶段，因此，大部分营销管理者处理的正是这些成熟产品面临的问题。成熟阶段可以采取三种策略（如表5-6所示）。

表5-6 成熟期营销策略

成熟期营销策略	具体改良策略
市场改良策略	进入新的细分市场→刺激更多消费者更多地购买→重新定位，吸引新顾客
产品改良策略	提高产品质量→增加产品功能→改进产品款式
营销组合改良策略	降价→加强促销，多种形式相结合→改进渠道，扩大附加利益

实例5-9 短短5年，华为手机已成为新领军

在过去的2016年，知名科技类市场调研机构Counterpoint针对全球手机市场最新调研显示，中国智能机市场2016年出货量高达4.65亿台，占全球智能机出货量的1/3，其中华为出货量为1.4亿台，相对2015年增长21%，与三星、苹果并列三巨头，成为中国首个跻身全球手机第一阵营的品牌。

华为在两年内完成的三个突破起了关键作用：①用荣耀产品实现运营推广演练，成功完成 B2B 向 B2C 传播推广转型；②用华为 P6 成功打开中端市场，拉开与小米同样位于中低端形象的距离；③用华为 Mate7 成功打开中高端市场，再次拉开与小米形象的距离，从而完成了产品线的突破，成功实现覆盖中低端、中端、中高端市场，逐渐与小米拉开距离。

第一阶段：学习小米的营销推广，完成从 B2B 到 B2C 的营销推广模式转型。

华为快速复制小米的营销推广模式，从高性价比产品到营销，都进行了复制。在复制小米产品的同时突显自身性价比的优势，借势炒作自己。华为加大宣传力度，复制小米所有营销手段，并打造自己的粉丝团队——花粉，由于卓越的品质与良好的形象，粉丝规模正在不断壮大。

第二阶段：创新特色，用华为产品技术驱动模式矫正手机行业，成为中国手机新标准。

从 2013 年开始，华为摆脱了学习小米，用产品技术驱动模式矫正手机行业，形成自己的特色，全面提升自己的综合实力，强化“产品力、推广力、团队、企业文化”等竞争优势。

首先，华为手机在产品线成功实现了突破，成功打开中端、中高端市场。华为持之以恒地向中端、中高端市场进攻，并且通过 P 系列和 Mate 系列，成功打开中端市场和中高端市场，也与小米拉开了距离。

其次，成功回避线上、线下互博，独立电商品牌，用子品牌攻打小米。2013 年 12 月，华为将荣耀品牌独立，作为专门的电商品牌，定位针对电商人群的中低端品牌，回避线上、线下品牌的互搏，这种设置后来也为其他企业所借鉴。

再次，构建品牌阵列，实现低、中、高多层次消费者的覆盖。成熟行业的领军企业通常拥有多个产品阵列，拥有低、中、高端品牌，满足多个消费群体，实现多层次消费者的覆盖。华为在国产手机品牌中，率先开始构建自己的品牌矩阵，实现低、中、高层次的覆盖。

最后，华为的产品、人才优势开始发力，构建领先的科技形象，占领行业制高点。华为长期形成的产品技术优势和人才优势开始发力，很多前瞻性的布局也开始发挥作用，今天成为华为手机重要的竞争优势。

短短 4 年的时间，华为智能手机从 10 名开外成为全球第三，也成功实现了转型，充分显示了这家中国最国际化、最成功科技公司的实力。较强的产品力、营销推广力、品牌运营能力使得华为手机将会成为国产手机的新旗帜！

（资料来源：百度文库；图源：华为手机官网）

思考： 1. 智能手机市场进入成熟期，结合该案例分析成熟期的特点。

2. 结合该案例谈谈华为在智能手机成熟期的营销策略。

（4）衰退期的营销策略。产品衰退期是指产品销售量急剧下降，产品开始逐渐被市场淘汰的阶段。销售下降的原因很多，其中包括技术进步、消费者偏好的改变、国内外竞争的加剧。所有这些因素都会导致生产能力过剩、产品降价和利润侵蚀等情况。衰退阶段可选择的营销策略如表 5－7 所示。

表5－7　衰退期营销策略

衰退期营销策略	说明	目的
增加策略	增加公司的投资，重新定位	使自己处于市场主导地位或加强竞争地位，开发新的细分市场
持续策略	仍按照原来的细分市场，使用相同的分销渠道、定价和促销方式，直到这种产品完全退出市场	由于此时众多企业已退出市场，企业可以获取部分落伍者的利润
集中策略	集中公司能力和资源，放在最有利的细分市场和分销渠道上，从中获利	有利于缩短产品退出市场的时间，同时又能为公司创造更多的利润
榨取策略	抛弃无希望的顾客群体，大幅度降低促销水平，尽量减少促销费用，以增加目前的利润	这样可能导致产品在市场上的衰退加剧，但也能从忠实于这种产品的顾客中获取利润
放弃策略	对于衰退比较迅速的产品，应该当机立断，放弃经营	将资源转向其他产品

实例5－10　“恐龙产品”如何重获新生

电动剃须刀的发明，给手动剃须刀产业以重大打击，很多剃须刀片企业纷纷消失，但吉列反而因祸得福。吉列是如何保住手动剃须刀产品的市场价值的呢？

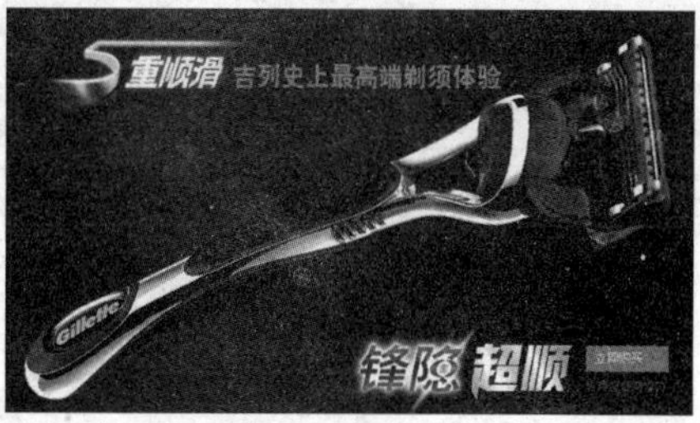

电动剃须刀在便捷性上是手动剃须刀无法比拟的，吉列开始在“体验性”上下功夫：将更干净地剃须与光彩照人对接；将手动剃须与注重生活细节、社交形象等个人气质衔接。经过这种策略转化，吉列成为“男人的选择”，赋予“吉列男人”更丰富的人格内涵。这个产品营销策略的创新，击中了电动剃须刀的软肋：方便但未必干净。由于将吉列剃须刀从基础性需求（快速干净）转移到升级性需求（光彩照人、剃须体验），吉列开始成为品质人生、品位人士的选择。

吉列对产品的使用体验也进行了升级，如刀片设计从单层到双层再到多层，手柄从简单的“直筒形”变为手感更好的“S”形。近期的新产品——锋速3、锋隐等，手柄的造型及色彩融入工业设计风格的造型与色彩，产品的高端形象由此愈加明确，吉列成功地“再造”了手动剃须刀产品的市场价值。

（资料来源：第一营销网；图源：吉列官网）

思考： 吉列剃须刀是如何在市场衰退期实现重生的？对其他企业有何启示？

测试你掌握的知识

1. 观察生活中的某一件用品，举例说明其产品整体概念的五个层次。

2. 结合生活中某一件你感兴趣的产品，从产品整体概念的五个层次找灵感，进行相关的产品创新运用。

3. 结合创业项目选取的产品（或服务），进行产品组合分析并绘制产品组合示意图。

4. 结合创业项目选取的产品（或服务），进行产品生命周期策略分析。

实训模块5 产品创新训练

小组团队成员结合创业项目选取产品（或服务），从产品整体概念的五个层次找灵感，通过头脑风暴法进行新产品构思，可以通过创意构想、图片制作、模型设计、功能创新等转换成产品创新概念，选择最有潜力的产品概念。

具体操作步骤可参考配套实训教材，也可扫描二维码登录实干邦平台进行实训操作。

第六章 建立价值——品牌决策

品牌是一种错综复杂的象征——它是产品属性、名称、包装、价格、历史声誉、广告方式的无形总和，品牌同时也因消费者对其使用的印象以及自身的经验而有所界定。

——大卫·奥格威

【学习目标】

1. 掌握品牌的概念及品牌的种类。
2. 掌握与品牌相关的术语。
3. 认识品牌识别系统。
4. 学会评估品牌资产。
5. 掌握品牌决策的相关过程。
6. 掌握品牌设计的指导原则。

【思维导图】

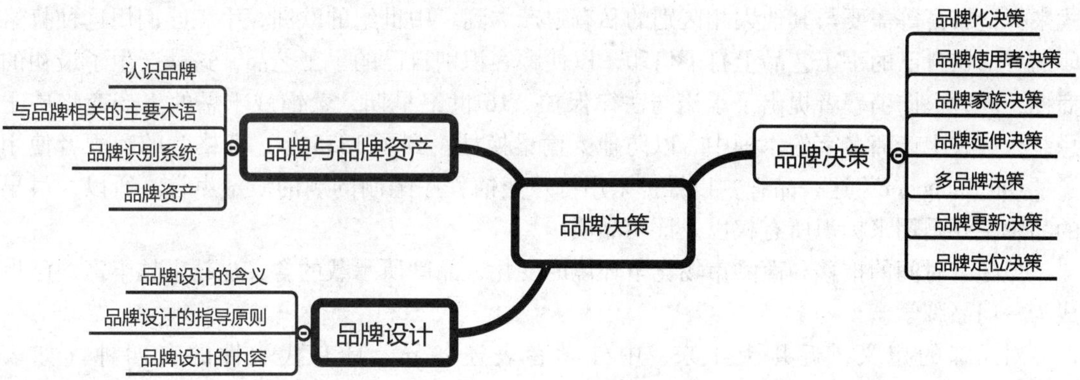

【营销实战】

可口可乐的假日白色版

可口可乐公司曾经推出可口可乐假日白色包装特别版，但他们没有预料到这在自己的忠实消费者中引起了大规模的混乱和不满。许多人把白色包装的可口可乐和健怡可乐弄混了，一个郁闷的消费者在Twitter上写："消费者不能成为受害者！"零售店店主反映，有些消费者把打开的可口可乐又送回来，因为他们误认为是健怡可乐了。仅仅一个月以后，可口可乐宣布，把所有白色包装换成经典的红色。虽然这次轻度的混乱还没有对可口可乐的销量造成影响，但是它反映了人们对可口可乐的品牌形象有多么根深蒂固的认识——大多数人是根据红色来分辨可口可乐的。很多不满的消费者甚至觉得，它们在白色易拉罐里喝到的可乐，和红色包装里的口味是不一样的。

（资料来源：互动中国）

思考：1. 为什么可口可乐推出假日白色版失败了？

2. 你如何理解大部分消费者根据红色来分辨可口可乐？如何认识“品牌”？

第一节　品牌与品牌资产

一、认识品牌

1. 品牌的定义

品牌的英文单词是 Brand，源自古挪威语 Brandr，意思是“烧灼”，古时人们用这种方式来标记家畜等需要与其他人相区别的私有财产。到了中世纪的欧洲，手工匠们用这种打烙印的方法在自己的手工艺品上打下烙印，以便顾客识别自己的手工艺品，这就产生了最初的商标，同时也向消费者提出了承诺与法律保护。16 世纪早期，蒸馏威士忌的生产商将威士忌装入烙有生产商名字的木桶中，以防他人偷梁换柱。到了 1835 年，苏格兰的酿酒者使用了“Old Smuggler”这一品牌，以维护采用特殊蒸馏程序酿制的酒的质量声誉。所以，最早的品牌主要是用来标识所有权以及证明品质。

但随着时间的推移和商品市场竞争环境的变化，品牌所承载的含义也越来越丰富，已然成为一门品牌学。

对品牌的定义，近几十年来，中外学者表述各异，具有代表性的有四种（如表 6－1所示）。

表 6－1　不同学者或机构对品牌所下的定义

学者或机构	定义
大卫·奥格威（英国）	品牌是产品名称、符号、历史、文化、声誉、属性等综合体，以及使用者的消费体验在传播途径上的认知和传播方式留下的心理感受

（续上表）

学者或机构	定义
大卫·艾克（美国）	品牌就是产品、符号、人、企业与消费者之间的联结和沟通。也就是说，品牌是一个全方位的架构，牵涉到消费者与品牌沟通的方方面面，并且品牌更多地被视为一种“体验”，一种消费者能亲身参与的更深层次的关系，一种与消费者进行理性和感性互动的总和，若不能与消费者结成亲密关系，产品就从根本上丧失了被称为品牌的资格
美国市场营销协会（AMA）	品牌是一种名称、术语、标记、符号或设计，或是它们的组合运用，其目的是借以辨认某个销售者或某群销售者的产品或服务，并使之同竞争对手的产品或服务区分开来
菲利普·科特勒（美国）	品牌是一种名称、术语、标记、符号或图案，或是他们的相互组合，用以识别企业提供给某个或某群消费者的产品或服务，并使之与竞争对手的产品或服务相区别

上述关于品牌定义的几种表述，各有特点。参照各位专家的论述，笔者认为，品牌的定义可以表述为：所谓品牌就是公众对某种产品或服务区别于其他竞争对手的产品或服务的一系列认知，这些认知包括对产品或服务的外观、内涵、传递的价值、文化等方面的感觉和知觉的总和。根据这个定义，品牌具有以下特征：

（1）品牌是无形的。品牌不具有物质载体，可以通过一系列的物质载体、行为载体来体现。直接的物质载体有标识、图形、文字、声音，间接的物质载体有产品的质量、价格、功能、服务、市场占有率、知名度、美誉度、亲近度等；行为载体有组织的员工行为、管理者行为、研发设计行为等。

（2）品牌是独特的。品牌是产品的一种辨识器。企业通过符号、单词、概念色彩、图案等设计品牌，与其他品牌区分开来，代表企业的特点，作为区别于其他企业品牌的标识，从而吸引公众特别是消费者的注意，使之容易识别。同样，人们可以通过品牌认知产品，并依据品牌来选择购买。例如人们购买汽车时有几种品牌：大众、奔驰、宝马、丰田、本田，每一种品牌代表了不同的文化背景、不同的设计理念、不同的产品特性，消费者可以根据自身的需要来进行选择。

（3）品牌是企业的无形资产。品牌是一种资产，其所代表的意义、个性、品质和特征能产生品牌价值。这种价值虽然看不到、摸不到，但却能为企业创造利润。比如，据 Interbrand（国际品牌集团）发布的 2015 年度报告显示，苹果连续四年获得全球最有价值品牌称号，其品牌价值高达 1 780 亿美元，较去年增长 5%，领先谷歌、微软和三星等公司。

（4）品牌可以提升企业的竞争优势。在买方市场的今天，消费者选择的空间也更大，对产品的要求也更加多元化。企业要想在众多的产品中脱颖而出，就应该有过人之处。而品牌就是他们进入市场的通行证，品牌代表了一个企业在市场中的地位和形象，因此，从这种意义上来说，品牌是企业在市场竞争中获胜的法宝。特别在当今产品功能趋同的今天，人们在选择的时候可能会更多地去看品牌：谁的品牌过硬，谁就能获胜。比如买空调，在同等价格之下，人们会首选格力；买电饭锅，会首选苏泊尔；买豆浆机，会首选九阳。

（5）品牌是动态变化的。品牌不可能一成不变，在市场屹立不倒。随着顾客的需求变化，品牌也应相应地有所调整。此外，品牌的潜在价值虽然大，但它只是给企业带来附加价值，一旦企业的产品或服务出现问题，处理不当，品牌也会迅速贬值。所以，品牌具有一定的风险性和不确定性。

讨论6－1：用自己的话描述你所理解的品牌包括哪些内容。

2. 品牌的种类

品牌可以依据不同的标准划分为不同的种类，如下所示：

（1）根据品牌的知名度和辐射区域划分，可以将品牌分为地区品牌、国内品牌和国际品牌三种。地区品牌是指在某一个地区具有一定知名度和美誉度的品牌，产品辐射范围不大，如烟台啤酒，在山东省内的市场占有率很高，但在全国范围内就不知名。国内品牌是指在国内具有比较高知名度和美誉度的品牌，产品辐射全国，如青岛啤酒。国际品牌是指在国际市场具有较高知名度和美誉度的品牌，产品辐射全球，如联想电脑、海尔冰箱、肯德基、麦当劳等。

（2）根据产品生产经营的所属环节划分，可以将品牌分为制造商品牌和经营商品牌。制造商品牌是指制造商自己为生产制造的产品进行设计的品牌，如海尔、联想等。经销商品牌是指产品销售商根据目标市场的特点，结合产品的功能和特点，为产品设计的品牌，如阿迪达斯等。此外还包括销售商根据自己独特的经营管理、销售、服务而创立的品牌，如沃尔玛、大润发等产品。

（3）根据品牌的来源划分，可以将品牌分为自主品牌、外来品牌和嫁接品牌。自主品牌是企业根据自身需要创立的，如海尔、诺基亚、丰田等。外来品牌是指企业通过特许经营、并购或其他形式获得的品牌，如联合利华收购的北京“京华”牌。嫁接品牌是指通过合作、合资方式形成的带有双方品牌的新产品，如琴岛—利勃海尔冰箱。

（4）根据品牌产品的所属行业划分，可以将品牌分为家电业品牌、食用饮料业品牌、日用化工业品牌、汽车机械业品牌、商业品牌、服务业品牌、网络信息业品牌等几大类。

（5）根据品牌与消费者的关系划分，可以将品牌分为功能型品牌、个性型品牌、开拓性品牌、社区品牌和标志型品牌。功能型品牌主要突出产品自身的功效，比如霸王洗发水主要突出其防脱发；个性品牌主要指赋予品牌人的特征，比如万宝路香烟突出其粗犷的西部牛仔形象；开拓型品牌以动力来推动品牌，如耐克的女性运动鞋；社区品牌主要突出人类的归属需求，如小米的粉丝经济；标志型品牌是当人们想起某种东西时，自然而然会想起这个品牌，这是品牌的最高境界，如商务手机，人们可能会先想起金立商务手机。

讨论6－2：根据以上品牌的分类，对苹果手机、珠江啤酒、奇瑞汽车、飘柔洗发水、立白洗衣粉等进行归类，并说明原因。

二、理解与品牌相关的主要术语

为了更好地理解和掌握品牌的含义，需要弄清楚下面七个概念：

1. 品牌名

品牌名是品牌中可以读出的部分——词语、字母、数字或词组等的组合。如海尔、红双喜 1999、TCL 等。

2. 品牌标志

品牌标志是品牌中不能发声的部分——包括符号、图案或明显的色彩或字体。如耐克的一勾造型、可口可乐的红色经典瓶子、小天鹅的天鹅造型、IBM 的字体和深蓝色的标准色等。

3. 品牌角色

品牌角色是用人或拟人化的标识来代表品牌的方式，如海尔兄弟、麦当劳的小丑、肯德基爷爷、米老鼠、康师傅等。

4. 品牌商标

品牌商标是一种法律用语，是受到法律保护的整个品牌、品牌标志、品牌角色或者各要素的组合。当商标使用时，要用“R”或“注”明示，意指注册商标。商标注册人具有商标使用权。

5. 品牌符号

品牌符号是区别其他产品或服务的基本手段，包括名称、标志、基本色、口号、图案、象征物、代言人、包装等。它是形成品牌概念的基础，成功的品牌符号是公司的重要资产，在品牌与消费者的互动中发挥作用。

6. 品牌识别

品牌识别是品牌营销人员希望创造和保持的，能引起人们对品牌的美好联想物。这些联想物暗示着对消费者的某种承诺。比如海尔通过多年的经营，特别是当年张瑞敏怒砸冰箱的故事广泛流传，使得消费者想起海尔，就会联想起“高品质”。

7. 品牌形象

品牌形象是指品牌在社会公众中留下来的印象总和，体现公众特别是消费者对品牌的评价与认知。品牌形象与品牌不可分割，形象是品牌表现出来的特征，反映了品牌的实力与本质。品牌形象包括品名、标志、图案广告、包装、形象代言人等。

讨论 6－3： 品牌形象和品牌识别有何联系与区别？

实例 6－1　李宁更换口号和标识

2010 年李宁公司开启品牌重塑战略，提出新的营销理念，将用户锁定为 90 后。在新的重塑计划里，包括更换口号和标识。新的品牌标识由当时大写的红色“L”变为“李宁交叉动作”，融合了李宁独创的体操动作和“人”形创意。而品牌口号由“一切皆有可能”变为“让改变发生（Make The Change）”，新的标识和口号将成为李宁品牌的新标识。更换标识以后李宁旗舰店的整体风格做了改变，产品风格也有相应的变化。然而，市场预期却出人意料。订单下滑、股价大跌、库存激增，为了处理库存出现了“关店潮”和“打折潮”，严重损坏了品牌形象。掌门人频换也挽回不了颓势，亏损高达50亿元。2014年年底，年过半百的创始人李宁不得不重新接管李宁公司，不到一年时间，使公司扭亏为盈。

2015年，在公司成立25周年之际，李宁将公司的口号重新改回“一切皆有可能”，让曾经的中国名牌李宁回到大众的视野中，重启“一切皆有可能”品牌口号标志着李宁公司由体育装备提供商向“互联网+运动生活体验”提供商的战略转变。2016年上半年，李宁电商业务销售额维持高速增长，上半年销售同比增长超过一倍，并进一步向数字化运营方向探索和实践。与此同时，李宁实现了对实体店的改造和线下互动方式的多样化。除了开设专业跑步店外，还将进一步加强李宁品牌与受众的线下互动。2016年夏天，NBA球星韦德自2012年牵手李宁后连续第四年来到中国，先后在上海、郑州、石家庄和北京等多个城市举办了相关推广活动。截至2016年6月30日，李宁2016年上半年的收入达人民币35.96亿元，较2015年同期上升13%。

旧标识　　　　新标识

（资料来源、图源：中国鞋网）

思考： 李宁更换口号和标识的失败说明了品牌重塑应该如何判断市场？品牌如何发展才能继续满足消费者的需求？

三、品牌识别系统

品牌识别系统（Brand Identity System，BIS）有助于消费者去辨认一个企业的品牌形象，是企业进行品牌构建时重要的借鉴模式。品牌识别系统，由VI（视觉识别Visual Identity）、BI（行为识别Behavior Identity）、MI（理念识别Mind Identity）三方面组成。

1. 视觉识别系统（VI）

视觉识别系统是指运用系统的、统一的视觉符号系统，对外传达品牌的经营理念与形象信息，是品牌识别系统中最具传播力和感染力的要素。视觉识别是以品牌标志、标准字体、标准色彩为核心展开的完整的、系统的视觉传达体系。

视觉识别系统分为基本要素系统和应用要素系统两个方面。基本要素系统主要包括品牌名称、品牌标识、标准字、标准色、象征图案、宣传口语等。应用系统主要包括办公用品、办公环境、办公场所的设计、产品包装、广告媒体、交通工具、衣着制服、招牌、标识牌、橱窗、陈列展厅等。

2. 行为识别系统（BI）

行为识别系统是指在理念识别基础上所形成的、用以规范品牌内部行为，并达到对外统一化（活动统一化）的一系列行为规范和准则。行为识别是非视觉化动态的识别方式，对内负责组织管理，包括工作环境、生产设备、研究发展、生产福利及员工教育（仪态仪表、员工言行）等；对外开展各项活动，包括市场调查、促销活动、公共关系、产品开发等。

3. 理念识别系统（MI）

理念识别系统是指可以表述为品牌从事一切经营活动的哲学、思想、价值观等。品牌理念包括品牌定位、品牌使命、经营理念、价值观、品牌精神、服务理念、管理观以及对外传播的广告语、精神标语等（如表6-2所示）。

表6-2　品牌理念识别系统的构成要素

要素	解释	举例（以海尔为例）
形象定位	品牌定位的外显，形象塑造的目标，形象传播的导向	蓝色的海尔，突出海尔的创新、智慧、充满朝气和拥有无限美好的未来
品牌使命	品牌的外向价值，品牌在社会生存环境中的地位、作用和责任感	致力于成为行业主导，用户首选的拥有第一竞争力的美好住居生活解决方案服务商
经营理念	品牌的经营哲学、经营方针，品牌追求的经营境界	人人都是自己的CEO
价值观	为公司、员工、客户、经销商、股东、社会等共享的价值理念	是非观——永远以用户为是，以自己为非；发展观——创业精神和创新精神；利益观——人单合一双赢
品牌精神	全体成员的群体意识，振奋士气的精神口号	创造资源，美誉全球
服务理念	以服务为导向的品牌行为理念，开展令顾客满意活动的动力	一切以用户为中心
管理观	优化品牌管理的管理思想，与人才使用相关的管理观念	人人是人才，赛马不相马
广告语	经营理念、品牌理念、服务理念等的对外传播口号	一个世界一个家，真诚到永远

讨论6-4：除了依靠品牌识别系统去识别一个企业的品牌外，还可以通过哪些方式去识别品牌？

四、品牌资产

1. 品牌资产的定义

品牌资产是20世纪80年代在营销研究和实践领域出现的一个重要概念。20世纪90年代后，特别是美国先知品牌战略咨询公司的副总裁大卫·艾克出版著作《管理品牌资产》（1991）后，品牌资产就成为营销研究的热点问题。

品牌资产（Brand Equity）也称品牌权益，是指品牌才能产生的市场效益，往往与品牌名称、品牌标识、品牌形象等相联系。简单来说，就是一个企业的产品在有品牌时与无品牌时的市场效益之差。

品牌资产具有四个特点：

（1）品牌资产是无形的。品牌资产看不见，不具有物质载体。

（2）品牌资产以品牌名称为核心。

（3）品牌资产会对消费者的行为产生影响。因此，品牌资产的维持或提升，需要营销宣传或营销活动的支持。

（4）品牌资产的价值来自消费者的认可，而非产品。为此，品牌资产会因消费者的品牌经验或品牌认可而变化。

2. 品牌资产的“五星”模型

大卫·艾克在《管理品牌资产》一书中，综合前人的基础，提炼出品牌资产的“五星”模型，即认为品牌资产是由品牌知名度（Brand Awareness）、品牌认知度（Perceived Brand Quality）、品牌联想度（Brand Association）、品牌忠诚度（Brand Loyalty）和其他品牌专有资产五部分所组成。

（1）品牌知名度。品牌知名度是品牌为消费者所知晓的程度，也称为品牌知晓度。品牌知名度反映的是一个品牌的影响范围和广度。品牌知名度可分为无知名度、提示知名度、第一未提示知名度和第一提示知名度四阶段。当一个新产品上市之初，品牌在消费者心目中无知名度；通过一段时间的广告宣传和促销活动等，品牌在部分消费者心中留下了模糊印象，通过提示可以记起来，即到了提示知名度阶段；下一阶段，在无提示的情况下，消费者能主动记起该品牌；当品牌成长壮大，处于市场“领头羊”位置时，消费者会提起或在购买同类产品时会最先想到该品牌，这时品牌就到了知名度的顶峰。

图6－1　品牌资产“五星”概念模型

（2）品牌认知度。品牌认知度是指消费者对某一品牌的内涵和价值认识和理解的程度。

品牌认知度关系到消费者体验的深度，是消费者在长期接受品牌传播，并使用品牌的产品和服务之后，逐渐形成的对品牌的认识。

（3）品牌联想度。品牌联想度是指透过品牌而产生的所有联想，是对产品特征、消费者利益、使用场合、产地、人物、个性等的人格化描述。这些联想往往能组合出一些意义，从而形成品牌形象。它提供了购买的理由和品牌延伸的依据，比如香飘飘奶茶，会让人联想到“暖暖的”，这就是香飘飘奶茶长期品牌营销传播的结果。

（4）品牌忠诚度。品牌忠诚度是在购买决策中多次表现出来的对某个品牌有偏向性的（而非随意的）行为反应，也是消费者对某种品牌的心理决策和评估过程。它由五级构成：无品牌忠诚者、习惯购买者、满意购买者、情感购买者和承诺购买者。品牌忠诚度是品牌资产的核心，如果没有品牌消费者的忠诚，品牌不过是一个几乎没有价值的商标或符号。像苹果公司的粉丝经济，其实利用的就是品牌忠诚度。

（5）其他品牌专有资产。其他品牌专有资产是指品牌注册的商标、专利等知识产权，以及品牌所拥有的能带来经济利益的资源，比如客户资源、销售渠道、生产网络、管理制度、企业文化、品牌等。

大卫·艾克认为品牌权益的五项内涵中，品牌认知度、品牌知名度、品牌联想度、其他品牌专有资产有助于品牌忠诚度的建立，其中品牌知名度、品牌认知度、品牌联想度是代表顾客对于品牌的知觉和反应，而忠诚度则是以顾客为基础的忠诚度。大卫·艾克指出品牌权益的核心是品牌认知度和品牌联想度。

讨论6－5：请用品牌资产的“五星”模型分析苹果公司的品牌资产。

学以致用

营销，不仅仅营销产品，更重要的是营销个人品牌。如果把你自己当作一个品牌来对待，你将如何来进行设计和营销？

第二节　品牌决策

品牌决策是品牌管理的基础。品牌决策是指决定企业是否使用品牌、采用哪种类型的品牌，以及使用什么形式的品牌等一系列决策的过程。品牌决策的内容包括：品牌化决策、品牌使用者决策、品牌家族决策、品牌名称决策、品牌延伸决策、品牌再定位决策、品牌更新。

一、品牌化决策

所谓品牌化，就是企业给其销售的产品确定相应的品牌。是否需要创立品牌，是企业首先需要考虑的问题。在历史上大多数产品是没有品牌的，但在商品经济发达的今天，实行品牌化，是企业在激烈的市场竞争中增强竞争力的一种重要手段。

那么企业在什么时候进行品牌化比较合适呢？主要考虑以下几点：

（1）产品所在领域是新兴的还是成熟的。如果产品所在的领域是新兴的，可以暂时不用进行品牌化，当然如果你想快速打开市场，方便消费者记忆和传播，可以进行品牌命名。如果产品所在的领域是成熟的，市场上品牌林立，为了区别于其他产品，最好对产品进行命名。

（2）目标顾客的消费习惯及消费行为。如果目标顾客仅仅只在意能满足最低的使用需求，希望能以较低的价格购买到产品，可以暂时不进行品牌化。但是如果目标顾客希望产品除了满足最低的生理需求外，还希望购买的产品能满足其情感需求或者地位需求，最好进行品牌化。

（3）产品特性。虽然目前很多产品都广泛品牌化，但并非所有的产品都必须使用品牌。产品是否适合使用品牌，还应该根据产品的特性而定。比如下列情况可以不使用品牌：一是当产品的同质性较好时，如煤炭、钢铁、自来水、石油等，一般都无须实行品牌化；二是不需要加工的原材料，如矿砂、棉花、大豆、花生，大多是作为原材料加工用的，不需要用品牌；三是消费者已经习惯不使用品牌的产品，比如大米、面粉、食用油、盐等；四是某些生产比较简单，选择性不大的小商品；五是临时一次性出售的商品，如一次性手套、碗碟等。

（4）企业在市场中的相对地位以及自身实力。当企业在市场中的相对地位比较高，自身实力很强时，可以不用品牌化。

（5）品牌营销能力。如果企业不具备一定的品牌营销能力，那么可以暂时不需要考虑进行品牌化。

讨论6－6：在我们的日常生活当中，哪些产品是无须品牌化的？

二、品牌使用者决策

品牌使用者决策是考虑采用谁的品牌的问题。一般来说，会面临三种品牌所有权选择：一是制造商自己的品牌；二是经销商的品牌；三是租用中间商的品牌（许可使用品牌）。不管使用哪种品牌，关键在于是否有利。

1. 制造商品牌

大多数制造商都创立了自己的品牌，比如苹果手机、奔驰汽车等，并使用自己的品牌组织产品销售。如果使用制造商自己的品牌，由于制造商对产品的设计理念、功能、价值内涵等都了解得比较清楚，更加方便进行品牌设计和品牌宣传，可以省去不少品牌建设和推广费用，在价格上面更具有优势。当然，如果制造商自己生产、自己销售，那么进行品牌化，可能会增加成本。

2. 经销商品牌

经销商品牌是指制造商将生产的产品卖给经销商，经销商利用自己的品牌将产品转卖出去，又称私人品牌。比如说大润发面巾纸、沃尔玛面巾纸、希尔斯小商品等。经销商品牌具有的好处是中间商可以加强对价格的控制，并在一定程度上控制提供产品的生产商。此外，经销商自设品牌也存在一些问题，比如增加了品牌的营销费用，以及因为经销商自己不生产而向生产者订货，可能会导致资金的大量占用，从而增加了财务风险。

3. 混合品牌

制造商可以决定部分产品采用自己的品牌，而有些产品则采用中间商的品牌。混合使用品牌有三种情况。

（1）制造商部分产品使用自己的品牌，部分卖给中间商而使用中间商品牌。这样既保持了本企业品牌特色，又扩大了销路。

（2）为进入新市场，先使用中间商品牌，取得一定市场地位后改用自己的制造商品牌。

（3）两种并用。即一种制造商品牌与一种中间商品牌或另一种制造商品牌，同时用于一种产品，以收获两种品牌单独使用的优点，或说明某些不同的特点。

讨论6-7：在“互联网+”的今天，还可以采用哪种品牌使用者策略？

三、品牌家族决策

如果制造商决定使用自己的品牌，那么，还面临着进一步的品牌策略选择，即家族品牌策略。所谓家族品牌策略就是选择品牌名称的决策，企业所生产的各种不同种类、不同规格质量的产品，是全部用一种品牌，还是分别用不同的品牌，一般有以下几种品牌名称策略可供选择。

（1）统一品牌策略。即企业对其全部产品使用同一个品牌，如“康师傅”“长城”“海尔”等公司。这种策略的好处是推出新产品时，免去了命名的麻烦，可以尽快建立品牌信誉，有利于新产品开拓市场，在统一品牌下的各种产品可以相互声援、扩大销售，并且可以节约广告宣传费用。但也存在一定的风险，如果其中有某一种产品营销失败，可能会影响整个企业的声誉，波及其他产品的营销，比如三鹿奶粉。因此，使用统一品牌的企业，必须对所有产品的质量实行严格控制。

（2）个别品牌策略。是指一个企业的各种产品分别采用不同的品牌名称，比如联合利华公司的产品品牌有清扬、金纺、多芬、夏士莲、立顿、旁氏、中华、凡士林、舒耐、和路雪等，不仔细看都不知道原来这些产品品牌都来自同一家公司。这种策略可以分散产品营销的市场风险，可以把个别产品的成败同企业的声誉分开，不至于因个别产品的失败而败坏整个企业的形象，同时也有利于企业发展不同档次的产品，满足不同层次消费者的需要。但个别品牌策略企业要增加品牌设计和品牌销售方面的投入，开支较大。个别品牌策略也可以是不同的产品大类采用不同的品牌，即一类产品使用一个品牌。

（3）统一品牌和个别品牌并行。采用这种策略的出发点是企图兼顾两者的优点。

（4）公司名称加产品品牌策略。即在每一品牌名称之前均冠以公司名称，以公司名称表明产品出处，以品牌名称表明产品的特点。这样做可以降低对每个品牌的市场促销费用，可以利用企业的形象和声誉来对新产品品牌进行促销，还可以有效防止因某个品牌出了问题而对其他的产品项目发生连带影响。一些市场形象较好、知名度较高的企业都采用这种品牌策略，如日本的丰田、尼桑公司，美国的通用汽车公司，均在其不同品牌的汽车产品上，标上企业的名称。对于有些企业来说，这样做还有一个明显的好处：利用已经知名的品牌来树立企业良好的形象或宣传企业本身。

讨论6-8：请分别从手机行业、汽车行业、房地产行业中找一家企业，讨论其采用哪一种品牌家族策略。

四、品牌延伸决策

品牌延伸决策也称为品牌扩展决策，是指利用企业在市场上具有一定影响力的某一成功品牌来推出改良产品或新产品的决策。品牌延伸分为纵向延伸和横向延伸两种。

进行品牌延伸有利也有弊，且具有比较大的风险，需要谨慎决策。其好处是知名的品牌可以使新产品容易被识别，从而得到消费者的认同，加快消费者的接受程度，企业还可以节省有关新产品的促销费用。如“阿玛尼”不仅有服装，还扩展到香水、配饰、钢笔等，再如“娃哈哈”从儿童营养液开始，然后扩展到果奶、果汁、可乐等领域。但这种策略也有一定的风险，容易因新产品的失败而损害原有品牌在消费者心目中的形象。

表6-3　品牌纵向延伸和横向延伸

类型	解释	举例
品牌纵向延伸	把现有的品牌名称使用到相同类别的新产品上，推陈出新，从而推出新款式、新口味、新色彩、新配方、新包装的产品	娃哈哈的营养快线系列有幸福牵线、营养快线升级版等
品牌横向延伸	把现有的品牌名称运用到一个不同类别的新产品上或一个新的领域上	本田汽车、本田摩托车、本田割草机

实例6-2　阿玛尼的品牌延伸之道

阿玛尼是欧洲最顶尖也是全球最时尚的男装品牌之一，公司旗下有Giorgio Armani，Armani Collezioni，Emporio Armani，Armani Junior，Armani Jeans等针对各种层面的服装品牌，是美国销量最大的欧洲品牌。

阿玛尼首先是在服装领域内不断扩展延伸。在阿玛尼品牌系列中，从二三十万元人民币一套的高级订制时装Armani Prive系列，到一套西装三万元人民币左右的Giorgio Armani，再到数百元的阿玛尼低价品牌系列，产品定位由高到低排列了十几个不同的副品牌。

此外，阿玛尼在进行品牌延伸时，从各种服饰及配套产品比如香水、皮包、珠宝首饰、眼镜、手表等，一直延伸到各种生活用品，直至进入食品、汽车、酒店业。阿玛尼现在已经从一个单纯的时装品牌成功地转型为一个完整的时尚奢侈生活方式品牌。但不管延伸到哪个领域，阿玛尼始终保留自己的名称及设计理念。

（资料来源：百度百科整理）

思考：阿玛尼的品牌延伸有哪些值得我们借鉴？

五、多品牌决策

多品牌决策是指决定对企业内的同一类的产品是否采用不同品牌，即是否根据不同的目标市场采用不同的品牌。多品牌策略是由美国 P&G（宝洁）公司首创的。该公司在其经营的三种清洁剂上同时使用了八个品牌进行经销。欧莱雅也是多品牌战略的赢家，旗下的高端化妆品品牌有赫莲娜、兰蔻、欧碧泉、羽西，中端化妆品品牌有薇姿、理肤泉、欧莱雅专业美发、卡诗，低端化妆品品牌有巴黎欧莱雅、美宝莲、卡尼尔、小护士等。

采用多品牌的好处在于：一是可以抢占更多的货架面积。经销商在经销产品时，一般是以不同的品牌为单位，而不是以制造商为单位来分配产品的货架面积的。因此，同一个产品项目使用多个品牌，其获得的货架面积的总和就比使用单个品牌的要大。二是多品牌可使企业多争取不同消费级别的消费者。即使各品牌之间的差别不大，也能各自吸引一群消费者。三是可以多争取"品牌转换者"。许多消费者都是品牌转换者，有求新求奇的心理，喜好试用新产品，抓住这类消费者的最好办法就是多推出几个品牌。四是多品牌可把竞争机制引入企业内部，使各品牌之间相互竞争，有利于提高产品质量和经济效益。

此外，在国际营销中，由于国家、民族、宗教信仰等的不同，为了避免品牌命名不当而引起的市场抵触，适应不同市场的消费习惯，多品牌也是一种适用策略。当然多品牌策略也会造成一定的问题，即品牌之间的竞争可能在企业的同一个产品项目之间发生，而不是在与竞争对手之间发生。所以，企业需要进行分析，使用多品牌后由于单个品牌的销量减少，总的销量是否增加。只要总的销量增加，单个品牌的销量少也是值得做的，否则就是得不偿失。

讨论 6－9：除了上面举的例子，还有哪些公司是采用了多品牌策略的？

实例 6－3　宝洁的多品牌策略

品牌延伸曾被认为是充满风险的事情，有的学者不惜用"陷阱"二字形容其风险之大。然而纵观世界一流企业的经营业绩，不难发现，其中既有像索尼公司那样一贯奉行"多品一牌”这种“独生子女”策略的辉煌，也有如宝洁公司这样大胆贯彻“一品多牌”的策略，在国际市场竞争中纵横捭阖，尽显“多子多福”的风采。

宝洁公司是一家美国的企业。它的经营特点一是种类多，从香皂、牙膏、漱口水、洗发水、护发素、柔软剂、洗涤剂，到咖啡、橙汁、烘焙油、蛋糕粉、土豆片，再到卫生纸、化妆纸、卫生棉、感冒药、胃药，横跨了清洁用品、食品、纸制品、药品等多个行业。二是许多产品大都是一种产品多个牌子。以洗衣粉为例，他们推出的牌子就有汰渍、洗好、奥克多、波特、时代等近十种品牌。在中国市场上，香皂用的是舒肤佳，牙膏用的是佳洁士，卫生巾用的是护舒宝，仅洗发水就有飘柔、潘婷、海飞丝等多个品牌。

寻找差异

如果把多品牌策略理解为企业多到工商局注册几个商标，那就大错特错了。宝洁公司经营的多品牌策略不是把一种产品简单地贴上几种商标，而是追求同类产品不同品牌之间的差异，包括功能、包装、宣传等方面，从而形成每个品牌的鲜明个性。这样，每个品牌都有自己的发展空间，市场就不会重叠。以洗衣粉为例，宝洁公司设计了九种品牌的洗衣粉，汰渍（Tide）、洗好（Cheer）、格尼（Gain）、达诗（Dash）、波特（Bold）、卓夫特（Dreft）、象牙雪（LvorySnow）、奥克多（Oxydol）和时代（Eea）。他们认为，不同的顾客希望从产品中获得不同的利益组合。有些人认为洗涤和漂洗能力最重要，有些人认为使织物柔软最重要，还有人希望洗衣粉具有气味芬芳、碱性温和的特征。于是宝洁公司就利用洗衣粉的九个特点细分市场，设计了九种不同的品牌。

宝洁公司就像一个技艺高超的厨师，把洗衣粉这一看似简单的产品，加以不同的佐料，烹调出多种可口的菜肴。不但从功能、价格上加以区别，还从心理上加以划分，赋予不同的品牌个性。通过这种多品牌策略，宝洁已占领了美国更多的洗涤剂市场，目前市场份额已达到55%，这是单个品牌所无法达到的。

制造“卖点”

宝洁公司的多品牌策略如果从市场细分上讲是寻找差异的话，那么从营销组合的另一个角度看是找准了“卖点”。卖点也称“独特的销售主张”，英文缩写为usp。这是美国广告大师罗瑟·瑞夫斯提出的一个具有广泛影响的营销理论，其核心内容是：广告要根据产品的特点向消费者提出独一无二的说辞，并让消费者相信这一特点是别人没有的，或是别人没有说过的，且这些特点能为消费者带来实实在在的利益。在这一点上宝洁公司更是发挥得淋漓尽致。以宝洁在中国推出的洗发水为例，“海飞丝”的个性在于去头屑，“潘婷”的个性在于对头发的营养保健，而“飘柔”的个性则是使头发光滑柔顺。在中国市场上推出的产品广告更是出手不凡：“海飞丝”洗发水海蓝色的包装，首先让人联想到蔚蓝色的大海，带来清新凉爽的视觉效果，“头屑去无踪，秀发更出众”的广告语，更进一步在消费者心目中树立起“海飞丝”去头屑的信念；“飘柔”从品牌名称上就让人明白了该产品使头发柔顺的特性，草绿色的包装给人以青春美的感受，“含丝质润发素，洗发护发一次完成，令头发飘逸柔顺”的广告语，再配以少女甩动如丝般头发的画面，更深化了消费者对“飘柔”飘逸柔顺效果的印象；“潘婷”用了杏黄色的包装，首先给人以营养丰富的视觉效果，“瑞士维他命研究院认可，含丰富的维他命原B5，能由发根渗透至发梢，补充养分，使头发健康、亮泽”的广告语，从各个角度突出了“潘婷”的营养型个性。

（资料来源：MBA智库文档）

思考：请分析宝洁公司多品牌策略的成功之处在哪里？对国内公司有哪些值得借鉴之处？

六、品牌更新决策

由于原品牌出现了问题，毁坏了声誉，品牌难以翻身；或者消费者的需求发生改变，品牌偏好转移，原品牌陈旧过时，与产品的新特点或者市场的变化不相符；抑或是原品牌在市场竞争中遇到了强有力的对手，节节败退。在这些时候，企业不得不去做决策，对品牌进行更新，对品牌再进行重新定位。

针对上述情况，品牌更新通常有两种选择：一是全部更新，即企业重新设计全新的品牌，抛弃原品牌，这种方法能充分显示企业的新特色，但耗费及风险均较大。二是部分更新，即在原品牌基础上进行部分的改进，这样既可以保留原品牌的影响力，又能纠正原品牌设计上的不足。许多企业在保留品牌名称的基础上对品牌标记、商标设计等进行改进，既保持了品牌名称的一致性，又使新的标记更引人入胜，取得了良好的营销效果。

实例6－4　Gap重新设计其Logo

Gap（美国著名服装品牌）一度抛弃它经典的蓝色Logo，换成一个新的、更有现代感的Logo（如下图所示，左边为Gap新版Logo，右边是旧版的）。可没有想到的是，新的Logo刚一推出，就受到了人们猛烈的抨击。批评者认为新的Logo设计得太业余了，完全无法匹配老版Logo的优雅范儿，甚至有人注册了一个批评这个设计的Twitter账号，发表了一些犀利的评论，例如“如果你到他们的公司里实际考察一下，你会觉得你是在看一部Helvetica字体的纪录片，去他妈的Gary Hustwit！”（Helvetica：一种设计中常用的字体，Gap的新Logo中使用了这种字体。导演Gary Hustwit曾为这种字体拍摄过一部纪录片。）

Gap　GAP

而另一些人认为，他们可以为Gap做出更好的设计。他们开始了非官方的设计比赛。被这些客串Logo设计师的热情所震惊（也想顺便看看有没有免费的设计可以利用），Gap在它的Facebook上发表了一个奇怪的声明，表示他们想要在网上征集大家的设计方案，从中挑选出较好的Logo设计。但是为时已晚，这一事件对品牌已经造成了损害，而且他们的声明看上去更像是在哭着喊着乞求帮助，而不是一个聪明的营销策略。几天之后，Gap取消了一切，并在他们的Facebook上宣布：我们又换回旧Logo啦。“我们意识到我们错过了参与线上社区运动的时机”，他们在Facebook上这样写道。由于这个过失，他们把一次可能变成聪明的线上事件的活动搞成了一个尴尬的错误。

（资料来源、图源：互动中国）

思考：Gap 的 Logo 更新失败给了我们哪些启示？

七、品牌定位决策

品牌定位就是确定企业某品牌产品在目标消费者心目中的形象，使品牌具有自己的特色，并能帮助消费者将其与其他品牌区分开来。在进行品牌定位决策时，可以考虑以下问题再做决定：品牌识别中哪些元素应该成为定位的元素？哪些部分可以引起消费者的共鸣，同时将该品牌与竞争对手区分？谁是主要的目标对象？谁是次要的目标对象？传播的目标是什么？目前的形象需要被放大、强化、开发，还是应该被缓和或者消除？什么是优势点？

品牌定位策略可以归结为以下几种：

1. 独一性定位

独一性是广告诉求的方式，可以作为品牌长期坚持的定位。这实际是从品牌的产品性能、效果出发寻找这种定位主张的支点。比如飘柔“护理头发”、海飞丝“去头屑”、潘婷“滋养头发”、霸王“不掉发”等。再比如劳斯莱斯汽车具有车窗除霜开关，它控制着1 360条看不见的热线网，开关一开，玻璃内的热线网发热，达到除霜目的，此种定位塑造了品牌特色形象。

2. 使用者定位

可以根据使用者的性别、年龄、收入、职业等标准划分不同的消费群体；按性格又可以分为坚强与懦弱、外向与内向、独立与依赖等。从使用者角度出发确定品牌的定位，能给予使用者一种关怀，使其对品牌产生归属感。如“金利来，男人的世界”，弗吉尼亚“苗条”香烟是“女人抽的香烟”。

3. 使用形态定位

消费者在不同的生活情景或时间段有不同的商品需求，从而会形成不同的使用形态。如果消费者在某个生活情景下想起该品牌的产品，那么这个品牌就是成功的。如库尔斯啤酒“夏天喝的啤酒”，米勒啤酒“米勒好时光（周末）”。

4. 比附定位

即当你的品牌与其他品牌相比，没有特殊的优势时，可以依附于市场的领导品牌来定位自己。这样可以避免硬碰硬，也能增加自己的知名度。经典案例如“我们是老二，我们更努力”的艾维斯租车行。

5. 反类别定位

若一些品牌已广泛为消费者所接受和习惯时，你仍以相同的品类形象出现，那么就会被淹没在众多品牌之中。这时你就应该反其道而行，喊出不同的声音，这样往往比较能有效刺激消费者的听觉枢纽。如在可口可乐、百事可乐垄断市场的情况下，七喜汽水提出饮料有“可乐型”与“非可乐型”之分，对“可乐型”饮料不满意的消费者便会尝试着喝“非可乐型”的七喜，这种定位提出了新产品分类的新概念，使本品牌处于创新的领先地位，同时又能借助老产品的声誉扩大影响。

6. 价格定位

对某些产品来讲，价格可以表明使用者的身份，成为地位的代表，如水井坊是中国“最贵的酒”。长期坚持，价格也可凸显差异性，如沃尔玛“天天平价”。

讨论 6－10：请分别从手机、空调、化妆品、汽车等领域列举一些成功品牌定位的例子，讨论它们分别是按照哪些方式进行定位的。

实例 6－5 加多宝的品牌定位

加多宝虽然起源于王老吉，但却胜于王老吉而成为中国凉茶市场的顶尖品牌，它是如何做到的？原因来自正确的品牌定位策略。加多宝是一个饮料公司，有茶饮料、果汁饮料、水等产品，而王老吉最开始只是加多宝公司租赁的一个品牌。他们遇到一个问题：做茶会遇到康师傅、统一，做果汁会遇到汇源、鲜橙多，做水会遇到农夫山泉、怡宝等。所以 2002 年加多宝把一切的精力投在凉茶上。由于市场上还没有做凉茶的，王老吉是独一份，所以，加多宝做了一个抉择，就是全力推进王老吉品牌。王老吉的品牌抢先占位，从第一年的 1.8 亿变成的第二年 6 亿，到后来打破 200 亿。

然而，2012 年的一场官司让加多宝公司失去了王老吉这个品牌，这个品牌一夜之间变成了加多宝的竞争对手。加多宝潜心 17 年培育起的“王老吉”品牌转眼成了别人的囊中之物，这仗该怎样打？对消费者来说，加多宝是一个完全陌生的品牌，如何才能让它进入客户心里呢？这就需要将品牌跟消费者心中已有的观念做衔接。王老吉给我们留下的印象是：怕上火（喝王老吉）、罐装、凉茶、红罐、配方、正宗、滋味……那么，加多宝的广告语应该怎样说？“怕上火，如今喝加多宝。全国销量领先的红罐凉茶改名加多宝，还是原来的滋味，怕上火，喝加多宝。”广告这么做，就是让消费者心中原本对王老吉的印象与王老吉停止关联，转而与加多宝关联起来。加多宝的定位策略取得了成功，据中国食品工业协会发布的 2015 年度饮料行业运行报告显示，饮料制造企业在 2015 年的主营业务收入实现平稳增长，其中加多宝在凉茶的市场份额中拔得头筹。

（资料来源：先知中国；图源：百度百科）

思考： 加多宝的品牌成功定位有哪些值得借鉴之处？

学以致用

目前无论是在国外还是在国内，人们购买商品的眼光越来越挑剔，对名牌的追求持续狂热。试讨论，在大家习惯消费国外名牌的今天，中国的企业品牌应如何发展成名牌？

第三节　品牌设计

品牌是企业无形资产的重要组成部分，是企业所拥有的无可替代的竞争力。拥有品牌就拥有市场。当我们看到可口可乐、百事可乐、肯德基以迅雷不及掩耳之势席卷全球市场时，我们都惊叹品牌之威力。甚至有人说“如果可口可乐全世界的工厂一夜之间被大火烧掉，世界上各大银行都会争相给它贷款”，而这一切，都基于它们完美的品牌设计。

一、品牌设计的含义

关于品牌设计，“仁者见仁，智者见智”，有广义和狭义之分。广义的品牌设计包括战略设计（如品牌理念、品牌核心价值、品牌个性）、产品设计、形象设计、企业形象设计等。狭义的品牌设计是指对品牌名称、品牌标识、品牌形象、包装、平面广告等方面结合品牌的属性、理念、文化、表现进行的设计。简而言之，品牌设计就是指利用品牌元素或元素组合形成风格、表达品牌主题从而进行品牌塑造的过程。

二、品牌设计的指导原则

1. 整体性原则

企业采用品牌战略，会关系到企业的方方面面，甚至会威胁到品牌的生存。因此，品牌设计必须从企业的内外部环境、内容结构、组织实施、组织管理、传播媒介、企业历史、产品结构等方面综合考虑，以利于全面地贯彻落实。具体而言，就是说品牌设计要适应企业内外环境，符合企业的长远发展战略；在实施时，具体措施要配套合理，以免因为某一环节的失误而影响到全局。

2. 以消费者为中心的原则

品牌设计的目的是勾画品牌形象，以方便消费者接受和认可。因此，成功的品牌设计必须能得到目标顾客的接受和认可，否则，即使吹得天花乱坠也没有任何意义。以消费者为中心就要做到：

（1）对目标市场进行调查和了解。通过有效的市场分析进行准确的市场定位，否则品牌设计就是“无的放矢”。

（2）以满足消费者的需要为核心。消费者的需要是企业一切活动包括品牌设计的出发点和归宿。海尔成功的最大奥秘即在于其一切以顾客为中心的企业理念。

（3）尽量尊重消费者的习俗。习俗是一种约定俗成的东西，很难改变。进行品牌设计时应该对习俗给予尊重。利用得当，就是一种机会。

（4）正确引导消费者的观念。以消费者为中心并不表明一切都要迎合消费者的需要，企业坚持自我原则，科学合理地引导也是品牌设计的一大功能。

3. 实事求是的原则

品牌设计应立足于企业的现实条件，依据品牌定位的目标市场和品牌形象的传播要求来进行。要记住，品牌设计不是空中建楼阁。品牌设计需要突出企业的竞争优势和产品优势，但绝非杜撰或编排子虚乌有的故事。坚持实事求是的原则，做到不过分夸张，也不隐瞒问题和回避矛盾，做到扬长避短，努力突出企业的独特优势，并将其真实地展现给公众。

4. 求异创新的原则

求异创新就是要塑造个性鲜明的品牌形象和独特的品牌文化。为此，进行品牌设计时需要充分了解竞争对手的品牌情况，全面深入地了解企业的历史和现状，挖掘企业独特的文化观念，设计与众不同的视觉标识，采用新颖别致的传播手段。当年纯净水刚开始盛行时，所有纯净水品牌的广告都说自己的纯净水纯净。消费者不知道哪个品牌的水是真的纯净或者更纯净的时候，乐百氏纯净水在各种媒介推出卖点统一的广告，突出乐百氏纯净水经过27层净化，对其纯净水的纯净提出了一个有力的支持点。这个系列广告在众多同类产品的广告中迅速脱颖而出，乐百氏纯净水的纯净给受众留下了深刻印象，“乐百氏纯净水经过27层净化”很快家喻户晓。“27层净化”给消费者一种“很纯净，可以信赖”的印象。

5. 两个效益兼顾的原则

在进行品牌设计时，要做到经济效益和社会效益两者兼顾。虽然很多人认为，追求社会效益会有损企业的经济效益，是“花钱买名声”。其实从长远来看，企业在追求经济效益的同时，也努力追求良好的社会效益，反而不会有损经济效益，而是走得更远，所谓“不以赚钱为目的的企业最后都赚得盘满钵满”。企业在追逐利润的同时要注意环境的保护、生存的平衡；在发展生产的同时注意提高员工的生活水平和综合素质，维护社会稳定，在品牌理念设计中体现社会公德、职业道德，坚持一定的道德准则。

讨论6-11：品牌设计除了遵循以上原则外，还要注意哪些问题？

三、品牌设计的内容

品牌设计的内容很多，包括品牌名称设计、品牌标识设计、品牌平面设计、品牌广告设计等。下面主要介绍品牌名称设计和品牌标识设计。

1. 品牌名称设计

对于品牌而言，好的名称等于成功了一半。据调查，在美国，只有12%的品牌名称对销售有帮助；有36%的品牌名称对销售有阻碍；而对销售谈不上贡献者，则高达52%。品牌名称作为品牌的核心要素，会直接导致一个品牌的兴衰。品牌大师艾·里斯说："实际上被灌输到顾客心目中的根本不是产品，而只是产品名称，它成了潜在顾客亲近产品的挂钩。"

好名称的特征是：①一定要体现出与定位相关，如飘柔。②易记、易传播，如娃哈哈、小米、苹果。③有好的寓意，符合目标消费群的心理特征。如日本三菱汽车公司在欧洲销售的 Pajero（帕杰罗）越野车，由于该名称十分接近西班牙语中的"鸟"字，有"卑鄙"的含义，经历数月的麻烦后，只好改名为 Montero（圆猎帽）。④朗朗上口，如可口可乐。

常用的命名方法有十种（如表6－4所示）。

表6－4　常用的品牌名称命名方法

类型	解释	举例
企业名称法	将企业名称作为产品品牌来命名	菲利浦电器、索尼电器、三洋电器、海尔
地域法	以产品生产地的地名来命名	青岛啤酒、贵州茅台、蒙牛、宁夏红
时间法	以与产品相关的历史时间命名	道光廿五、国窖1573
人名法	以名人、明星或企业首创人的名字命名	李宁、阿玛尼、福特汽车、乔丹运动鞋
目标法	将品牌与目标客户联系起来命名	太太乐鸡精、太子奶、商务通、好孩子
数字法	用数字来给品牌命名	三九药业、7－11、三星电子、555香烟
功效法	用产品功效为品牌命名	飘柔、六必治、快易通、泻立停、脑黄金
价值法	凝结企业的愿景或追求来命名	盛大网络、远大企业、兴业银行、同仁堂
形象法	运用动物、植物和自然景观来为品牌命名	七匹狼、宝马、圣象、牡丹香烟、小天鹅
中外法	运用中文和字母或两者结合来命名	TCL、雅戈尔、海信、宝马（BMW）

讨论6－12：企业在给产品品牌命名时，还要注意哪些问题？

2. 品牌标识设计

品牌标识能引发人们对品牌的联想，尤其能使消费者产生有关的联想，便于企业进行宣传。因此，品牌标识设计就显得尤为重要。

品牌标识可以是纯文字的，也可以是图形的，还可以是图形加文字的，如表6－5所示。

表6－5　品牌标识的种类

类型	解释	举例
纯文字类型	纯粹以文字来作为 Logo	SONY　SAMSUNG　lenovo

（续上表）

类型	解释	举例
纯图案类型	纯粹以图案形式来体现	
文字图案兼具型	文字和图案巧妙兼具	BMW　Baidu百度　LittleSwan

品牌标识设计原则：

（1）简洁富有创意。品牌标识设计须简洁、新颖、独特、一目了然，给消费者强烈的视觉冲击。苹果（Apple）电脑是全球五十大驰名商标之一，其“被咬了一口的苹果”标识非常简单，却让人过目不忘。创业者当时以苹果为标识，是为纪念自己在大学读书时，一边研究电脑技术，一边在苹果园打工的生活，但这个无意中得来的标识恰恰非常有趣，让人过目难忘。苹果电脑作为最早进入个人电脑市场的品牌之一，一经面市便大获成功，这与其简洁明了、过目不忘的标识设计密不可分。

（2）准确表达品牌特征。从营销的视角来看，品牌标识的设计要以产品特质为基础，准确传递产品信息，彰显品牌利益，体现品牌价值和理念，传递品牌形象。“M”只是个非常普通的字母，但是在许多小孩子的眼里，它不只是一个字母，它代表着麦当劳，代表着美味、干净、舒适。同样是以“M”为标识，与麦当劳（McDonald's）圆润的棱角、柔和的色调不一样，摩托罗拉（Motorola）的“M”标识棱角分明、双峰突出，以充分表达品牌的高科技属性。

（3）设计布局合理，富有美感。品牌标识设计在线条和色彩搭配上应遵循布局合理、对比鲜明、清晰简化、隐喻象征恰当的原则。百事可乐的圆球标识是成功设计的典范，圆球上半部分是红色，下半部分是蓝色，中间是一根白色的飘带，视觉效果极佳，白色的飘带好像一直在流动着，使人产生一种欲飞的感觉，这与喝了百事可乐后舒畅、飞扬的感官享受相一致。

（4）设计要通俗易懂，符合消费者的认知习惯。品牌标识在图案和色彩上的运用要做到简洁明了、通俗易懂、鲜明醒目、容易记忆，并符合消费者的风俗习惯和审美价值。

在字体方面，首先要体现产品特征，例如食品品牌字体多为明快流畅，以表现食品带给人的美味与快乐；化妆品品牌字体多为纤细秀丽，以体现女性的秀美；高科技品牌字体多为锐利、庄重，以体现其技术与实力；男人用品字体多为粗犷、雄厚，以表达男性特征。其次，要容易辨认，不能让消费者去猜，否则不利于传播。最后，要体现个性，与同类品牌形成区别。

在色彩的运用上，一方面要明白不同的色彩会有不同的含义，给人不同的联想，适用于不同的产品。当然，作为个体的人，对于色彩的感觉有时会差异很大，由于人们的生活经历不同，红色可以让人联想到暴力和恐怖，白色也可以让人联想到生病、死亡等。另一方面，相同的颜色也会因为地区、文化、风俗习惯的差异而产生不同的联想。因此，进入不同的国家和地区，有时需要对色彩进行调整。

满足情感诉求。设计时要考虑人们的情感诉求，给人们美好的感受。比如具有浓郁的现代气息，极强的感染力，给人以美的享受或使人产生丰富美好的联想。

在品牌设计中，色彩的选择需考虑商品、对象、季节、文化和时代等特点。

实例6-6　小米构建强势品牌的模式

小米成立于2010年，从零起步，三年后估值100亿美金，2014年营收突破700亿元，2015年营收继续走高至780亿元，这绝对是以火箭速度上升的品牌。小米手机短短三年成为知名品牌，打破了品牌难以在短期内突破的误区；小米手机在广告投入上极其有限，打破了品牌需要大规模投入的怪圈；小米手机以工程师为主要的团队，通过一群技术达人做成了中国上升速度最快的品牌，突破了品牌需要强大专业支持的藩篱。

小米手机是如何做到的？其关键就在于“一二三模式”。

一、本质层——烙印

在小米手机没有出现之前，小米不过是一种谷物的代名词。正如在2007年之前，提到苹果，人们更多地认为是一种水果，当苹果公司推出iphone之后，苹果逐渐成为手机的代名词。在结果层面，小米已经成功改变了人们对于小米的原有烙印，在手机的认知中建立了强有力的地位。这也得益于他们对品牌本质的理解。品牌最关键就是烙印。烙印第一点就要求好记。与苹果有异曲同工之处在于，“小米”这个名称起得非常好。基本上属于看到、听到就能记住这种，所以很容易转化为烙印。

二、战略层——品类+聚焦

小米手机出生那年，正是苹果风头正劲、三星奋起直追、诺基亚节节败退、其他品牌摩拳擦掌的时候。手机领域绝对是不折不扣的红海，光一线品牌就有数十个，小米手机凭什么能够脱颖而出？关键的第一个切入点就是品类。当时，智能手机已经完成了初步普及，成为人们熟知的手机品类。作为后进入品牌，小米开创了新品类，其重点强调了“互联网手机”这个概念。小米的Logo是一个“MI”形，是Mobile Internet的缩写，代表小米是一家移动互联网公司。

第二个切入点——聚焦。小米为了强化其“互联网手机”的定位和不同，开展了深度聚焦。首先，借鉴苹果的成功，小米同样聚焦单一产品，只做一款手机，而且是不计成本地做最好产品。小米基本上都采用苹果的供应商。譬如他们是第一个采用高通4核1.5G芯片的手机。只做单一手机，用雷军的话讲，“互联网就是一种观念”，“少就是多，大道至简”。其实，从品牌定位的角度来看，当你越聚焦、越简单，你的品牌越容易进入顾客的心里，成为某一品类的代名词。其次，小米把营销和渠道都放在互联网上，开创了互联网手机惜售模式，通过模式的创新来改变传统手机的成本结构，达成最高的性价比。小米成为互联网手机的代名词，小米科技也成为典型的移动互联网公司。

三、战术层——三大体系

小米的品牌理念体系非常简单，“为发烧而生”是小米的产品理念，也是小米的品牌理念。小米公司对外宣称其首创了用互联网模式开发手机操作系统、60万发烧友参与开发改进的模式，并强调自己是一家专注于高端智能手机自主研发的移动互联网公司。这进一步强化了其互联网手机的定位。此外，小米的Logo倒过来是一个心字，少一个点，意味着小米要让其用户省一点心，进一步强化了情感价值和诉求。“为发烧而生”这一理念既是品牌核心价值，又是品牌口号，如此简单，以至于小米手机与发烧友建立了紧密的关联认知。

小米的品牌传播体系以创意见长。在公司介绍中，他们如是表述：“小米人都喜欢创新、快速的互联网文化。小米拒绝平庸，小米人任何时候都能让你感受到他们的创意。”在品牌传播中，我们确实看到了这种创意。从 MIUI 开始，小米就鼓励公众（尤其是发烧友）参与开发，他们每周五发布新版本供用户使用，开发团队根据反馈的意见不断改进，此后的米聊和小米手机皆是如此，这就形成了以发烧友为原点而带动的口碑营销。线下小米借鉴了车友会的模式，举办各地小米粉丝的同城聚会，把他们的消费方式变成聚会娱乐方式，营造了一种新的发烧友生活方式。这样就增加了群体的黏性，在聚会过程中提供各种手机配件和相关礼物，通过大家的互动交流，也使米粉变得很抱团。

小米的品牌管理体系是一种全员驱动的品牌管理。作为小米的创始人，雷军时刻不忘利用自己的影响力来推广小米，成为小米名副其实的代言人。除了雷军外，还有雷军系的朋友们成为小米的铁杆粉丝群。记得小米发布前夕，雷军作为天使投资人投资过的一帮创业公司的朋友，为了支持这位老哥，录制了一段视频，集体摔掉各自的手机，换成了小米。后来，雷军甚至利用其投资的凡客来出售小米。雷军以及雷军的朋友们用实际行动为小米的传播推波助澜。除了外围这些名人，小米形成了一种以用户反馈为驱动的参与研发机制，用户的反馈会驱动小米整个组织快速改进，这样小米的产品就衍变成一种顾客导向并不断进化升级的有机体。所以，小米有一个独特的策略是卖工程机。其目的就是要让消费者参与其中，有任何的意见都可以反馈，小米会迅速给予回应，这样就进一步加强了顾客的参与感和拥有感，让整个品牌管理变成了一种顾客驱动的组织管理。

（资料来源：创业邦）

思考：小米这种构建强势品牌的模式能不能复制？如果能复制，需要注意哪些点？

学以致用

从日常生活中寻找一个品牌，对该公司的品牌名称、品牌 Logo、品牌形象、品牌文化等方面的设计进行调查与评价，并提出自己的建议。

测试你掌握的知识

1. 简单解释什么是品牌。
2. 举例说明品牌的种类。
3. 从日常生活中的某一品牌来解释品牌的识别体系。
4. 什么是品牌资产？品牌资产的“五星”模型中，哪个要素是最重要的？
5. 品牌决策有哪些方面的决策？
6. 列出并解释品牌定位的方法。
7. 怎样来进行品牌命名？需要注意哪些问题？
8. 品牌标识设计需要注意哪些问题？

实训模块 6　品牌设计

按 4 ~6 人为一小组成立一家企业，为企业的一种产品进行品牌设计，设计品牌名称及品牌 Logo；编写品牌故事，描述品牌个性及品牌的核心价值。

具体操作步骤可参考配套实训教材，也可扫描二维码登录实干邦平台进行实训操作。

第七章　量化价值——定价策略

不是用价格去销售，而是要销售价格。

——菲利普·科特勒

【学习目标】

1. 掌握企业定价的流程和方法。
2. 掌握企业定价的策略。
3. 掌握企业价格调整策略。

【思维导图】

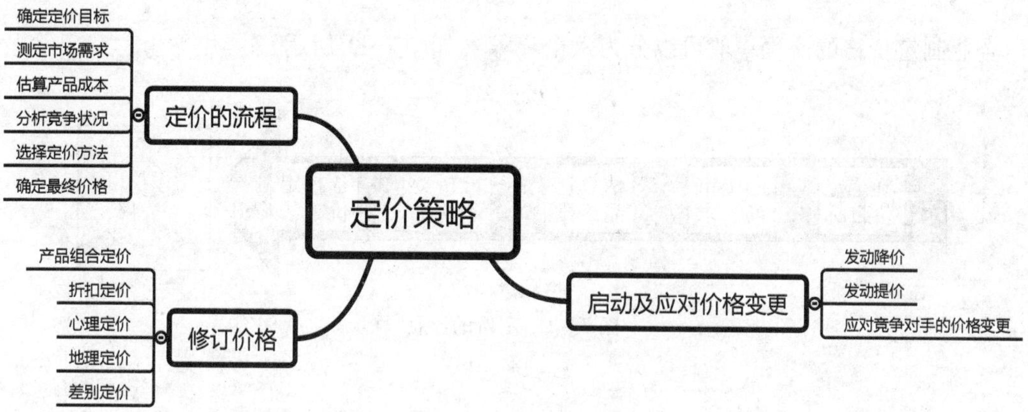

【营销实战】

OPPO R9 为何敢卖 2 999 元

目前，手机市场同质化竞争并非无差异化，2 000 ~3 500 元价位段的手机市场应该处于"垄断竞争市场"，三星、OPPO、vivo 一直占据着该价位段，后来者是华为、小米。在小米 5 发布之后，一大波新品开始上市，三星 S7、vivo Xplay5，而 OPPO 的 R9 未发布就开始了线下预约，预约价格为 2 999 元，比上一款 R7 发布时的 2 499 元整整提高了 500 元。虽然小米、vivo、OPPO 的目标人群似乎都是年轻人，但是人群仍然存在细分。小米一直走低价策略，因此培养了一大群追求低价的用户。vivo 主打音乐爱好者群体。OPPO 的人群定位则是"挑剔时尚的年轻人"，特别是 R 系列主打"纤薄设计·至美外观"。OPPO 一直以来都擅长通过娱乐节目冠名等国际通用方式塑造品牌，使其品牌更丰满、触及的群体更广泛，这群消费者追求时尚，具有一定的消费能力。

（资料来源：东方头条网）

思考：OPPO R9 定价 2 999 元是否合理？它的定价依据有哪些？

在营销组合中，价格是带来收入的唯一要素，其他要素只产生成本。价格可以非常迅速地变化，还可以向市场传递所期望的价值定位。然而，定价决策是很复杂的过程，需要考虑一系列的因素：企业及其营销战略、目标市场和定位、顾客、竞争和营销环境。有效地设计和实施定价战略不仅要求理解消费者的定价心理，还要求掌握制定、调整和改变价格的系统方法。

第一节　定价的流程

企业制定价格的流程一般可以分为六个步骤（如图 7 – 1 所示）。

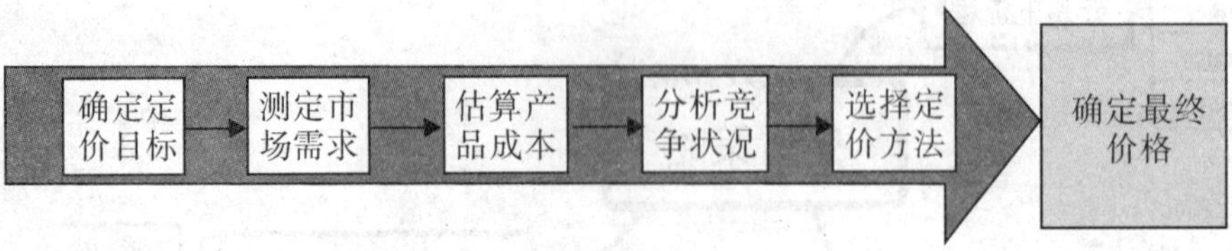

图 7 – 1　定价的流程

一、确定定价目标

企业价格的制定是一种有计划、有步骤的活动，是实现企业营销目标和总战略的具体工作。利润、竞争、投资收益率等都是企业常见的定价目标，值得注意的是，每种目标都有其适用的状况，企业应视自己所处的情况与条件来选择恰当的定价目标（如表 7 – 1 所示），以便在定价的过程中能有所依据，且在整体环境有所变化时能机动地运用，而非静观其变、错失良机。

表 7 – 1　企业营销目标

企业目标	说明
生存目标	当企业受到生产能力过剩、激烈竞争和顾客需求变化困扰时，往往会把生存作为主要的追求目标。此时生存比利润更重要，只要他们的价格能补偿变动成本和部分固定成本，他们就可以继续生产经营，以等到情况改变或其他问题得到克服后再求发展

（续上表）

企业目标	说明
投资收益率目标	企业在估算费用和期望利润的基础上，计算出毛利（或纯利）标准，加在产品的成本上作为销售价格。企业通过定价，使其投资在一定时期里能够获得一定的投资报酬
市场占有率目标	把保持和提高企业的市场占有率作为一定时期的定价目标。市场占有率的高低，比投资收益率更能说明企业的营销状况。企业希望用较长时间的低价策略来扩充目标市场，尽量提高企业的市场占有率
应付和防止竞争目标	企业为了阻止新的竞争对手进入同一市场，往往可采取定低价的办法，使竞争对手意识到如果进入此市场，所得将非常微薄，而且会卷入价格战而不能自拔，这样就可尽量减少竞争对手的数目
塑造形象目标	新企业为塑造一定的市场形象或老企业欲改善自身的市场形象而确定的定价目标。企业或为维护其重信誉、高质量的形象而把产品价格定得高，或为树立企业产品物美价廉的形象而把产品价格定得低

实例 7－1　宜家的定价策略

当瑞典家居装饰巨头宜家 2002 年在北京开设第一家分店时，来宜家的人大多是来占便宜的——吸收新的设计理念、享用免费空调。宜家的旁边就是售卖仿制宜家家具设计的商店，而且价格较低。宜家吸引中国价格敏感且节俭的顾客的唯一方法就是大幅度地降低价格。宜家的中国店通过购买中国生产的产品，才能将价格降到比其他地方低 70%。这种措施奏效了。顾客排队购买宜家低价的产品。

在中国的西方品牌，如化妆品和运动鞋，通常会将产品价格定为高于其他市场 20%～30%，既是为了弥补中国高额的进口税，也是为了给产品附加声望。但是宜家凭借其在中国家居用品市场 43% 的市场份额证明，它掀起了定价的新潮流。

（资料来源、图源：《营销管理》）

思考：宜家家居的定价目标是什么？它是如何实现其目标的？

二、测定市场需求

每种价格都会导致不同水平的需求，因此会对企业的营销目标产生不同的影响。价格变动与需求变动之间的关系可以通过需求曲线获得。一般情况下，需求和价格存在反向关系：价格越高，需求越低；反之亦然。但是，对于某些高声望的商品来说，需求曲线有时会有正斜率，这是因为消费者认为较高的价格意味着更好的品质。但是，如果价格定得太高，需求水平也会降低。

营销人员必须知道需求对于价格变动是如何反应的，或者说弹性是多少。当需求价格弹性大于1时，称为需求富有弹性；当需求价格弹性小于1时，称为需求缺乏弹性。不同的商品其需求价格弹性系数的大小不同。影响需求价格弹性系数的因素有很多（如表7-2所示）。

表7-2　影响需求价格弹性的因素

影响因素	说明
商品的可替代性	一种商品的可替代品越多，替代程度越高，则该商品的需求价格弹性就越大；相反，一种商品的替代品越少，替代程度越低，该商品的需求价格弹性就越小
商品用途的广泛性	一种商品的用途越广泛，它的需求价格弹性就可能越大；用途越狭窄，它的需求价格弹性就越小。如果一种商品具有多种用途，当它价格较高时，消费者只购买较少的数量用于最重要的用途；当它的价格下降时，消费者会增加购买，将商品越来越多地用于其他用途
消费者需求程度	生活必需品的需求价格弹性较小，而非生活必需品的需求价格弹性较大
使用时间的长短	非耐用品的需求价格弹性较大，而耐用品的需求价格弹性较小
该商品支出在总支出中所占的比重	消费者对该商品的支出在消费者整个总支出中占的比重越低，该商品的需求价格弹性就越小；若对该商品的支出在整个总支出中占的比重越高，需求价格弹性就越大
消费者收入水平	同一商品对不同收入水平的人来说，需求价格弹性是不同的，一种产品对于高收入水平的人来说可能是必需品，需求价格弹性小，但对于低收入水平的人来说则可能是奢侈品，需求价格弹性大

一种商品需求价格弹性的大小是各种因素综合作用的结果，所以，在分析一种商品的需求价格弹性的大小时，要根据具体情况进行综合分析。

讨论7-1： 对于缺乏弹性的商品和富有弹性的商品，企业应该分别采用怎样的价格策略才能提高销售收入？为什么？

三、估算产品成本

任何企业在制定商品价格时，都要进行成本估算。企业商品价格的最高限度取决于市场需求及有关限制因素，而最低价格不能低于商品的经营成本费用，这是企业价格的下限（这里不包括短期的、由于某种原因个别品种的价格低于其费用的情况），低于这个限度，企业将无法维持再生产和继续经营。因此，制定价格要在企业目标已定、市场需求已摸清的情况下进行。

1. 产品成本的基本构成

产品成本是指在产品生产过程和流通过程中所消耗的物资资料和支付劳动报酬的总和。一般由固定成本和变动成本两部分构成。

总成本（TC）＝固定成本（FC）＋变动成本（VC）

固定成本是与企业的产量无关的费用，不随产品生产或销售收入的变化而变化。变动成本是企业直接用于产品生产和销售的各种费用之总和，随生产水平的变化而直接发生变化。

2. 企业定价时考虑的成本问题

产品成本是企业经济核算的临界点，一般来说，价格必须高于平均总成本，这是企业再生产最基本的条件。在特殊情况下，当高于平均总成本的价格难以被顾客接受时，产品价格可以低于平均总成本，但必须高于平均变动成本。这种做法是暂时不考虑固定成本，仅考虑变动成本；当销售量增加到一定数量时，价格高出变动成本部分（边际贡献）足以抵偿产品的固定成本，以后销量继续增加，企业就会赢利。企业在定价时，不应当将成本孤立地对待，而应当将产量、销量、效率、价格、成本综合起来考虑。同时，还应当与其他不同产品的价格进行比较，合理地确定不同产品间的比价，反映它们的社会价值之间的比例关系，以符合等价交换的原则。

四、分析竞争状况

在由市场需求和公司成本所决定的价格范围内，企业还必须考虑竞争对手的成本、价格和可能的价格反应。对竞争状况的分析，主要包括三个方面的内容：

1. 分析企业竞争地位

企业及其产品在市场上的竞争地位对最后制定价格有重要的意义，要在企业的主要市场和竞争能力方面做出基本的估计，列出企业目前处于何种状况，并在分析过程中考虑有关重要的非商品竞争能力，如服务质量、渠道状况、定价方法等。

2. 协调企业的定价方向

企业要从各种公开发表的财务资料或其他材料中，或者从以购物者身份索要的价目表中了解竞争对手产品的价格，以使本企业价格的制定更主动。这方面工作要考虑到企业的定价目标及策略。如企业为了避免风险，可采用“随行就市”的方法，跟着行业中主导企业的价格、主要竞争对手的价格走；也可以在与竞争企业中主导企业的产品做全面比较后，决定高于或低于竞争企业的价格。但要注意，当企业在一个行业中单独制定较高或较低的价格，提价或降价都应意识到风险的存在，应做全面的分析，并配合各项有力措施。

3. 估计竞争对手的反应

企业要把即将可能采用的价格及策略排列出来，分析、估计和预测采用某些具体价格策略可能引起的主要竞争对手的反应，如财务、技术、管理方面的优势和劣势，非价格因素的长处与缺点，现行的营销策略以及竞争对手的反应的历史资料，使企业的有关决策人员知己知彼，从而制定相应的策略和采用适当的方法。

讨论 7－2：走进超市，500 毫升的矿泉水有的售价 1.5 元，有的售价 2 元，有的甚至售价十几元，同品种的商品为什么价格会不同？

实例 7－2　Uber CEO 吐槽：同滴滴快的 1 年价格战损失了 10 亿美元

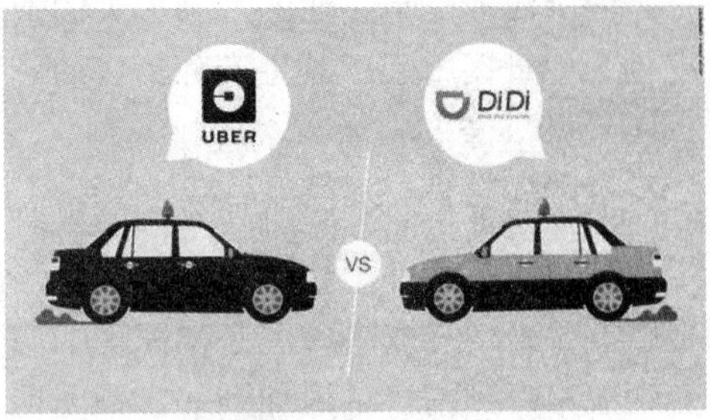

2016 年 2 月，Uber 表示在 2015 年中，因为同滴滴快的进行“价格大战”，使他们损失了 10 亿美元。据公司行政主管称，Uber 2015 年在中国亏损高达 10 亿美元，主要归咎于与中国本土的竞争者滴滴快的进行的激烈价格战。Uber 中国在 2016 年 1 月公布，在最新一轮融资中筹资十多亿美元后，公司估值现已超过 80 亿美元。但这一美国叫车软件由于激烈的市场竞争在中国大陆竟然处于亏损状态。Uber 和滴滴快的（由中国科技巨头腾讯控股有限公司和阿里巴巴集团控股有限公司作为主要投资方）在补贴费用方面花费巨大，只为争占市场份额，它们认为在未来中国将成为互联网交通最大的市场。Uber CEO 曾表示，在这样的价格战中，谁投入更多谁就能获胜，并且 Uber 旨在通过更有效的支出部署来打败滴滴快的。如今，Uber 在中国 40 多座城市运行，并计划在 2016 年年末普及 100 座城市。

（资料来源、图源：网易科技网）

思考：Uber 降价的原因是什么？设想 Uber 的竞争对手会有什么反应？

五、选择定价方法

在制定价格时，需要考虑成本、顾客需求和竞争对手的价格等因素。首先，成本是最低价格；其次，竞争对手的价格提供了制定价格的参考点；最后，消费者对产品独特属性的评价决定了产品的最高价格（如图 7－2 所示）。

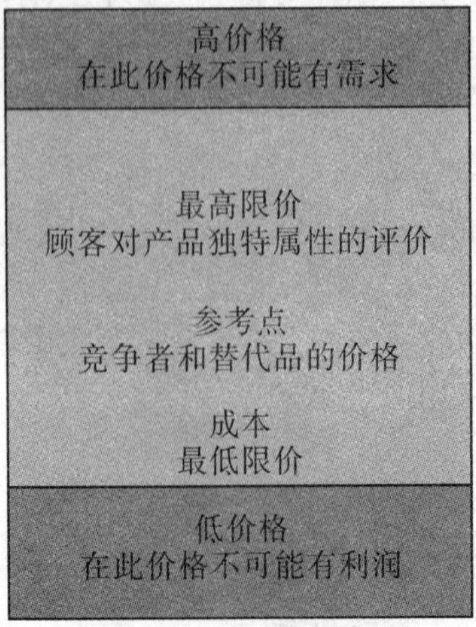

图 7－2　用于定价的模型

1. 成本导向定价法

成本导向定价法是以企业的生产成本作为定价基础的定价方法。其主要理论依据是，在定价时，首先要考虑收回企业在生产经营中投入的全部成本，其次再考虑获得一定的利润。

（1）成本加成定价法。指按照单位成本加上一定百分比的加成来制定产品销售价格，加成的含义就是一定比率的利润。其计算公式如下：

$$\text{单位产品价格}=\text{单位产品成本}\times(1+\text{加成率})$$

其中，加成率即为预期利润占产品成本的百分比。

讨论 7－3： 某企业生产电视机，年产销量可达 8 000 台，总固定成本为 800 万元，每台电视机的可变成本为 2 000 元。如果该电视机厂商欲获取 20% 的加成率，请计算电视机的单价（不含税）。

（2）目标收益定价法。企业通过决定目标投资回报率来确定产品的价格，许多企业都在使用这种方法。其计算公式如下：

$$\text{单位产品价格}=\frac{\text{总固定成本}+\text{总目标利润}}{\text{预期销售量}}+\text{单位产品变动成本}$$

2. 需求导向定价法

这是根据市场需求强度不同、消费者对价格的不同心理反应来确定产品价格的一种新型定价方法。在现代，价格被看作是企业为消费者提供的一种选择，只有这种选择与消费者的承受能力、价格心理相一致时，价格才为消费者所接受，商品的交易才会产生。这种定价方法的具体做法有：

（1）感知价值定价法。感知价值定价法是以消费者对产品价值的理解和感受程度来确定产品价格的一种方法。企业必须传递价值主张所承诺的价值，顾客也必须认识到这些价值。企业利用营销组合中的非价格变量，如广告等在购买者心目中建立和增强感知价值。顾客对于产品性能质量的印象、渠道的可交付性、保修、顾客支持以及供应商的品牌可信度等因素都会影响顾客的感知价值。此外，每位潜在顾客对这些因素会赋予不同的权重，从而划分为价格型消费者、价值型消费者、忠诚型消费者三类。对于这三种群体，企业需要制定不同的战略。对于价格型消费者，企业需要提供简易型产品和较少的服务；对于价值型消费者，企业必须不断创造新的价值并积极重申其价值；对于忠诚型消费者，企业要增进与消费者的联系。感知价值定价法的关键是传递比竞争对手更多的价值，并展现给潜在消费者。

实例 7－3　星巴克咖啡——品味不一样的人生

星巴克是美国西雅图的一家全球连锁企业，在世界各地拥有 2 万多家分店。星巴克在进

入中国市场以来，每星期要接待500多万顾客，而这些顾客一般每个月都要光顾18次。星巴克的一杯普通的咖啡最低消费是21元，这是一个相当高的价格，但即使如此，也挡不住穿着随意的年轻人来喝咖啡的热情。

星巴克咖啡的确好喝，但星巴克咖啡店内弥漫的高雅、亲切、欢快、舒适的氛围远远超过其产品本身。起居室般的家具摆设、典雅的色调、热情的招待、浓浓的咖啡香、咖啡机煮咖啡发出的“嘶嘶”声，所有这一切在星巴克咖啡馆都是那么和谐而有序，使每一位光顾者沉浸在舒心、自在的享受中。因此，尽管星巴克咖啡的价格比别的店里咖啡的价格贵出不止一倍，可人们还是乐此不疲。星巴克的产品不但有咖啡，而且还有咖啡店的体验。

（资料来源：中国营销传播网、亿邦动力网；图源：星巴克官网）

思考：请结合该案例，谈一谈采用需求导向定价法应具备的前提条件。

（2）需求差异定价法。这种定价的方法是以需求对象、需求地点、需求时间，特别是需求强度的差异为依据来进行产品定价的方法（如表7－3所示）。

表7－3　需求差异定价法

需求不同	举例
需求对象不同	其收入有明显差别，对同一产品的价格看法也有差别，因此企业可以根据高、中、低不同收入的对象制定不同的价格。例如，出租同一套房，对本国人和外国人制定不同的房价
需求地点不同	各地消费者的生活水平不一致，对同一产品愿意出的价格也不一样，企业应分别对待，给予不同的价格优惠。例如城市和农村、发达地区和落后地区的区别对待
需求时间不同	旺季价格应高些，淡季价格应低些
需求强度不同	如果一些消费者对某一产品有强烈需求，寻找了相当长的时间，一见到有这一产品出售，便如饥似渴地马上购买，甚至抢着购买，这时应定较高价格，相反则应定较低价格

3. 竞争导向定价法

竞争导向定价法是以竞争品的价格为基础来制定本企业产品价格的定价方法。一般有三种情况：第一是与竞争品价格一样；第二是高于竞争品价格；第三是低于竞争品价格。具体采用哪一种，要根据产品特性、产品所处的生命周期以及企业的定价目标来决定。具体方法有以下三种：

（1）行情定价法。行情定价法又称为随行就市定价法。它是以同行业竞争品现行的平均价格水平为基础，再适当考虑本企业产品的质量、成本等方面的因素，来确定产品价格的定价方法。这种方法是最简单、最常见的方法。这种方法定价风险小，因为它的价格随行就市，消费者容易接受，竞争对手能卖出去，本企业也能卖出去。同时能与竞争对手“和平共处”，避免激烈的价格竞争。

（2）竞争价格定价法。这种定价方法是企业立足于市场竞争而对自己产品进行定价的方法。它一般为实力雄厚、产品具有特色的大企业所采用。这种定价方法一般采用低价以抢占市场，提高自己产品的市场占有率，甚至排斥和兼并中小企业。实行这种定价方法的企业一定要慎重行事，要充分分析市场形势和竞争对手的实力及特点，然后确定自己的价格。

（3）投标定价法。这种定价方法是招标人通过引导卖方竞争的方法来寻找最佳合作者的一种有效途径。拍卖的一项主要用途是处置多余的存货或使用过的物品，另一项用途是低价采购产品和服务。各类拍卖方法及其定价程序如表 7－4 所示。

表 7－4　拍卖的方法与定价程序

拍卖的方法	定价程序
英式拍卖（升价出价）	在拍卖过程中，拍卖人宣布拍卖标的物起叫价及最低增幅，竞买人以起叫价为起点，由低至高竞相应价，当最高竞价者以三次报价无人应价后，响槌成交，但成交价不得低于保留价
荷兰式拍卖（降价出价）	也称“高估价拍卖”。在拍卖过程中，拍卖人宣布拍卖标的物起叫价及降幅，并依次叫价，第一位应价人响槌成交，但成交价不得低于保留价
投标式拍卖	又称“密封递价拍卖”。拍卖人事先公布拍卖标的相关情况以及拍卖条件，其中又有公开底价和不公开底价两种形式。竞买人需在规定时间内将其竞价载入密封标单交拍卖人，再由拍卖人在规定时间内统一开标，择优选取中标者
计划在线式拍卖	利用互联网在网站上公开发布将要招标的物品或者服务的信息，通过竞争投标的方式将它出售给出价最高或最低的投标者。在线拍卖降低成本，并扩大其供应商和顾客的数量

讨论 7－4： 讨论以上几种拍卖定价法的适用范围，并举例说明。

六、确定最终价格

定价方法缩小了最终价格的选择范围。在选定最终价格时，企业必须考虑其他的一些附加因素，例如，其他营销活动的影响、企业的定价政策、收益与风险分担定价以及价格对其他企业的影响。此外，营销人员需要知道与制定价格相关的法规，如《中华人民共和国价格法》和《中华人民共和国反不正当竞争法》等都是企业定价的重要依据。

学以致用

某企业投入固定成本为600万元，单位产品变动成本为5元，预计销售量为80万件，若企业定价目标为实现目标利润200万元，请计算该产品的销售价格。

第二节 修订价格

企业通常不会制定单一的价格，而是通过价格体系反映以下方面的差异：细分市场需求、购买时间、订购等级、送货频率、地域需求与成本、服务与担保等。另外，由于存在折扣、折让和促销的情况，企业很少能从所售的每件产品上获得相同的利润。因此，我们要进行价格修订。

一、产品组合定价

当产品只是某一产品组合的一部分时，企业必须对定价方法进行调整。这时，企业要定出一系列价格，使整个产品组合和利润实现最大化。因为各种产品之间存在需求和成本的相互联系，而且会带来不同程度的竞争，所以组合定价十分困难。

1. 产品大类定价策略

通常，企业开发出来的是产品大类而不是单一产品。当企业生产的系列产品存在需求和成本的内在关联性时，为了充分发挥这种内在关联性的积极效应，需要采用产品大类定价策略。在定价时，首先确定某种产品的最低价格，它在产品大类中充当领袖价格，以吸引消费者购买产品大类中的其他产品；其次，确定产品大类中某种商品的最高价格，它在产品大类中充当品牌质量和收回投资的角色；最后，产品大类中的其他产品也分别依据其在产品大类中的角色不同而定价不同。

2. 选择产品定价策略

所谓选择产品定价策略是指在顾客购买相关商品时，提供多种方案供顾客挑选，以鼓励顾客更多地购买商品，如真功夫的优惠套餐。

3. 互补产品定价策略

互补产品是在功能上互相补充、需要配套使用的产品，如剃须刀与刀片、打印机与墨盒。耐用性强的产品称为“基础产品”或“互补产品中的主件”，而发挥辅助功效、易耗的产品称为“辅助产品”或“互补产品中的次件”。互补产品的价格相关性表现在它们之间需求的同向变动上，制造商经常为主要产品（剃须刀和打印机）制定较低的价格，而为附属产品制定较高的加成。

4. 分部定价策略

服务性企业经常收取一笔固定费用和可变的使用费。一般来说，固定费用应足够低以吸引消费者购买，而利润可以通过收取较高的使用费来弥补。

5. 副产品定价策略

在许多行业中，在生产主产品的过程中常常有副产品，如生产肉类、化工品等。如果副产品价值很低，处理费用昂贵，就会影响到主产品的定价。制造商确定的价格必须能够弥补副产品的处理费用。如果副产品对某一顾客群有价值，就应该按其价值定价。副产品如果能带来收入，将有助于公司在迫于竞争压力时制定较低的价格。

6. 产品包定价策略

企业通常将产品捆绑在一起，然后制定一个价格。这一组产品的价格低于单独购买其中每一种产品的费用总和。因为顾客可能并不打算购买产品包中所有的产品，所以这一组合的价格必须有较大的降幅，以促使顾客购买。

讨论7-5：请分别举例说明以上六种产品组合定价策略。

二、折扣定价

企业为了鼓励顾客及早付清货款、大量购买、淡季购买，还可以酌情降低其基本价格。这种价格调整叫作折扣定价。常见的折扣定价策略有六种（如表7-5所示）。

表7-5　折扣定价策略

折扣定价策略	方法
现金折扣策略	也称“付款期折扣”，其目的在于鼓励购买者尽早付款以加速企业资金周转。购买者如以现金付款或提前付款，可以在原商品价格的基础上享受一定的价格优惠折扣
数量折扣策略	这种折扣是企业给那些大量购买某种产品的顾客的一种折扣，以鼓励顾客购买更多的物品。数量折扣包括累计数量折扣和一次性数量折扣两种形式
功能折扣策略	又叫“贸易折扣”，是制造商给某些批发商或零售商的一种额外折扣，促使他们执行某种市场营销功能（如推销、储存、服务等）
季节折扣策略	企业给那些购买过季商品或服务的顾客的一种减价，使企业的生产和销售在一年四季保持相对稳定
价格折让策略	折让是为了促使经销商参与某个特殊活动而设计的额外优惠政策。抵换折让是指在购买新产品时，把用旧的产品交回厂商换取新产品的折扣。促销折让是指愿意配合企业做产品促销活动的经销商所给予的一种价格折让

三、心理定价

心理定价策略是指在进行价格决策时，以消费者心理状况为主要因素进行定价，一般在零售企业中对最终消费者应用得比较多。常见的心理定价策略有五种（如表7－6所示）。

表7－6　心理定价策略

心理定价策略	方法
声望定价	企业利用消费者仰慕名牌商品或名店的声望所产生的某种心理来制定商品的价格，故意把价格定高。该定价方法主要有两种目的：第一能提高产品形象，第二能满足某些消费者对地位和自我价值的追求
尾数定价	这种方法常常以一些奇数和吉利数字结尾，或者定价时保留小数点后的尾数，使消费者产生价格低廉和卖主经过认真的成本核算才定价的感觉，从而使消费者对企业产品及其定价产生信任感
整数定价	高档名贵的产品宜采用整数定价策略。把产品价格定为整数，会使消费者感到产品的档次高、价值大，满足某些消费者追求高消费或显示身份的心理
招徕定价	零售商利用部分顾客求廉的心理，特意将某几种商品的价格定得较低以吸引顾客
习惯定价	许多产品，尤其是日用消费品，其价格一旦固定下来，习惯了这一价格的消费者在心理上会形成一种价格倾向和定势。这类产品的价格一般不宜轻易变动，否则，价格高了，会引起涨价的社会影响，价格低了会引起对产品的怀疑

四、地理定价

一般来说，一个企业的产品，不仅要卖给当地顾客，还要卖给外地顾客。而卖给外地顾客，把产品从产地运到顾客所在地，就需要支付装运费。所谓地理定价策略，就是企业要决定是否对边远地区的顾客收取较高的价格以弥补运输成本。另外，还要决定如何收款，尤其是对国外购买者。常见的地理定价策略有五种（如表7－7所示）。

表7－7　地理定价策略

地理定价策略	方法
FOB原产地定价	即顾客（买方）按照出厂价购买某种产品。企业（卖方）只负责将这种产品运到产地或某运输工具（如卡车、火车、船舶、飞机等）上交货。交货后，从产地到目的地的一切风险和费用概由顾客承担
统一交货定价	即企业对于卖给不同地区顾客的某种产品，都按照相同的出厂价加相同的运费（按平均运费计算）定价。也就是说，对全国不同地区的顾客，不论远近，都实行一个价
分区定价	即企业把全国（或某些地区）分为若干价格区，对于卖给不同价格地区顾客的某种产品，分别制定不同的地区价格。距离企业远的价格区，价格定得较高；距离企业近的价格区，价格定得较低。在各个价格区范围内实行一个价

（续上表）

地理定价策略	方法
基点定价	即企业选定某些城市作为基点，然后按一定的出厂价加上从基点城市到顾客所在地的运费来定价，而不管货实际上是从哪个城市起运的。有些公司为了提高灵活性，选定许多个基点城市，按照离顾客最近的基点计算运费
运费免收定价	即企业替买主负责全部或部分运费，企业采用运费免收定价，一般是为了与购买者加强联系或开拓市场，通过扩大销量来抵补运费开支

五、差别定价

所谓差别定价，也叫价格歧视，是指企业按照两种或两种以上不反映成本费用的比例差异的价格销售某种产品或服务。差别定价主要有四种形式（如表7－8所示）。

表7－8　差别定价策略

差别定价策略	方法
顾客差别定价策略	不同的顾客群体对同样的产品或服务支付不同的价格
产品形式差别定价策略	企业对不同型号或形式的产品分别制定不同的价格。但是，不同型号或形式产品的价格之间的差额和成本费用之间的差额并不成比例
位置差别定价策略	企业对于处在不同位置的产品或服务分别制定不同的价格，即使这些产品或服务的成本费用没有任何差异
时间差别定价策略	企业对于不同季节、不同时期甚至不同钟点的产品或服务分别制定不同的价格

实例7－4　沃尔玛超市涉嫌价格欺诈

某日，郭某在沃尔玛超市长风街店（沃尔玛深国投百货有限公司太原长风街分店）购买了一箱“蒙牛牌纯甄”酸牛奶。在该酸牛奶售卖区域显著位置，标有“满60元、减10元”的优惠促销办法，原价72元的这种酸牛奶的促销价应为62元。但结账回家后郭某发现，自己竟然还是以72元的原价买了这箱酸奶，2015年3月24日，郭某以遭遇“价格欺诈”为由，将沃尔玛超市长风街店告上法庭。

法院认为，沃尔玛超市长风街店存在价格欺诈。按照法律规定，购买商品不足500元，按500元赔偿。原告购买了两次商品，每次按500元计算。依照《消费者权益保护法》第五十五条第一款的规定，判决被告沃尔玛深国投百货有限公司太原长风街分店在判决生效后十五日内，赔偿原告郭某1 000元。案件受理费50

元，减半收取25元（原告已交纳），由被告负担。

（资料来源、图源：新华网）

思考：1. 结合该案例谈一谈价格歧视与价格欺诈的区别。
2. 采用差别定价策略必须具备的条件是什么？

学以致用

在超市定价时，经常采用的是“541”策略。即保证超市内50%的商品赢利，40%的商品持平或者微利，而留有10%的商品作亏本销售。这10%的商品就是超市用来吸引消费者的“鱼饵”。试分析采用这种定价策略的好处，它与渗透定价有何区别？

第三节　启动及应对价格变更

一、发动降价

1. 企业降价的原因

表7－9　企业降价的原因

企业降价	原因
生产能力过剩	企业的生产能力过剩，因而需要扩大销售，但是企业又不能通过改进产品和加强销售工作等来扩大销售，在这种情况下，企业就需要考虑降价
竞争激烈	在强大的竞争者的压力之下，企业的市场占有率降低，在这种情况下，通过降价来扩大市场份额从而降低成本
成本优势	因成本费用比竞争者低，企业企图通过降价来掌握市场或提高市场占有率，从而扩大生产和销售量，在这种情况下，企业也往往发动降价攻势。在市场营销实践中，有实力的企业率先降价往往能给弱小的竞争者以致命的打击

2. 企业降价的策略

经营者采取降价措施时，应注意降价的幅度、频率和降价时机的选择。

（1）降价幅度要适宜。根据经验，价格降低10%～30%，消费者能理解。当然这一知觉阈限依据商品特性及经济环境的不同而有差异（如图7－3所示）。

图 7-3　降价幅度

（2）降价不宜过频。为避免由于商品价格降低幅度把握不准，造成多次降价，使消费者产生不信任的心理效应，必须保持降价后的相对稳定。

（3）准确选择降价时机。当流行高峰一过，流行性商品就要马上采取降价策略，否则，失去时机后即使降价也难以收到预期效果。对于季节性商品，当快过季时仍然库存过大，应采取适当的降价措施；对于一般性商品，降价的最佳时机在进入成熟期后的峰点临近时，此时消费者对产品评价尚高，降价有可能刺激需求，使峰点后移，延长成熟期。

实例 7-5　格兰仕的降价艺术

格兰仕一直信奉“价格是最高级的竞争手段”，以确保总成本领先的优势。其规模每上一个台阶，就大幅下调价格，以达到扩大市场份额的目标，如当规模达到 300 万台时，就把出厂价定在规模为 22 万台的企业的成本线以下，此时格兰仕仍能获利。而且，一旦发现自己的市场占有率有所下降，或者主要竞争对手的市场占有率明显上升时，格兰仕就会采取“价格战”策略，将其主力产品价格全面下调（曾高达 40%）。由于微波炉的技术含量很小，竞争对手很难具备技术上的差异性，所以，竞争对手不得不跟着降价。

（资料来源：中国管理传播网；图源：昵图网）

思考：1. 结合该案例谈一谈采用此种降价策略的条件是什么？

2. 企业在采用降价策略时应注意哪些问题？

3. 降价的方式可以有哪些？

二、发动提价

在很多情况下，企业提价的一个原因是为了在成本膨胀的情况下维持已有的利润，另一个原因是供不应求。无论什么原因造成的提价对消费者的利益总是不利的。因此，必须注意消费者的心理反应并及时采取合适的提价策略（如表 7－10 所示）。

表 7－10　企业提价的原因及策略

企业提价原因	策略
成本上升而提价	要尽量降低提价幅度，同时努力改善经营管理，减少费用开支
供不应求而提价	要在充分考虑消费者承受能力的前提下，适当提价，切忌哄抬物价招致消费者抱怨
国家政策调整而提价	要多做宣传解释，以消除消费者不满，并积极开发替代品以更好地满足消费者的需求
为获利而提价	要搞好销售服务，改善销售环境，增加服务项目，靠良好的声誉适量提价

大多数企业更愿意选择间接提价的方式，因为这种方式较为隐蔽，消费者的反应也可能会相对温和。常用的间接提价方式有以下几种（如表 7－11 所示）。

表 7－11　企业间接提价策略

间接提价策略	取消原有的价格折扣或是使获取价格折扣的条件更加苛刻
	目录价格不变，减少产品分量以及附赠产品，或降低产品质量、减少功能、简化包装等
	目录价格不变，但减少产品的附加服务或是对原来免费的服务收取服务费
	在通货膨胀的情况下推迟报价，等产品制成或交货时再给出最后价格。工业建筑常采用该种方法
	在产品组合中取消利润低的产品或增加利润高的产品的比重

三、应对竞争对手的价格变更

在现代市场经济条件下，企业经常会面临竞争对手的变价挑战。如何对竞争对手的变价做出及时、正确的反应，是企业定价策略的一项重要内容。

1. 不同市场环境下的企业反应

一般来说，在同质产品的市场上，如果竞争对手降价，企业应该采取各种措施强化自己的产品，但是如果做不到这一点，企业就不得不降价。当一个企业在同质产品市场上提高价格时，如果提价对全行业都有好处，其他企业也会采取同样的措施；但是如果它们认为自身或本行业不会获得好处，则可能对提价不予理会，领先者不得不取消这次提价。

在异质产品市场上，企业对竞争者变价的反应有更多的选择余地，因为在这种市场上，顾客选择卖主时不仅会考虑产品的价格因素，还要考虑产品的质量、服务、性能、外观、可靠性等多方面的因素。因而，顾客对于较小的价格差异并不在意。

面对竞争对手的变价，企业必须认真调查研究如下问题：①为什么竞争对手变价？②竞争对手打算暂时变价还是永久变价？③如果对竞争对手变价置之不理，对企业的市场占有率和利润有何影响？④其他企业是否会做出反应？⑤竞争对手和其他企业对于本企业的每一个可能的反应又会有什么反应？

2. 市场领导者的反应

在市场中，市场领导者往往容易遭到其他企业的进攻。这些企业的产品可与市场领导者的产品相媲美，他们往往能通过进攻性的降价来争夺市场领导者的阵地。在这种情况下，市场领导者有以下三种策略可供选择：

（1）维持价格不变。因为市场领导者认为，如果降价就会减少利润收入，而维持价格不变，仅对市场占有率有一定的影响，但以后还能恢复市场阵地。当然，维持价格不变的同时，还要改进产品质量、提高服务水平、加强促销沟通等，运用非价格手段来反击竞争对手。许多企业的市场营销实践证明，采取这种策略比降价和低利经营更合算。

（2）降价。市场领导者之所以采取这种策略，主要是因为降价可以使促销量和产量增加，从而使成本费用下降；市场对价格很敏感，不降价就会使市场占有率下降，市场占有率下降之后，很难得以恢复。但是，企业降价以后，仍应尽力保持产品质量和服务水平。

（3）提价。提价的同时，还要致力于提高产品质量，或推出某些品牌，以便与竞争对手争夺市场。

讨论 7－6： 企业要如何应对低成本竞争对手？

学以致用

假定你是一家糖果公司的营销总监，老板根据目前的经济状况要求提高糖果的价格。请制订一个计算糖果的需求价格弹性的计划。是什么因素会促使你同意产品提价？或重新考虑提价的决定？在课堂上作一介绍，并描述以下要点：①需求弹性的概念；②不考虑弹性的提价为什么不对？③对于弹性的计算你有什么建议？④弹性需求和无弹性的计算你有什么建议？⑤弹性需求和无弹性需求对利润的潜在影响。

测试你掌握的知识

1. 在原材料价格上涨得很厉害，产品确实需要提价的情况下，你的老板因为各种顾虑不想把销售价格提高，你会给他如何建议？

2. 选择某一品牌的汽车，分析其如何针对不同的细分市场制定不同的价格。

3. 某企业投入固定成本 200 000 元，单位产品变动成本 15 元，预计销售量达 50 000 件。

①如果企业以保本为定价目标，其保本价格为多少？

②若企业定价目标为实现目标利润 100 000 元，则销售价格应定为多少？

③当 50 000 件企业产品售完后，销路一直不畅，受此影响，企业一直不景气，现有人发来订单，最高报价 16 元，10 000 件，试问企业是否该接受此订单，并说出理由。

4. 指出下列产品的定价策略：

①新产品上市产品总成本 50 元，销售价格 200 元；
②单位产品销售价格 60 元，七折出售；
③一套产品八件，分别价格累计 150 元，成套购买 130 元；
④某产品定价 3. 98 元；
⑤某产品定价 1 188 元。

实训模块 7　为模拟企业制定产品价格

根据组建的模拟公司的实际情况及目前的市场状况，确定好团队的人员分工，为本公司的新产品制定具体的价格策略。分析影响本企业价格变动的原因，并根据企业的目标提出相应的价格调整对策。

具体操作步骤可参考配套实训教材，也可扫描二维码登录实干邦平台进行实训操作。

第八章　传递价值——分销策略

企业应该全力以赴地发现分销渠道，分销渠道越多，企业离市场越近。

——菲利普·科特勒

【学习目标】

1. 掌握分销渠道的主要术语。
2. 掌握分销渠道的模式和结构。
3. 了解分销渠道的变革。
4. 了解分销渠道的激励和控制方式。

【思维导图】

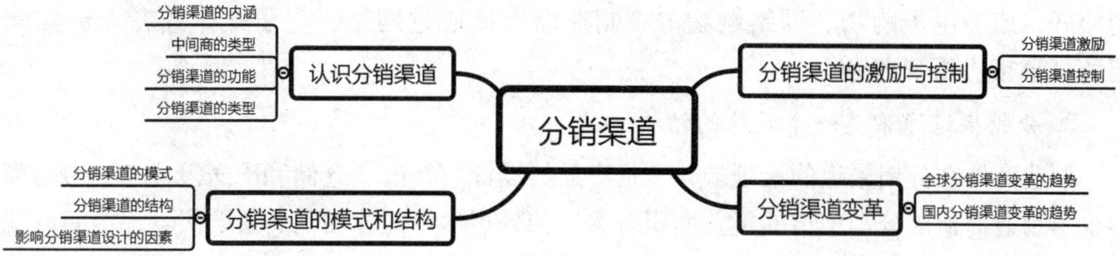

【营销实战】

业务员的一天

学营销专业的陈明从大学毕业后，在佛山某酒业公司从事业务员工作已有两年，主要的工作职责是开发和维护公司在佛山市南海区的白酒市场。做业务员这行没有捷径，勤奋是必备的素质。经过两年的努力，陈明已经帮助公司初步建立起在南海区的销售网络。南海区下辖6镇2街道，6镇包括大沥镇、西樵镇、狮山镇、丹灶镇、里水镇、九江镇，2街道分别是桂城街道和罗村街道。除了狮山镇外，公司已经在5镇2街道设立了二级分销点。陈明每天的工作主要就是走访二级分销点，及时处理分销点出现的包括物流、库存、结算等业务在内的各种问题。另外还要走访南海区各白酒批发市场，与白酒经销商洽谈，积极建立新的分销点。

思考：业务员的主要工作是什么？为什么？

第一节　认识分销渠道

一、分销渠道的内涵

分销渠道是指某种商品或服务在从生产者向消费者转移的过程中，取得这种商品或服务的所有权或帮助所有权转移的所有企业和个人。因此，分销渠道一般是由处于渠道起点的制造商、处于渠道终点的消费者以及处于制造商与消费者之间的中间商构成。中间商又可以分为零售商和批发商两种基本类型。理解分销渠道的内涵需要掌握以下几个要点：

1. 分销渠道的构成

分销渠道一般由制造商、中间商和消费者三者共同构成。制造商、中间商各自承担的角色不同，但其目的是一致的，就是为了让消费者对制造商、中间商的产品和服务感到满意。当然也有可能不经过中间商直接由制造商和消费者构成，类似的例子就如安利直销模式，或者电子购物、网络购物等，制造商直接通过网络、电子媒体或者人员推销等把商品直接卖给消费者。

2. 分销渠道通常是一个网状的结构

制造商处在分销渠道的最顶端，负责产品的设计、生产、仓储和配送等业务。中间商的多少与制造商追求分销渠道的覆盖面积有关，如果想尽可能方便消费者购买，那中间商就必须尽可能多，例如纸巾这类日常用品，需要通过许多中间商来分销产品。分销渠道就像人体的毛细血管输送血液到人体各个部分一样，把制造商的产品运送到消费者的手中。

3. 分销渠道要有其他营销中介的参与才能运转

例如货物从制造商到消费者的转移需要有物流公司的参与，货款从消费者手上最终到达制造商手上需要有银行的参与，信息要在渠道中双向流动需要信息媒介的参与，广告、促销活动等需要广告设计公司的参与等。

讨论 8－1：制造商为什么不直接把产品卖给消费者？

二、中间商的类型

中间商是指介于制造商与消费者（用户）之间，专门从事商品流通活动的经济组织或个人，或者说中间商是制造商向消费者（或用户）出售产品时的中介机构。由于中间商在流通转让过程中所处的地位和所起的作用不同，我们可以将其划分为零售商和批发商两类。

1. 零售商

零售商是指向最终消费者直接销售商品的，从事零售业务的企业或个人。任何组织只要将产品销售给最终用户，它们的行为就属于零售行为，与商品或服务的销售方式（无论通过人员、信件、电话、自动售货机还是互联网）或者销售地点（无论在商店、街头还是消费者家里）无关。国内学者通常将零售商分为商店零售商、无店铺零售商和合作零售组织三大类进行研究。表 8－1 介绍了商店零售商的主要类型；表 8－2 介绍了无店铺零售商的主要类型；表 8－3 介绍了合作零售组织的主要类型。

表 8－1　商店零售商的主要类型

商店零售商	形式
专业商店	经营一条窄产品线，而该产品线所含的品种却较多，如服饰商店、运动用品商店、家具店、花店、书店等
百货商店	要经营几条产品线，通常有服装、家庭用具和日常用品，每一条产品线都作为一个独立的部门，由一名进货专家或者商品专家管理，如王府井百货、天河城百货等
超级市场（大卖场）	一种相对规模大、低成本、低毛利、高销售量、自助服务式，为满足消费者对食品、洗衣和家庭日常用品的种种需求服务的零售组织，如百佳超市、家乐福等
便利商店	相对较小，位于住宅区附近，营业时间长，每天都开门，并且经营周转较快的方便商品，但是其种类有限。这类商店营业时间长，主要满足顾客的不时之需，而商品的价格相对高些，如 7－11 便利店、喜士多便利店等
折扣商店	出售标准商品，价格低于一般商店，毛利较少，薄利多销，销售量较大
工厂门市部	工厂门市部由制造商自己拥有和经营，它们销售多余的、不正常和不规范的商品。这些门市部有时联合起来在工厂门市部大厅联销
仓库俱乐部	销售有限的有品牌名的杂货、器具、衣服和其他东西，参加者每年缴纳一定额度的会费，便可得到高折扣。这种形式的仓库俱乐部主要为小企业服务，并为政府机构、非营利组织和某些大公司服务。通常比超级市场和折扣商店低 20%～40%，如沃尔玛的山姆俱乐部
超级商店	有比超级市场大得多的场地，主要满足消费者日常购买的食品和非食品类商品方面的全部需要
目录商店	应用于大量可供选择的毛利高、周转快的品牌商品的销售，包括珠宝、电动工具、照相机、皮包、小型设备、玩具和运动器材等。顾客在陈列室里开出商品订单，在该商店的发货点为顾客送货上门。样品目录陈列室利用减少成本和毛利以吸引大量销售

表 8－2　无店铺零售商的主要类型

无店铺零售商	形式
直销	通过销售员挨家挨户地上门推销或家庭推销进行，如雅芳、安利
直复营销	起源于邮购和目录营销，但今天还包括了其他能接触人的形式，如电讯营销、电视直复营销（家庭购买程序和信息商品）以及电子购买等

（续上表）

无店铺零售商	形式
自动售货	自动售货已经用于多种商品，包括带有很大方便价值的冲动型商品（香烟、软饮料、糖果、报纸、热饮料等）
网上商店	通过互联网进行买卖活动的零售业态，如淘宝网、京东商城、当当网等

表8－3　合作零售组织的主要类型

合作零售组织	形式
公司连锁店	两个或两个以上的商店同属一个所有者经营和管理，经销同样的商品，有中心采购部和商品部，甚至连商店建筑也可以采用统一的基调。公司连锁在各类零售经营业中已出现，但在百货商店、综合商店、食品商店、药店、鞋店和妇女服装商店力量最强
特许经营组织	指特许人（一家制造商、批发商或服务组织）和特许经营人（在特许经营系统中，购买拥有或者经营其中的一个或几个单元的独立的生意人）之间的一种契约性联合，如麦当劳、肯德基等
自愿连锁店	由某个批发商发起，若干零售商参加的组织，从事大规模购买和统一买卖，如独立食品联盟（IGA）
零售商合作社	由若干零售商组成，它们成立一个中心采购组织，并且联合进行促销活动
消费者合作社	为顾客自己所有的零售公司。居民们捐款开设自己的商店，他们投票确定办店方针和选举管理小组，并享受投资应得的红利
商业联合大公司	由几种不同的零售业务和形式联合组成的所有权集中的松散型公司组织，组织内各零售商的分销和管理职能实行若干程度的一体化

讨论8－2：国内最常见的零售商都有哪些？为什么其他的零售形式在中国不常见？

2. 批发商

批发商是指主要从事批发业务的企业。批发是指将购进的商品批量转售给各类组织、购买者的业务，是指将商品转售给为了转卖或者因商业用途而进行购买的人的活动。批发商的主要类型有四种（如表8－4所示）。

表8－4　批发商的主要类型

批发商	形式
商人批发商	指自己进货，取得产品所有权后再批发出售的商业企业，也就是人们通常所说的独立批发商。商人批发商是批发商中最主要的类型。它又可分为执行全部批发职能的完全服务批发商和执行部分批发职能的有限服务批发商

（续上表）

批发商	形式
经纪人和代理商	与独立批发商的主要区别在于它们没有商品所有权，只是在买卖双方之间起媒介作用，促成交易，从中赚取佣金。经纪人和代理商一般都是专业化的，专门经营某一方面的业务。经纪人多见于房地产业、证券交易以及保险业务及广告业务等；代理商有制造业代理商、销售代理商、采购代理商和佣金商等
制造商的销售分销部或销售办事处	制造商的分销部可以进行一定的商品储存业务，其形式如同商人批发商，只不过与之隶属关系不同，属于制造商；办事处没有存货，是企业驻外的业务代办机构。制造商自己设立分销部和办事处，有利于掌握当地市场信息和加强促销活动
零售商采购办事处	有些零售商也在中心城市及商品集散地设立采购办事处，其职能与代理商和经纪人类似，但其隶属关系是购买方

三、分销渠道的功能

在理解分销渠道的内涵时我们了解，分销渠道要发挥分销产品的作用，实际上还需要其他营销中介的参与。制造商通过分销渠道将商品转移到消费者手里，必须发挥分销渠道的各个功能，分销渠道才能正常的运转（如表8－5所示）。

表8－5　分销渠道的功能

功能	说明
物流	使实体产品或者服务从制造商转移到最终消费者手中
产品配组	调节生产和消费之间在产品花色、品种和等级上的差异性
调节时间差异	调节生产时间和消费时间的差异性
市场调研与信息传递	中间商通过开展市场调研预测工作，了解消费者的需求变化情况，然后把有关信息传递给生产者
融资	当生产者要大批量购买原材料时，中间商通过提前付款等方式给予一定的资金援助；当中间商大批量进货时，生产者通过赊销等方式支持中间商
风险分担	生产者与中间商共同承担风险，使新产品的开发和某种业务的经营能顺利拓展
促销	即生产者和中间商携手合作，通过各种途径将有关产品和服务的信息传递给消费者，以促进产品的销售

讨论8－3：商人批发商、经纪人和代理商有何区别？

四、分销渠道的类型

按流通环节的多少，可以将分销渠道划分为直接渠道和间接渠道。

1. 直接渠道

直接渠道是指产品从生产领域转移到消费领域时不经过任何中间环节的分销渠道，是企业采用的一种产销合一的方式。直接渠道是工业品分销渠道的重要类型，大约80%的生产资料是直接销售的。消费品分销有时也采用直接渠道，这主要表现在传统产业和新兴服务业这两大领域中。

直接渠道有利于生产者掌握市场状况与发展趋势，降低产品在流通过程中的损耗。但直接渠道在生产集中、消费需求分散的情况下，就不能胜任。生产企业若缺乏销售方面的经验，自己承担分销业务，会加重生产者的工作负荷，分散生产者的精力。

2. 间接渠道

间接渠道是指产品从生产领域转移到消费领域时经过若干中间环节的分销渠道，它是产销分离的一种形式。间接渠道是消费品分销渠道的主要类型，大约95%的消费品通过间接渠道销售，工业品也可通过间接渠道进行销售。

大多数生产者缺乏直接销售的财力和经验，而采用间接渠道，能够发挥中间商在广泛提供产品和提高进入目标市场的效率的作用。利用中间商的销售网络、业务经验、专业化和规模经济优势，使生产者获得高于直接销售所能取得的利润；利用中间商能减少交易次数，达到降低成本的目的。此外，间接渠道的运用还有助于生产者降低风险，加快资金回笼。

实例8－1　娃哈哈的销售渠道

娃哈哈集团的销售渠道基本架构为：总部—各省区分公司—特约一级批发商—特约二级批发商—二级批发商—三级批发商—零售终端。如果单纯地看渠道结构，娃哈哈的结构并没有太多特殊的地方。这种渠道架构运作的核心首先是它的差价体系，保证经销商都能赚到钱；第二是销售区域责任制，对所有批发商进行合理的布局；第三是所有营销工作都由娃哈哈公司负责，娃哈哈公司出人、出力、出广告费协助经销商赚钱。

思考：娃哈哈采用的是哪种类型的分销渠道？

学以致用

分销渠道在营销组合策略中处于什么位置？对于哪些行业而言，渠道起着至关重要的作用？哪些行业渠道可能并不是决定因素？为什么？

第二节　分销渠道的模式和结构

一、分销渠道的模式

分销渠道到底有几种模式在营销界并没有一个固定的划分，从营销实战的角度来说，分销渠道的模式一共有五种类型，包括直营分公司模式、委托代销模式、区域代理模式、特许经营模式、扁平化通路模式。

1. 直营分公司模式

直营分公司模式是指厂家直接在各个区域设立分公司，分公司再派出业务员在该区域寻找下一级的经销商或者代理商进行产品销售的模式。此模式的优点是生产厂商对渠道有一定的控制力，而且分公司比较熟悉该区域的市场特点，销售的针对性较强；缺点是渠道成本较高。

2. 委托代销模式

委托代销模式的特点是受托方只是一个代理商，委托方将商品发出后，所有权并未转移给受托方，因此商品所有权上的主要风险和报酬仍在委托方。只有在受托方将商品售出后，商品所有权上的主要风险和报酬才转移出委托方。所以，企业采用委托代销方式销售商品，应在受托方售出商品，并取得受托方提供的代销清单时确认销售收入。委托代销一般包含三种方式：

（1）受托方按照委托方的要求销售商品，受托方只收取代销手续费，并且该代销手续费与商品销售量、销售额无必然联系。

（2）受托方按照委托方的要求销售商品，受托方只收取代销手续费，并且该代销手续费与商品销售量、销售额挂钩。

（3）受托方将代销商品加价出售，与委托方按协议价结算，不再另外收取手续费。这种类型就是日常所说的视同买断，受托方以商品差价作为经营报酬。

3. 区域代理模式

区域代理模式是指将一个大市场划分为若干区域，每个区域设立代理商，企业授权代理商全权负责该区域内的产品销售，由代理商发展和管理下属终端商。优点是能节约品牌销售渠道的拓展成本和管理成本，发挥代理商的积极性和主动性；不足之处在于在品牌推广与货品管理上不易控制。

4. 特许经营模式

特许经营模式是指特许者不仅将其拥有的商标授权给被特许者使用，而且将其拥有的商店标识、店名、经营方式等授权给被特许者使用，被特许者拥有特许者整个经营模式的经营权，并向特许者支付相应的费用。特许经营模式最大的优势是企业可以实现低成本大规模扩张。

5. 扁平化通路模式

扁平化通路模式是指企业直接打造自己的专卖体系，直接把产品销售给消费者。这种模式将会给企业带来最大的渠道控制力，电子商务和物流行业的发展也让这种模式逐渐被许多企业采用。

实例 8－2　友邦的渠道建设

友邦为推动集成吊顶产品更好地开拓市场，并没有选择建材品牌一直以来惯用的传统渠道路径——走进国美、苏宁等家电销售卖场和百安居、东方家园等建材卖场，而是在建材市场和建材一条街开设100%的品牌特许专卖店，利用自建终端、自营终端的形式直接进行渠道的扁平化切入，抢占渠道战略上的制高点。通过形象终端的规模化和生动化呈现，友邦让集成吊顶这一全新的产品通过现场展示、消费者亲身体验的方式，将产品的全新消费理念进行传达，从而使消费者形成直观印象，并能深刻理解其核心价值所在。同时，精心设计的终端店面也给友邦的应用设计顾问提供了一个为消费者进行专业设计咨询的空间，让消费者和设计顾问在一起进行DIY设计，做足产品元素的应用设计和创意灵感。事实证明，通过颠覆原有家电连锁和建材连锁的终端形态，从专卖店路径切入的自营终端模式，友邦一举让自己的创新产品快速覆盖了全国主流城市及消费区域，并迅速成长为新品类行业的领导品牌。

（资料来源、图源：友邦官网）

思考：友邦采用了哪种渠道模式？有什么优缺点？

二、分销渠道的结构

1. 分销渠道的长度结构

分销渠道的长度是指产品流通过程中所经过的不同层次的中间环节的多少。显然，产品流通所经过的中间环节愈多，渠道愈长；反之，则愈短：按照产品流转过程中所经过的中间环节层次的多少，分销渠道可以划分成以下几种模式（如图 8－1 所示）。

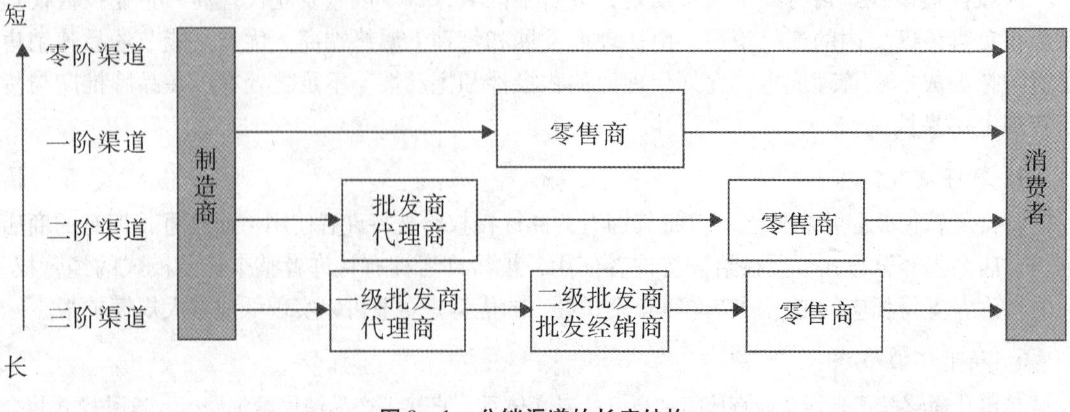

图 8－1　分销渠道的长度结构

2. 分销渠道的宽度结构

分销渠道的宽度是指渠道的同一个层次中间环节使用同种类型中间商数目的多少。一般而言，按照渠道的宽窄，企业的分销渠道可以分成三种模式（如图 8－2 所示）。

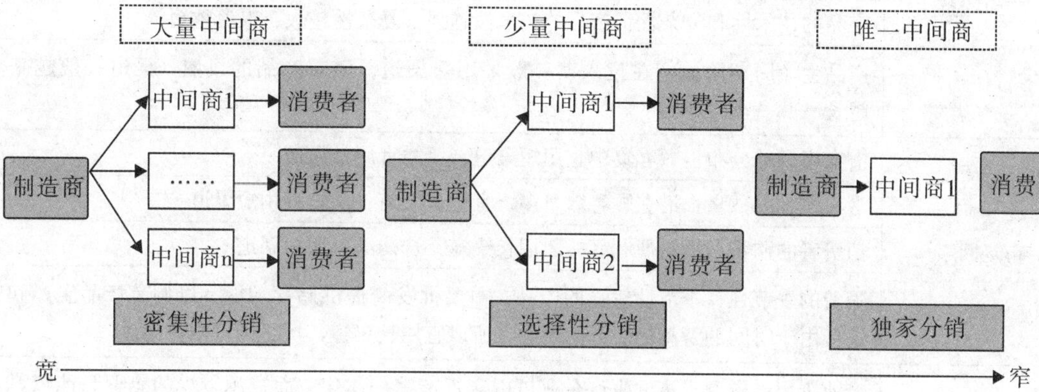

图 8－2 分销渠道的宽度结构

（1）密集性分销。指企业尽可能多地通过许多负责任的批发商、零售商推销其产品，使渠道尽可能地加宽。

（2）选择性分销。指制造商在某一地区仅仅通过少数几个精心挑选的，最合适的中间商推销其产品。

（3）独家分销。指制造商在某一地区仅仅选择一家中间商推销其产品，通常双方协商签订独家经销合同，规定经销商不得经营竞争对手的产品，以便控制经销商的业务经营，调动其经营积极性，以有效占领市场。

3. 分销渠道的广度结构

分销渠道的广度可根据生产者选用渠道模式的多少来划分为单渠道与多渠道。

（1）单渠道。如果生产者在一定的时空条件下，只选择一种类型的分销渠道，就叫单一的分销渠道。

（2）多渠道。如果生产者在一定的时空条件下，同时选择两个或两个以上模式的分销渠道，就叫复合型的多渠道。

讨论 8－4：分销渠道的模式和结构有什么不同？为什么？

三、影响分销渠道设计的因素

在进行分销渠道结构设计时，我们要综合考虑影响渠道设计的各种因素，选择一个最优的渠道结构。影响分销渠道结构的因素如表 8－6 所示。

表 8－6　分销渠道设计的影响因素

产品因素	产品的单价：产品的单价越低，分销渠道可以越长
	产品的体积和重量：体积越大、重量越大，越宜采用短渠道
	产品的自然属性：属性稳定的产品宜采用长渠道
	产品的技术性和复杂性：产品的技术性越强，复杂性越大，渠道越短
	产品生命周期阶段：在投入期一般采用短渠道，随着产品的成熟，渠道一般越来越长
市场因素	潜在市场的分布：顾客集中宜用短渠道，反之宜用长渠道
	潜在顾客的数量：潜在顾客数量多，宜用长渠道，反之宜用短渠道
	消费者的购买习惯：便利品一般用长渠道，选购品可用短渠道
	消费的季节性：季节性较强的产品，需要批发商提供储存功能，以调节产品生产和消费由于时间的背离而引起的矛盾，所以宜用长渠道，反之则可用短渠道
企业自身因素	企业资源：资源丰富的生产企业可以实行产销一体化；而资源较少的企业只能依靠中间商，以长渠道销售其产品
	企业对分销渠道的管理能力和经验：如果企业对分销渠道管理能力强，则用短渠道推销产品，反之用长渠道
	企业控制渠道的愿望：控制渠道愿望越强越宜用短渠道
中间商因素	中间商的经销积极性：积极性高可用长渠道
	中间商的经销条件：条件好宜用长渠道
	中间商的开拓能力：能力强宜用短渠道
环境因素	总体经济形势：经济形势好，宜用长渠道
	国家的政策法规：国家政策法规有规定，有些特殊产品必须按照国家要求设计分销渠道

实例 8－3　章燎原：三只松鼠你学不会

章燎原是互联网坚果第一品牌“三只松鼠”的创始人。2012 年“三只松鼠”在天猫商城上线，至 2014 年短短的两年时间，“三只松鼠”从 0 到 1，全年销售额超过 10 亿元，创造了互联网电商销量奇迹。2016 年，章燎原接受了《销售与市场》杂志的约稿，畅谈“三只松鼠”为什么能够取得成功，原文摘选如下：

很多人问，三只松鼠是如何成功运营一个纯电商品牌的？

第一，我们有非常正确的品牌定位，三只松鼠的名字好记，拟人化强，今天看这就是一个 IP。如果没有一个好的品牌名，广告费的投放至少比现在高出三分之一。

第二，过去电商商家和传统企业通过免费流量在淘宝上过得很舒服，不愿意出钱投广告，他们心中有一个 ROI（投资回报率），2 万元广告费只带来 4 万元成交额，ROI 为 1∶2，对他们而言是不划算的。但事实上，那时候的互联网广告才是最便宜的，可以带来更多的顾客和搜索流量。我们第一年“双 11”通过投放直通车广告、钻石展位的首页广告等先占据消费者的心智和流量入口的大门。这些是战略的成功。

第三，过去四年我们掌握了一拨用户体验创新的潮流，创新情感式营销，这是战术的成功。传统企业的客户是标准化的，且消费者无法与企业直接沟通接触，但是互联网使每个消费者可以和员工平等对话，这就需要在服务方面更加生动化、个性化。我们把三只松鼠的动漫形象做到了极致，从包装的视觉体验到叫用户主人，甚至撒娇等，潜移默化地在消费者心中形成了独特的萌文化。

我们通过这种萌文化，随包裹附赠开箱神器“鼠小器”、湿纸巾、密封夹、萌版卡套等小玩意，不断在很多细节上超出用户期待。我们能在一次消费里获取一个忠诚的客户。

（资料来源：《销售与市场》）

思考：你认为“三只松鼠”纯电商品牌的未来前景如何？在渠道设计上是否需要多渠道？为什么？

学以致用

奢侈品一般会采用哪种渠道模式来进行分销？为什么？一般的生活用品呢？为什么会有这种差异？

第三节　分销渠道激励与控制

一、分销渠道激励

分销渠道建立起来之后，还需要进行日常的监督、维护和激励，使之不断提高业务经营水平。每隔一段时间，制造商就必须考查和评估中间商的配额完成情况、平均库存水平、装运时间、对受损货物的处理、促销方面的合作，以及为顾客提供服务的情况。对表现好的予以奖励，对表现不好的予以批评，必要时可更换渠道成员，以保证营销活动顺利而有效地进行。生产厂商主要是通过制定渠道政策，与中间商签订渠道合作协议的方式来对渠道成员进行激励。渠道政策是指生产厂商为了鼓励渠道成员积极扮演好渠道角色所做出的一系列奖励措施。这些措施总的说来可以分为三种类型。

1. 政策性激励措施

主要包括销售专营权、返利政策、价格折扣以及回款政策等。

（1）销售专营权。销售专营权的激励主要包括区域限定、期限限定、分销规模限定等。

区域限定是指规定中间商的销售范围，例如某啤酒企业规定广州其中一家二级经销商只能在天河区进行销售，目的是为了防止中间商之间恶意竞争，保护经销商的利益。期限限定是指规定中间商的经营期限，授权经营期限过长或者过短都会出现问题。分销规模限定是指厂商规定中间商要达成某个分销业绩才能成为某个等级的分销商，分销业绩主要包括市场占有率、销售量和销售额等指标，例如厂商规定一级分销商年销售额须达到2 000万元以上，市场占有率达到4%等。

（2）返利政策。返利政策是厂商最常见的一种渠道激励政策。但是如果返利政策制定得不好也会带来非常严重的不良后果。厂商在制定返利政策时，需要注意返利标准、返利时间、返利形式和返利附属条件等四个问题，其中返利标准和返利附属条件最为关键。返利标准一般是根据业绩来制定的，分清品种、数量、次级、返利额度等。例如某品牌某型号产品完成销售额300万返利销售额的3%，完成销售额500万返利销售额的3.5%，要注意返利标准间的梯度，防止中间商为了达到某个返利标准而大量作假（低价抛售、囤货或者倒卖）。而为了能使返利这种形式促进销售，一定要加上一些附属条件，比如严禁跨区域销售、严禁擅自降价、严禁拖欠货款等，一经发现，取消返利。

（3）价格折扣。一般来说价格折扣主要按货款回收快慢、订货数量、季节、协作力度或者进度品种搭配等几种形式来给予一定的优惠。在实际运用价格折扣的时候一定要和返利政策结合起来考虑，它也是作为返利政策的一种补充。

2. 直接经济激励

主要包括费用补贴和实物激励两种类型。

（1）费用补贴。费用补贴主要包括广告补贴、陈列展示补贴、示范表演或者咨询补贴、特定时间存货补贴以及恢复库存补贴等。广告补贴是指厂商对中间商在宣传本公司产品的开支方面给予一定的经济补助。陈列展示补贴是指厂商为了鼓励中间商把自己的产品展示在专柜、大型商场的重要区域等，给予承担该业务的中间商经济补助。示范表演是指对中间商举办的现场促销活动实施补贴。特定时间存货补贴是指在销售旺季时鼓励中间商多进货，给予进货量大的中间商一定的补贴。恢复库存补贴则是指促销活动结束后，给予中间商一定的补贴，让中间商库存恢复正常水平。

（2）实物激励。实物激励的类型是比较多样的，一般比较常见的有赠品券、代价券、抽奖券、陈列附赠等。消费者能经常接触到的实物激励如某品牌饮料开盖有奖活动，打开饮料瓶盖，印有一等奖字样将获得三亚三天游的旅游券，或者买一包某品牌洗衣粉赠送一个脸盆等。实物激励更多是针对消费者，提高消费者的购买欲望，当然消费者买得多了，中间商也自然受益。陈列附赠是指厂商给中间商提供展示的样品以及宣传资料等。

直接经济激励与政策性激励最大的不同是政策性激励一般比较稳定，在较长的时间内都不会改变，而直接经济激励则大部分时候属于短期性质的激励措施，而且灵活多变，在销售旺季或者销售淡季采用不同的短期激励手段，能够让激励政策更加丰富多样，起到最大的渠道激励效果。

3. 服务型激励

服务型激励包括以下几种类型：

（1）经销商提供各类人员培训。例如产品知识培训、销售实战培训、服务技巧培训等。

（2）为经销商提供咨询服务。例如帮助经销商建立和完善客户管理制度、售后服务措施、配送制度或者订发货制度等。

（3）为经销商提供技术援助和支持。例如提供先进的库存管理、运输管理和配送管理等技术，以及电子信息交换系统、电子订货系统、POS 系统等。

（4）对经销商的促销援助和支持。例如派促销人员帮助经销商进行现场促销，为经销商提供各种物料支持等。

花最少的钱达到最大的激励效果是渠道政策的最终目的。渠道政策没有好坏之分，不同的行业、企业有不同的渠道政策。企业需要在实践中不断检验和完善自己的渠道政策。

讨论 8-5：不管哪种激励措施，最终都是通过让利来提高中间商的积极性，那为什么不直接用现金激励而要让激励措施多样化呢？

实例 8-4 百事可乐的返利政策

百事可乐公司对返利政策的规定细分为五个部分：年折扣、季度奖励、年度奖励、专卖奖励和下年度支持奖励，除年折扣为“明返”外（在合同上明确规定为1%），其余四项奖励均为“暗返”，事前无约定的执行标准，事后才告之经销商。

1. 季度奖励在每一季度结束后的两个月内，按一定的进货比例以产品形式给予。这既是对经销商上季度工作的肯定，也是对下季度销售工作的支持，这样就促使厂家和经销商在每个季度合作完后，对合作的情况进行反省和总结，以便相互沟通，共同研究市场情况。同时百事可乐公司在每季度末还派销售主管对经销商业务代表进行培训指导，帮助落实下一季度的销售量及实施办法，增强了相互之间的信任。

2. 年终回扣和年度奖励是对经销商当年完成销售情况的肯定和奖励。年终回扣和年度奖励在次年的第一季度内，按进货数的一定比例以产品形式给予。

3. 专卖奖励是经销商在合同期内，专卖某品牌系列产品，在合同期结束后，厂方根据经销商的销量、市场占有情况以及与厂家合作情况给予的奖励。专卖约定由经销商自愿确定，并以文字形式填写在合同文本上。在合同执行过程中，厂家将检查经销商是否执行专卖约定。

4. 下年度支持奖励是对当年完成销量目标，继续和制造商合作，且已续签销售合同的经销商的次年销售活动的支持。此奖励在经销商完成次年第一季度销量的前提下，在第二季度的第一个月以产品形式给予。

因为以上奖励政策事前的“杀价”空间太小，经销商如果低价抛售造成了损失和风险，厂家是不会考虑的。百事可乐公司在合同上就规定每季度对经销商进行一些项目考评，如实际销售量、区域销售市场的占有率、是否维护百事产品销售市场及销售价格的稳定、是否执行厂家的销售政策及策略等。

（资料来源：MBA 智库）

思考：百事可乐采用了哪些渠道激励政策？

二、分销渠道控制

分销渠道控制是一个渠道成员对另一个渠道成员的行为与决策变量施加影响的过程。渠道政策如果没有进行管理控制，就无法起到预期的激励效果。

1. 分销渠道控制的特点

（1）施控者与被控者之间各自独立。施控者既有可能是厂商也有可能是中间商，但是不管是谁在控制整个渠道、制定渠道政策，这两者在法人资格、利益、文化、企业战略和行为方式等方面都有显著的差别。例如美的和国美电器，美的作为生产厂商和国美作为一个大型家电连锁商之间在利益、文化和战略上都会很大的区别，这也增加了渠道合作的难度。

（2）相互依赖、互惠互利。这是渠道这一“超级组织”得以建立、发展和维持的基础，也是渠道控制的前提。渠道成员之间的合作就是互相妥协的过程，也是利益重新分配的过程。

（3）渠道成员常常互为施控者与被控者。一个渠道成员往往在某一种或几种渠道功能上有较大的话语权，是施控者或者称为渠道领袖；而在另一种渠道功能上少有或没有话语权，是被控者。

（4）平等原则。一个渠道成员对于另一个或一些渠道成员的控制更多的是建立在平等原则上的沟通或影响，而不是建立在层级制度上的命令和指挥。

2. 分销渠道控制的类型

分销渠道控制的类型一般来说可以采用两种分类方式，一种是按照渠道控制的程度来划分，另外一种是按照渠道控制的内容来划分，具体如下：

（1）按照分销渠道控制的程度分类。按照分销渠道控制的程度可以划分为绝对控制和低度控制两种类型，具体如表 8－7 所示。

表 8－7　渠道控制的类型（按控制程度分）

类型	内涵	说明
绝对控制	绝对控制是指生产商不仅能够选择负责其产品销售的中间商的数量、类型及地理区域分布，而且能够支配这些中间商的销售政策和价格政策	如大众汽车公司专门把广州市场划分为若干区域，每一区域都有一名业务经理专门负责，业务经理对本区域内的每一个中间商的资料都详细掌握，并及时根据市场变化及中间商的表现进行政策调整，确保渠道畅通，保证企业获得良好的经济效益
低度控制	实力较弱的企业也可以通过对中间商提供具体支持协助来影响渠道成员，这种控制称为低度控制也称为影响控制	大多数企业的控制都属于这种方式，它们通常采用的方式有向中间商派驻商务代表，与中间商进行多方位的合作（如联手开展广告宣传、促销、公关活动，共同进行产品研发与改进以及共同进行市场调查、售后服务等）、对中间商进行培训、激励（如向中间商进行有关销售管理、存货控制以及有关产品的专业知识培训，奖励业绩突出的中间商或向中间商提供价格交易条件上的优惠等）

（2）按照分销渠道控制的具体内容分类。按照分销渠道控制的具体内容来分，一般可以分为利润控制、目标控制和实施过程控制三种类型，具体如表 8－8 所示。

表 8－8　渠道控制的类型（按具体内容分）

类型	内涵	说明
利润控制	通过调整各级中间商的利润来控制渠道成员的一种方式	中间商的利润取决于产品的销量和购销差价，并且与这两项呈正相关。企业既要保证分配给中间商颇具吸引力的利润空间，又要确保渠道成员间利益的相互平衡，避免个别中间商因收入过多、实力增长过快而掌握渠道的控制权
目标控制	通过为中间商设置各种经营目标来控制中间商行为的一种方式。包括销售量、销售额目标、市场占有率目标和新客户开发目标等	渠道成员间保持战略目标的一致性是渠道长期稳定发展的前提条件，同时渠道管理者应在经营管理的过程中，协助中间商对其营销目标的执行情况进行评估，及时调整实施策略或营销目标，确保企业目标的顺利完成
实施过程控制	对中间商的具体经营活动进行控制，从而确保中间商的努力和投入程度	如对中间商进行库存控制、促销方案控制以及执行情况的监控等

讨论 8－6：渠道控制力的大小跟哪些因素有关？

实例 8－5　七匹狼的渠道控制

传统渠道进军电商，电商渠道开始加紧综合化路线，并积极拉拢传统品牌商入驻。在这样的电商大潮中，传统品牌如何将电子商务纳入到自己的渠道战略中来成为许多传统品牌的老板们思考的问题。是依托自身另起炉灶，还是利用现有电商渠道做好网络分销？传统服装品牌七匹狼的做法是“先放水养鱼，再对大经销商进行招安扶持”，这样的实践未必是一个最好的模式，但或许能给意欲进军电商新渠道的传统企业带来一些启发。

七匹狼公司 2008 年踏足电商，开始在淘宝上销售。那时候，大多数传统品牌商还没有对电商渠道引起重视。当时，网络上销售的七匹狼产品主要是库存货或者蹿货商品。一开始七匹狼对于这些淘宝电商采取的是扶良除假策略。因为当时七匹狼自己还没有涉足网络销售，也没有经验。因此，对于网上销售七匹狼产品的网店，只要不卖假货，价格和拿货渠道等方面公司都不加干涉。为了积累电商经验，七匹狼也开始设立淘宝旗舰店。经过两年多的网络混战，淘宝经营七匹狼产品的五大经销商，平均一年的销售额可以达到 5 000 多万元。七匹狼公司开始调整战略，以网络渠道经销授权的方式，对渠道进行梳理规范，同时将五大经销商进行“招安”，授予了五大经销商产品经销权。

七匹狼的网络渠道授权分为三个层次：第一层是基础授权，回款达到 500 万元就可获得基础授权；第二层是中级授权，回款达到 1 000 万元即可获得；第三层是高级授权，回款达到 3 000 万元即可获得。实际上，无论是“五虎上将”还是其他层次的授权，这些网店起家时都有蹿货、低价竞争等问题。“而在拿到授权后，经销商若再有蹿货、卖假等行为，就会‘杀无赦’。”

对于网络经销商的管理，并不仅仅是简单的授权。以“五虎上将”为例，最初，这几个大经销商同在淘宝平台，时常会打价格战。被招安后，七匹狼电商部门开始挖掘他们各自的优势，帮助他们找到自己的特色，这些大经销商有的擅长卖休闲产品，有的擅长卖商务类产品，有的擅长用户数据分析。找到各自的优势之后，钟涛对这些经销商进行了有针对性的引导。比如某家经销商擅长卖裤装，那么他的任务就是盯住市场上销售业绩最好的对手，跟随对方的变化。如果该经销商的裤装品类超出了最初的预期销售额，七匹狼电商会就这个单品单独给其返点。而另一家大经销商的长处是做库存，那么七匹狼电商就针对其特点加以扶持，库存来了之后优先分给他。

（资料来源：中国电子商务研究中心）

思考：七匹狼的线上线下渠道是如何做到不冲突的？

学以致用

渠道的激励和控制最难的是什么？企业应该如何去建立渠道的控制力？

第四节　分销渠道变革

一、全球分销渠道变革的趋势

随着全球经济一体化的持续推进和计算机网络技术的飞速发展，从 19 世纪末开始全球市场营销环境发生了深刻的变化。而中国加入世贸组织后，世界 500 强纷纷进入中国市场，抢占全球最大的消费市场。与普通民众生活息息相关的跨国零售巨头沃尔玛、家乐福，快餐连锁巨头麦当劳、肯德基等在全球高速扩张，让每个老百姓都切身体会到了全球化的浪潮。我国国内也出现了大量颠覆性的商业模式，以百度、阿里、腾讯为代表的互联网巨头，以天猫、京东为代表的电商巨头，以国美和苏宁为代表的电器大卖场的出现，颠覆了我们对分销渠道的认识。随着全球化浪潮和计算机网络技术的进一步发展，传统分销渠道面临关乎生死存亡的挑战。

分销渠道在全球发生着巨大的变化，表现在三个方面：首先，分销渠道成为培育和发展企业核心能力的重要源泉，渠道策略也开始侧重于强化企业的核心竞争优势。对于企业来说，能够具有覆盖和控制整个目标市场的营销网络，以及保证这个营销网络有效运转的营销管理体制，已经成为企业最宝贵、最重要的资本。其次，对营销渠道功能方面的认识发生了变化，渠道由原来的“物流”形式向增值服务转化。传统分销渠道是厂商接触顾客的载体与媒介，职能主要包括：分类、整理、匹配、仓储、运输等。随着信息技术的进步和营销观念的变化，营销渠道充当生产商和最终消费者之间信息搜寻、传递媒介的作用日益被人们所认识，在现代营销中服务越来越重要，企业销售的不仅仅是产品，还包括信誉、感情等功能，这是现代营销最基本的理念之一。最后，渠道构建需求导向由单纯从企业及其产品出发，转换为从顾客购买行为出发，使分销渠道系统内权力由生产商转向零售商，零售商逐渐居于举足轻重的地位。以顾客需求为起点来指导整个营销流程，是目前渠道构建的主要思路。总体看来，全球营销渠道的变化趋势如下：

1. 渠道扁平化

从渠道长度与宽度来看，渠道系统由“金字塔”式转向扁平化，“短宽型渠道”日益兴盛。随着市场竞争的加剧，越来越多的企业开始注重打破传统的“金字塔”式的销售渠道，摆脱传统的层次分明的模式，实施超越一批，超越二批，直接向终端经销商和最终消费者销售的基本营销策略，也就是采取短宽型渠道。短宽型渠道采取生产商—批发商或零售商—消费者的模式，使生产企业更主动、更全面地控制和开发市场。渠道越短，企业距最终消费者越近，对市场就越了解，产品性能就越符合消费者的需要，产品价格就更具有竞争能力。

2. 渠道多元化

从渠道类型选择来看，渠道系统由单一渠道转向多元化组合，直接销售与间接销售结合，大型超市、百货商店、仓储式商店、便利店和连锁专卖店等综合运用。渠道类型选择要根据不同地区的情况和产品情况来进行。对于某一产品的某一区域市场而言，传统方式是多数制造商只通过一个渠道进入，而如今，随着细分市场和潜在渠道的增加，越来越多的公司采用多元化市场营销渠道系统。多元化是指制造商利用两个或两个以上的渠道形成一个或多个细分市场。多元化渠道组合主要包括：在同一地区对某一产品同时使用多种渠道进行销售；在不同地区对某产品采取不同渠道；根据不同的产品线采用不同的分销渠道，如直接渠道与间接渠道或二者并用。通过这种增加渠道的方式及发展多元化渠道组合，可以弥补单一渠道形式的不足，从而实现三方面的利益：市场覆盖率的提高；渠道成本降低；更好地满足顾客的需求，提高产品的声誉。

3. 关系型渠道盛行

从渠道成员的合作方式看，传统的形式是交易型，而现在“关系型渠道”的概念风行营销界，其主要采取垂直营销系统。近年来，关于应发展渠道成员密切关系的观点逐渐得到了人们的重视。在纵向市场上传统营销渠道由独立的制造商、批发商和零售商组成，而其中的渠道关系是“我”和“你”的关系，即每一个渠道成员都是一个独立的经营实体，以追求利益最大化为目标，甚至不惜牺牲整个渠道和制造商的利益。而现代企业则越来越多地采取新兴的整合渠道，称之为垂直营销渠道，在这种渠道体系内，制造商、批发商和零售商联合成为一个统一体，即制造商与经销商由“你”和“我”的关系转变为“我们”的关系，从交易型向伙伴型转变。在垂直营销渠道统一体中，通过组织良好的渠道活动和团队合作，能消除渠道成员为追求各自利益而造成的冲突，使其共同致力于提高市场营销网络的运行效率，通过规模经济和减少重复服务，使制造商和分销商能给消费者提供低成本和差异化的产品及服务，且降低交易成本，最终实现双赢乃至多赢。现在，这种精心经营渠道关系的概念已经深入人心，正在成为一种企业文化。

4. 渠道终端受到空前重视

从分销渠道运作方式来看，以总经销商为中心的推进模式逐渐衰落，以终端建设为中心的拉动模式渐渐抬头，“逆向渠道”的概念开始流行。在传统的渠道构建中，一般以正向模式选择各级经销商，以厂家为出发点选择一级经销商、次级经销商，逐级控制，较易管理。但企业介入程度逐渐减弱，渠道管理的参与性与主动性较差，网络关系松散，厂家对终端几乎没有控制能力，使渠道的功能大打折扣。逆向模式是指从营销渠道的末端开始，向上考虑整条渠道的选择，即根据消费需求、消费行为和产品特性选择销售终端，充分考虑终端的特性和利益，弱化一级经销商，加强二级经销商，决胜终端零售商，通过加强各环节的协作，实现企业的战略意图。与正向模式相比，逆向模式的优势显而易见，真正体现了营销活动让“顾客满意”的目标。逆向模式有利于实施名牌战略，有利于发挥渠道成员的协同作用。

5. 渠道虚拟化

从渠道的地理影响力来看，虚拟市场将越来越重要，电子商务条件下的渠道设计方案成为有待解决的重要领域。传统的营销渠道都有自己或大或小的商圈范围，它主要取决于渠道所处的地理位置，即与目标顾客距离的远近，以及本身的实力和吸引力。而网络条件下虚拟市场的出现，使商圈范围不受时空的约束，可以无限扩展。

讨论 8-7： 渠道变革受到了哪些因素的影响？

实例 8-6　vivo 与 OPPO 的逆袭

可以这样讲，2016 年的中国手机行业，是 vivo 和 OPPO 蓝绿两兄弟的幸运之年，也是争议之年。自年初第三方统计机构公布了中国手机行业的市场份额，蓝绿两兄弟手机销量就迅速占据第二、第三名的位置，人们仿佛突然一夜之间发现了脱胎于步步高的这两家手机厂商，竟然如此凶猛，在不“经意”间就直接闯入了人们的视野。于是与华为、小米等一众主流手机厂家崛起时一样，有关 vivo 和 OPPO 崛起的分析连篇累牍。总结起来，无外乎是 vivo 和 OPPO 依靠原来步步高时代的渠道优势，在广大的 3～6 线市场通过与渠道商的独有资源，迅速成长，成为中国手机行业的新贵。同时，和其他新模式出现后一样，中国的手机行业又开始了新一轮的跟风，家家手机厂商表示要加大渠道的建设力度，vivo 和 OPPO 俨然又成为中国手机行业一个现象级的企业。

（资料来源：新浪专栏）

思考： vivo 与 OPPO 为什么能够逆袭成功？

二、国内分销渠道变革的趋势

1. O2O 在中国

O2O 一词由美国 TrialPay 创始人兼 CEO Alex Rampel 在 2010 年首次提出，他认为，O2O 是“在网上寻找消费者，然后将他们带到现实的商店中，是支付模式和为店主创造客流量的一种结合”。也就是说 O2O 是指在线上把顾客引流到线下消费的一种模式。但实际上，O2O 的内涵在不断的发展过程中已经发生了变化，O2O 已经不仅仅作为线下引流的工具（信息服务），同时还提供其他的服务例如支付、配送等服务。从分销渠道的角度来看 O2O，我们会发现中国的 O2O 企业例如饿了么、百度糯米等平台，其实扮演的就是渠道中的中间商的角色。饿了么在餐饮企业和消费者中搭建了信息、支付和配送的桥梁。

O2O 进入中国之后，在中国市场上产生了巨大的能量。国内的几大互联网公司和电商巨头，例如百度、阿里、腾讯、京东等均投入巨大的资本豪赌中国的 O2O 市场。短短几年，O2O 席卷中国各大市场领域，例如餐饮外卖行业有美团、饿了么和百度糯米等，家政行业出现了 58 到家、管家帮等，租车行业有滴滴出行、Uber、快的、神州专车等，生鲜配送、租房购房、在线教育、旅游门票等各行各业都不断地出现大量的 O2O 企业，也受到了资本市场的追捧。

我们要把 O2O 和传统的电商区分开来，电商在今天看来也要沦为传统的分销渠道了。厂家可以在天猫或者京东等平台开旗舰店、专卖店来进行产品销售，或者有些厂家不想自己做电商，也可以找网络分销商在平台开店来进行产品销售，因此电商只是把实体店搬到网络上去开。而且近几年来，电商发展也逐渐碰到了瓶颈，店铺推广的成本越来越高，与实体店相比已经失去了优势。O2O 与线上电商最大的不同是 O2O 认同实体店在分销渠道中的重要性，依托移动互联网技术来为实体店引流。对于企业而言，目前有几种 O2O 模式可以选择。

（1）引流模式。引流模式是指以线下实体店为核心，通过 O2O 平台为实体店引流，提高实体店的销售业绩。这种模式操作起来非常简单，例如很多实体品牌店都有微信公众号，引导每个到店消费的消费者都关注品牌公众号，使其成为会员，通过品牌公众号推送一些优惠措施给消费者，为实体店引流。过去酒店在客人离店后就几乎和客户失去了联系，但是现在通过微信公众号，酒店可以保持和客户的联系，通过分享该酒店的入住体验减免房费等手段刺激客户主动传播和再次入住。这种模式是 O2O 最初级的模式，主要还是提供一个信息推送和互动的平台。当然也可以利用第三方平台例如大众点评网、美团等推送优惠券来为实体店引流。

（2）平台模式。顾名思义就是利用 O2O 平台实现信息推送、网上预订、网上支付和网上评价等一系列功能，引导消费者到线下实体店体验和消费。O2O 平台可以自己搭建，例如小米，开始它只是一个传统的电商，现在也逐渐过渡到 O2O 模式，大量发展线下的实体店。小米是由线上到线下，实现了双向互通。也有许多厂家是由线下到线上实现双向互通，例如现在很多酒店通过携程网、途牛旅游等平台实现了在线预订到店直接入住，只需扫描二维码，无须去前台登记。通过 O2O 平台，酒店可以和客户更好地连接起来，实现线下到线上再到线下的互通。

（3）托管模式。有一些传统的渠道商抓住了 O2O 飞速发展的机遇，及时转型成为 O2O 服务提供商，为企业提供 O2O 体系搭建和转型托管服务。许多传统的厂商希望向 O2O 转型，却碍于资金、技术、人员等各方面的压力，这就可以采用托管模式，将 O2O 业务外包给 O2O 服务提供商。从线上微调研、微广告、微营销、微会员，到线下的商机孵化、招商外包和运营托管等业务都有专业人士为厂家提供服务。

当然，O2O 到底是什么，有哪些模式在理论界还没有定论。作为一个新鲜的事物，O2O 还有很长的时间值得去研究和思考。但总体来说，渠道变革的一个大方向就是 O2O，也就是实现线上和线下的融合。

讨论 8－8： O2O 的模式适用于所有企业吗？为什么？

实例 8－7　最后一公里

“最后一公里”的概念在营销界非常火爆，摩拜、ofo、小鸣、小蓝这些共享单车都在玩“最后一公里”的概念，新达达、阿姨帮、挂号网等也在玩这个概念。“最后一公里”通常是指整个产业链里，最后负责配送到消费者手中的那一段。“最后一公里”的传统做法是，将门店开到消费者的活动范围里去。传统的坐商，最后一公里的责任其实是转嫁到了消费者自己头上。换句话说，也就是中间商赚了最后一公里配送的钱，但是没有做最后一公里配送的事。

2000 年后，坐商改行商，关键的一点就是最后一公里的责任，主动进行了转移。从提货自取改成了送货上门，中间商的价值得到了提升。2008 年后，电商兴起，产品最后一公里的责任又再次进行了转移。电商采用各种方式进行免邮促销，但是邮费单列，第一次用货币的形式，表明了最后一公里的价值。快递、物流分担了中间商的活，分的当然也是中间商的钱。过去认为是天经地义免费的事儿，第一次因为渠道再分配，体现了自己的价值。

以新达达为代表的移动平台，采用移动和众包的方式解决所谓的最后一公里的问题。以具有大量闲散时间的“保安、保洁、保姆”为主要配送载体，解决中小商家或者个人的配送需求。这有点类似于 Uber，“吉祥三宝”们通过定位和抢单，完成配送任务，获取佣金，而中小商家需要为此买单。

10 年轮回，中间商的所有生意又回到原点，该中间商承担的，一件不少又回来了。中小商家过去不愿提供配送，现在是被迫要配送。不管最终的结局如何，“最后一公里”不可能再转嫁到消费者身上，这成为厂家或者中间商必须解决的问题。

（资料来源：第一营销网）

思考： 上述案例对于分销渠道的变革意味着什么？

2. 微商的兴起

微商火到什么程度，只要翻翻每个人的微信朋友圈就知道了。所以一提到微商，可能很多人首先想到的就是微信电商。当然在微信朋友圈经销商品其实也是属于微商的一部分，但是微商不仅仅是指微信电商，还包括通过例如微博、手机 QQ、QQ 空间、陌陌等 web3.0 时代所衍生的载体渠道进行商业活动的模式。大部分的知名厂家可能不屑于用微商这种方式来经营，但是许多中小型的企业采用这种模式。微商在国内是一个毁誉参半的存在，有人认为微商是变相的传销。许多微商的从业者认为微商给了他们一个自主创业的机会，也有许多消费者不堪骚扰，谈微商色变。目前微商在中国主要有两种模式。

（1）C2C 微商。C2C 微商是指个人到个人的一种微商模式。这种模式是最简单的微商模式，在“大众创业、万众创新”的大时代背景下，这种通过社交媒体、朋友圈分享来销售商品的个体微商越来越多。微商之所以受到各种质疑，也正是因为这种模式天生的缺陷所导致。由于这种微商模式存在不规范、缺乏监管、假货泛滥等问题，因此其未来不被看好。但在很长一段时间内，这种模式依然会存在，也会有相当一部分的中小厂商选择与这些个体微商合作，形成进一步的 B2C2C 模式来运营。

（2）B2C 微商。B2C 微商是指企业对个人的商业模式，这也是未来被看好的一种微商模式。企业通过微信或者其他平台提供的商业平台建立企业微店的方式来运营，当然也可以自建平台来运营。例如微信提供的微信小店以及京东的京东微店都是这种微商模式的代表。这种微商能够成立的关键在于有没有足够的粉丝作为支撑。B2C 微商一般会利用微信公众号或者直播平台、网红等打造自己，吸引粉丝，然后再把这些粉丝导流到企业的微店去。

目前微商在国内充满了争议，但是在分销渠道变革中，微商一定会扮演越来越重要的角色。随着自媒体时代的到来，这种靠熟人关系、线下直销模式的微商也会受到许多企业的重视，只是目前还没有比较成熟的模式，大大小小的企业都在探索应该如何来做微商。

实例 8－8　俏十岁叫停微商　退 2 亿元货款

头顶“微商鼻祖”的光环，单款面膜在短短半年时间内回款达到 10 个亿，在“微商≈俏十岁”的鼎盛时期，一纸《关于改进现有生产设备，暂停微商渠道供货的公告》横空而降，引发一片错愕之声。

俏十岁为何突然叫停微商？创始人武斌是这样解释的：“俏十岁一直在抓生产，把生产抓起来以后，发现市场乱了，假货、蹿货、价格体系的不可控等几大弊病造成了微商的被动，俏十岁作为微商的创始品牌，必须为市场、为消费者、为品牌负责。”从 2014 年 10 月下旬开始到年底，俏十岁退掉了微商代理 2 亿元的货款，并于 2014 年 12 月 25 日起至 2015 年 3 月 15 日，停止所有的微商渠道供货，恢复供货后，俏十岁将启动一套全新的防蹿货追踪系统，力求每一盒产品都可以追踪到买卖信息。

同时，为了让更多消费者购买到真正的俏十岁产品，2015 年俏十岁将大规模涉足线下实体渠道，事实上，俏十岁开年便与香港莎莎正式确定了合作，直接进驻莎莎旗下 279 家门店，先期择优从香港莎莎 104 家连锁店中选择 64 家进行产品投放，这也成为第一个微商品牌进入化妆品连锁店的成功案例。但是，微商远不是“产品＋代理”这么简单。武斌对欲将进入微商的品牌商们提出劝谏：“微商虽然爆发力强、回款快，但是现在做微商的大品牌都得砸大广告，做大促销，又要便宜又要好，还得发奖金，以及管理各种机制，当你管不了的时候对你的传统品牌将是一个最大的伤害。”

（资料来源：新浪博客　花子直播间）

思考：俏十岁为什么要涉足线下实体渠道？

学以致用

O2O 为什么会在中国特别火？O2O 和微商在中国的发展未来会走向何方？O2O 会对中国传统行业带来什么样的影响？

测试你掌握的知识

1. 简单解释什么是分销渠道。
2. 举例说明一家企业的分销渠道。
3. 渠道的模式和结构有什么区别？
4. 分销渠道的管理者应该如何制定渠道激励政策？
5. 为什么 O2O 和微商会在中国市场特别的活跃？

实训模块 8　渠道调研

营销团队从实干邦平台上任选一个企业某品类的产品，通过市场调查了解该企业该产品的分销渠道模式、结构以及该企业的渠道激励政策，撰写调查方案并实施调查，提交调查报告。

具体操作步骤可参考配套实训教材，也可扫描二维码，登录实干邦平台进行实训操作。

第九章　传播价值——促销策略

整合营销传播是一种以接收者的观点来观察整合营销过程的方法。

——菲利普·科特勒

【学习目标】

1. 掌握促销组合和整合营销传播的概念及相互关系。
2. 能够设计广告方案。
3. 能够制订并实施促销方案。
4. 理解公共关系并能够设计公关策划案。
5. 掌握人员推销和管理销售团队的方法。

【思维导图】

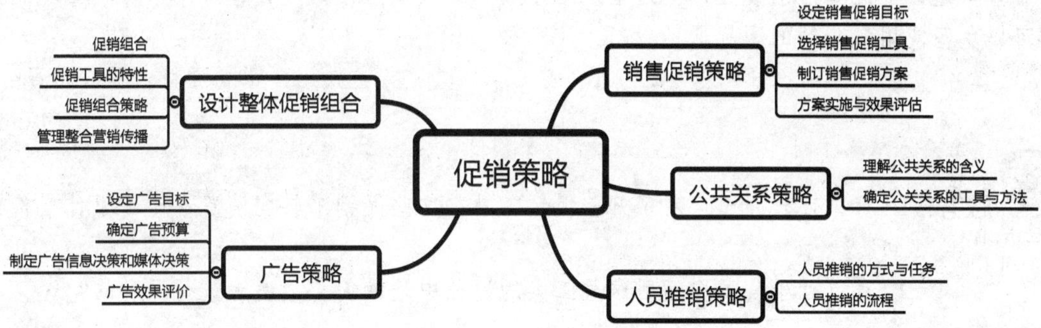

【营销实战】

可口可乐的促销和消费者互动

可口可乐目前是全球最大的饮料厂商，它为全球人们带来怡神畅快的美妙感受。目前，全球每天有 17 亿人次的消费者在畅饮可口可乐公司的产品，大约每秒钟售出 19 400 瓶饮料。

一、可口可乐创意互动装置

为年轻人提供“可乐流量”，紧跟数字时代，为你的手机加流量。在数字化时代，忘了什么都不能忘记带手机，缺了什么都不能缺少流量，对于整天泡在微博等社交网络中的年轻群体来说更是如此，赠送一瓶可乐的魅力也许真的远不及补充一点上网流量。于是奥美巴西为可口可乐度身打造了一次非常有意思的活动，将目标锁定在新兴市场——那些热衷移动设备和免费 Wi-Fi 网络的年轻人身上。

当然前提是用户首先需要下载一个可口可乐定制的浏览器，当打开浏览器并靠近这台机器，就如同用纸杯接满苏打水一样，手机也会被注满“可乐流量”，因此获得20M 的免费流量——也被可口可乐称为“20 公升的幸福”。

二、可以喝的广告牌

可口可乐公司在美国推出了一块“可以喝”的广告牌，以创新的形式与消费者互动。

这块重达 1 万多公斤的广告牌上安装了一个巨型可口可乐瓶，插着一根 1 300 多米长的吸管，蜿蜒拼出了“Taste it（尝尝它）”字样。冰凉畅爽的零度可口可乐顺着吸管流到试饮装置里，每个走过的路人都可以打开开关，免费品尝“从天而降”的零度可口可乐。

配合这个“可以喝”的户外广告牌，一支“可以喝”的互动广告也同步上线。观众可以通过下载指定 App，把电视荧幕中的大瓶零度可口可乐倒进手机里的杯子中。当杯子灌满后，用户将获得一张电子优惠券，可在指定零售店换取一瓶零度可口可乐。

三、可口可乐电话亭，所谓幸福就是有人为你着想

每一天都有很多南亚劳动力来到迪拜工作赚钱以获得更好的生活。他们平均一天只有 6 美元的收入，可打电话给家里却不得不花每分钟 0. 91 美元的费用。为了节省每一分钱，这些外来务工人员都不舍得打电话回家。所谓幸福，就是能听到孩子的叫声，能听到家人的声音。了解到这批人的实际情况后，迪拜可口可乐联合扬罗必凯广告公司开发了一款可以用可乐瓶盖当通话费的电话亭装置，把这些电话亭放到工人们生活的地区，每一个可口可乐瓶盖都可以免费使用三分钟的国际通话费。

（资料来源：学习啦）

思考：1. 可口可乐公司运用了哪些促销工具？这些促销工具向消费者传达了什么价值主张？

2. 可口可乐公司在运用这些工具的过程中是如何与消费者进行互动的？

要建立良好的顾客关系，企业除了需要开发一项好的产品、给产品制定有吸引力的价格，使顾客能够更方便、更放心地购买以外，还必须向顾客传播其价值主张，并且不应该浪费任何一次传播的机会。所有的传播努力都应该进行良好规划，形成整合营销传播计划。

第一节　设计整体促销组合

一、促销组合

1. 促销组合的含义

促销组合（Promotion Mix），也称为营销传播组合（Marketing Communications Mix），由广告、公共关系、人员销售、促销和直接营销工具的特定组合构成。企业运用这些工具来吸引顾客，令人信服地传播其顾客价值并建立顾客关系。上述五种主要促销组合工具的定义如下：

（1）广告（Advertising）：由特定的赞助商以付费方式进行的创意、产品和服务的非人员展示和促销活动。

（2）公共关系（Public Relations）：通过引起消费者的正面注意，树立良好的企业形象，处理或消除不利的传言、事件等，与企业各方公众建立良好的关系。

（3）人员销售（Personal Selling）：企业销售队伍为了销售产品或建立顾客关系而进行的人员展示。

（4）销售促销（Sales Promotion）：各种鼓励消费者购买产品或服务的短期刺激。

（5）直接营销（Direct Marketing）和数字营销：为及时获得反馈并培养长期顾客关系而与精心选择的目标顾客进行的直接联系。

每种促销方式都是这个整体里的一个要素，其中某一个要素的改变就会导致整体的变化，从而产生新的促销组合。与此同时，营销传播远不止于这些具体的促销工具。产品的设计、价格、包装的形状和颜色以及销售的商店等都向顾客传播了某些信息。因此，尽管促销组合是企业主要的传播活动，但完整的营销组合（4Ps）必须协调一致以产生最佳的传播影响。

2. 促销组合的作用

（1）提供信息，疏通渠道。产品在进入市场前后，企业要通过有效的方式向消费者和中间商及时提供有关产品的信息，以引起他们的注意，激发他们的购买欲望，促使其购买。同时，要及时了解中间商和消费者对产品的意见，迅速解决中间商销售中遇到的问题，从而密切生产者、中间商和消费者之间的关系，保持销售渠道畅通，加强产品流通。

（2）诱导消费，扩大销售。企业针对消费者和中间商的购买心理来从事促销活动，不但可以诱导需求，而且可以创造新的需求。当某种产品的销量下降时，还可以通过适当的促销活动，促使需求得到某种程度的恢复，从而延长产品生命周期。

（3）突出特点，强化优势。市场上同类产品之间的竞争日益激烈，要使消费者在众多的同类产品中将本企业的产品区别出来，就要通过营销传播活动，宣传和介绍本企业的产品特点，以及能给消费者带来的特殊利益，增强消费者对本企业产品的印象和好感，从而促进购买。

（4）提高声誉，建立品牌资产。企业的形象和声誉是影响其产品销售稳定性的重要因素。营销传播能够通过建立品牌知名度，树立品牌形象，引发品牌反馈，以及增强消费者与品牌间的联系来提高品牌资产。

二、促销工具的特性

每种促销工具都有其独特的特性和成本，营销人员在设计促销组合时必须了解其特性（如表 9－1 所示）。

表 9－1　促销工具及特点

促销工具	特点和作用	
广告	具体工具	电视、广播、印刷品、户外广告、互联网以及其他形式
	特点	广告能以一种很低的单位展示成本将信息传达给地理上分散的广大潜在购买者，它还能使销售方将一条信息重复多次
	局限性	广告只能与受众进行单向沟通；像电视等广告非常昂贵
销售促销	具体工具	折扣、优惠券、销售竞赛、卖点展示以及展演等
	特点	吸引顾客注意，强烈刺激购买，增强产品吸引力以扭转下滑的销售趋势
	局限性	效果通常是短期的，建立长期品牌偏好和顾客联系的效果不如广告或人员销售
公共关系	具体工具	新闻发布会、赞助、特殊事件以及网页等
	特点	高度可信（新闻故事比广告更真实可信）；覆盖许多避开销售人员和广告的目标受众，让信息以"新闻"而非销售导向的传播形式传达给购买者
	局限性	营销人员通常不能充分利用公共关系或者只是将它作为事后选择
人员销售	具体工具	销售展示、交易会以及促销项目
	特点	是购买过程后期最有效的工具，尤其是在树立购买者偏好、信念和促进行动上。与消费者面对面接触；培养关系；使购买者感觉有义务进行反应
	局限性	人员销售是企业最昂贵的促销工具；广告可以选择做或者不做，但是销售队伍的规模却很难改变
直销和数字营销	具体工具	产品目录、电话营销、自助服务机、互联网、移动营销等
	特点	可以为吸引具体的顾客而量身定制个性化的信息，可以与顾客进行互动。非常适合高度目标化的营销活动，以建立一对一的顾客关系
	局限性	和大众沟通相比人均接触成本更高；消费者对于某些类型的直销可能持负面观点

企业在设计促销组合时必须考虑产品市场类型、顾客的购买意愿、产品生命周期阶段和市场等级等因素。本章将具体讨论广告、销售促销、公关关系和人员销售，在下一章新的营销方式中将具体讨论直销和数字营销。

讨论9-1：不断变化的传播环境如何影响企业向你传达产品和服务？如果你想买一辆新车，你可能会从哪里听到各种车型的信息？你会在哪里寻找信息？

三、促销组合策略

营销人员可以在两类基本的促销组合策略中做出选择，即推式策略与拉式策略。两者强调的具体促销工具不同，图9-1对两种策略进行了比较。

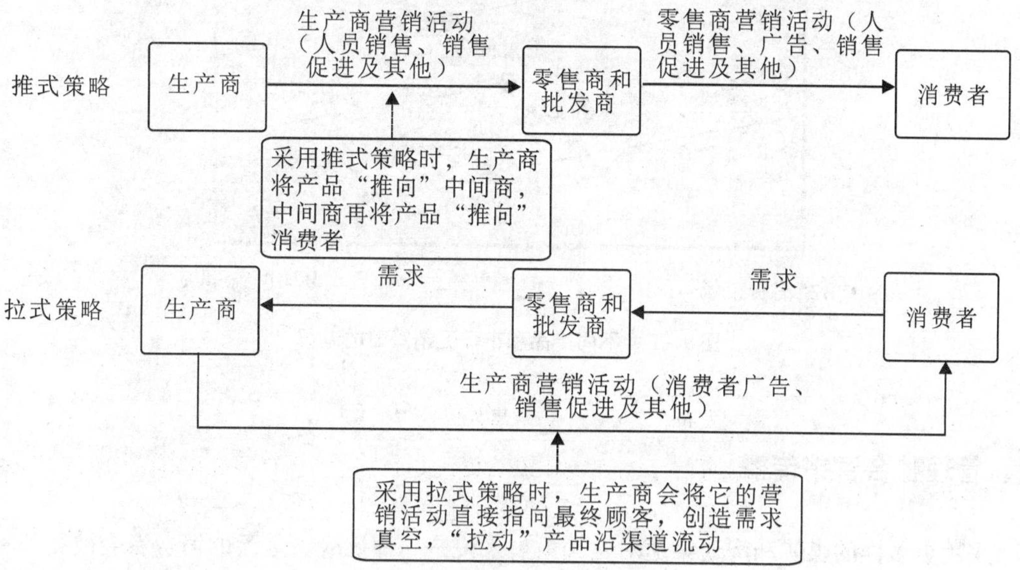

图9-1 拉式策略与推式策略

推式策略（Push Strategy）指的是生产商利用其营销活动（主要是人员推销或经销商促销的方式），把产品推向分销渠道的中间商，再由中间商推向零售商，零售商推向最终消费者。推式策略因其是沿着渠道一级一级进行的，所以被称为推式。这种策略适用于单位价格较高、性能复杂、产品的使用方法需要进行特殊说明或示范、分销渠道较短或者市场较为集中的产品。该策略的好处是销售周期短、资金回收较快、风险相对较低。

拉式策略（Pull Strategy）指的是生产商将其营销活动（主要是广告、消费者促销、直销和电子营销）直接指向最终顾客并促使他们购买产品。需求拉动的方向与推式策略刚好相反，它由市场需求反过来拉动零售商、批发商，再由批发商把需求转向生产者。该策略适合单位价值较低、处于长渠道、市场较大或分散的产品。

一些工业品企业仅仅采用推式策略，一些直销企业仅仅采用拉式策略。然而，大多数企业采用的是两种策略的组合。例如，联合利华每年在消费者营销和销售促进上花费85亿多美元以建立品牌偏好，将消费者吸引到贩售其产品的商店。同时联合利华也利用自己和分销商的销售团队及经销商促销来沿着渠道向下推动其产品，这样顾客来到商店时，货架上才会有联合利华的产品。

企业在设计其促销组合战略时需要考虑许多因素，包括产品和市场类型。例如，在消费者市场和产业市场中不同促销工具的重要性就不同。B2C 企业通常会更多地“拉动”，首先将资金更多地投入到广告上，其次是销售促进、人员销售，最后才是公共关系；而 B2B 营销人员倾向于使用更多的“推动”，将其资金更多地投入到人员销售，然后才是销售促进、广告和公共关系（如图 9－2 所示）。

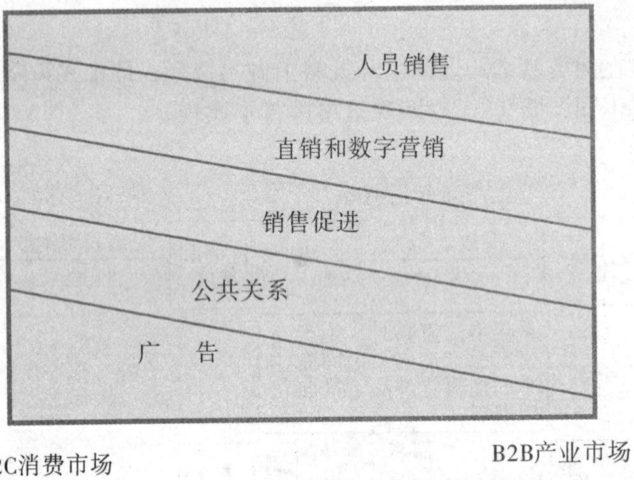

图 9－2　不同产品和市场促销策略的差异

四、管理整合营销传播

采用更多样的媒体和沟通渠道对营销人员来说是一种挑战。今天的消费者会被各种不同来源的商业信息轰炸，但是顾客并不会像营销人员那样去分辨信息来源。在顾客心中，来自不同媒体、不同途径（不管是电视广告、店内展示或者朋友的社交分享等）的所有广告信息都将整合形成关于企业的唯一信息。不同来源的互相矛盾的信息将会导致混乱的企业形象、品牌定位及顾客关系。但大多数情况下，企业无法整合其多样的传播渠道，使顾客面临传播信息大杂烩。大众传媒广告说的是一回事，店内促销却传递了另一个信号，而产品标签又在传播另外一种信息，甚至企业网站、邮件、微博、公众号、App 又与上述内容都不一致。以上问题就在于这些传播信息通常源自企业的不同部门，广告信息是由广告部或广告代理执行的；人员销售传播是由销售部门展开的；其他公共关系、销售促进、网络营销等各种形式的营销传播都由各种不同部门负责。但是，企业可能会区分不同的营销传播工具，消费者却不会，来自不同渠道的不同传播信息将会导致顾客品牌感知的模糊化。这个充斥着线上和社交媒体营销、平板电脑、智能手机、移动 App 的新时代，充满着机遇和挑战。最大的挑战在于用有组织的方式，把不同的传播渠道整合在一起。

如今，越来越多的企业在采用整合营销传播（Integrated Marketing Communications，IMC）的概念。在这个概念的指导下（如图 9－3 所示），企业会慎重地整合和协调其传播渠道，以传递关于企业及其产品的一致、清晰、令人信服的信息。

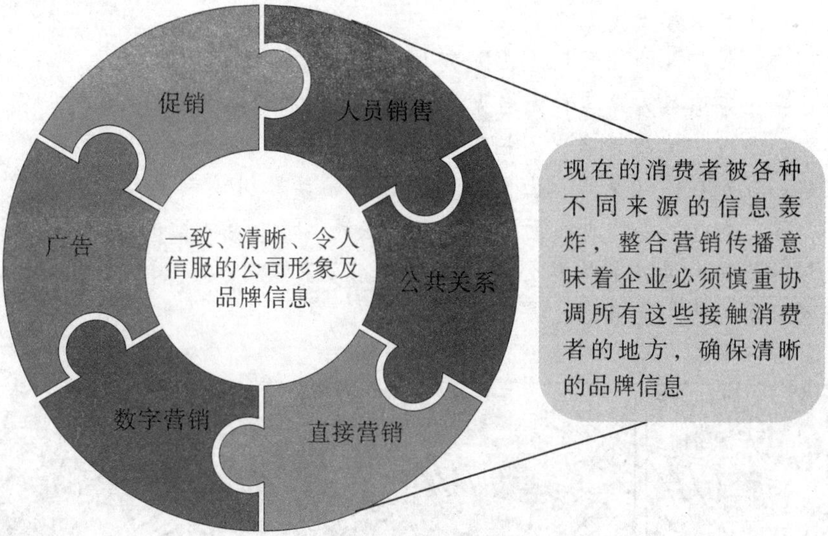

图 9-3　整合营销传播

整合营销传播要求找出顾客可能接触到企业和品牌的所有接触点，每次的品牌接触都会传递一个信息。企业的目标是在每次接触时都传递一致且正面的信息。整合营销传播会将企业所有的信息和形象融为一体，使企业的电视广告、印刷广告、邮件、人员推销、公共关系活动、网站、在线社交媒体及移动营销等都传达相同的信息、形象及感受。通常，不同的媒体在吸引、告知和说服消费者时会扮演不同的角色，而这些角色必须与整体的营销传播计划协调一致。所以，整合营销传播也被称为 Speak With One Voice（用一个声音说话）。

在过去，没有一个部门或个人会负责考虑各种促销工具的角色并协调促销组合。为了实现整合营销传播，一些企业已经开始任命营销传播总监来负责企业整体的营销传播活动，这有助于提升传播一致性，并发挥更大的营销影响力。一旦正确实施，整合营销传播将会提高企业把正确的信息在恰当的时间和地点送达合适顾客的能力。此外，整合营销传播还提供了观察整个营销过程而不是只关注某个部分的方法。

讨论 9-2：整合营销传播与促销组合是如何关联在一起的？

实例 9-1　加多宝《愤怒的小鸟》整合营销传播

2016 年与《愤怒的小鸟》电影的牵手合作，是加多宝第一次尝试世界级的 IP 营销。IP 不是万能的，能够玩转 IP 营销有效传达品牌核心诉求，尤其是和全世界的年轻人一起来一场“青春修炼旅程”，这是加多宝牵手《愤怒的小鸟》的根本目标所在。

目标：借助《愤怒的小鸟》电影，强化“预防上火”产品定位再教育，引发消费者的关注和讨论。以“大战无名火”场景式营销，持续深化移动“互联网 +”和品牌年轻化战略，夯实金罐加多宝凉茶领导者地位。

受众：泛 90 后人群

传播内容：正宗凉茶大战无名火

产品层面：紧扣产品的“预防上火”定位，强化认知

品牌层面：正宗凉茶大战各种无名火，激发年轻人的情感共鸣

微站层面：通过“大战无名火　扫码赢金罐”导流，激活粉丝互动

媒介策略：以新媒体（微博、微信）为引领占领话题讨论制高点，通过整合网络、新闻客户端、平面、电视等媒体进行面上的覆盖，在线上形成点+面的媒体覆盖矩阵；利用视频广告、机场、户外大屏、影院等公共场合，并借助百度外卖、京东等电商、O2O平台合作伙伴的流量资源，集中优势进行曝光和导流。

项目执行：

1. 首例二次元“代言人”加冕：4月20日，在金罐加多宝上市一周年庆典上，金罐加多宝授予《愤怒的小鸟》电影主角“胖红”为“大战无名火全球大使”，开创凉茶业首位二次元“代言人”先例，并正式拉开《愤怒的小鸟》电影营销序幕，为小鸟限量装上市作铺垫。

2. 一次疯狂预售：5月6日，金罐加多宝“愤怒的小鸟限量装”在京东开启全球预售，48小时接受预订人数超过13万，成功预售出百万罐，预售数量可以铺满一个“鸟巢”。

3. 全民大战无名火：从5月9日开始，陆续推出“大战无名火”的社会化病毒海报+话题，并联合二次元星座大号“同道大叔”进行话题原创。同时，超过300位媒体记者&KOL通过个人社交媒体晒罐、晒“大战无名火大使”聘书，不断扩展传播话题的广度和深度。此外，从影视、娱乐、文艺、美食、营销等多个维度创作年轻人喜欢的内容，并面向精准自媒体进行定向投放，将“预防上火”做深做透。相关话题阅读量高达3 000万以上。

4. 一场大使级微信发布会：5月9日，由“大战无名火全球大使”、二次元界大IP“胖红”作为发布会主持人，联合十多家合作品牌打造共享型罐体经济生态圈，开启“扫码赢金罐”主题互动微站平台，推进加多宝移动互联网+战略再升级。项目执行期内，“扫码赢金罐”微站互动平台总浏览量达2 066万人次，总参与人数达630万人次。

5. 线上线下合力一处：5月17日，借势电影首映礼金罐加多宝“占领”鸟巢，并通过在央视6套采访、自媒体发布等持续释放“正宗凉茶大战无名火”话题，引发热议；5月21日，全球首个不怕上火公馆惊现北京CBD万达影城，大战无名火大使“胖红”到场与消费者热烈互动，并在全国各地影院掀起“集产品展示、终端售卖、大使互动以及观影于一

体，最大化实现产品曝光、助力销售”的占领影院行动，金罐加多宝“愤怒的小鸟”限量装火爆大街小巷。

（资料来源：中国公共关系网；图源：加多宝（中国）饮料有限公司）

思考：结合案例分析加多宝《愤怒的小鸟》整合营销传播是如何向消费者转播一致、清晰、令人信服的品牌形象及品牌信息的？使用了怎样的促销组合策略和工具？

学以致用

假设你在一家销售下述产品的公司任营销部总监（A. 环保型家庭清洁用品；B. 由设计师设计的大学生书包；C. 适合白领喝的解压果酒），你正在准备一项促销计划。请就下列各项提出你的建议：①营销传播目标；②推式策略还是拉式策略；③如何使用促销组合工具。

第二节　广告策略

广告（Advertising）是企业以付费的形式，通过一定的媒介，向广大目标消费者传递信息的方式。在开发广告项目时，营销人员首先要确定目标市场和购买动机，然后做出五个重要决策，即著名的5M：任务（Mission）——广告的目标是什么？预算（Money）——要花多少钱？信息（Message）——要传送什么信息？媒体（Media）——使用什么媒体？测量（Measurement）——如何评价结果？

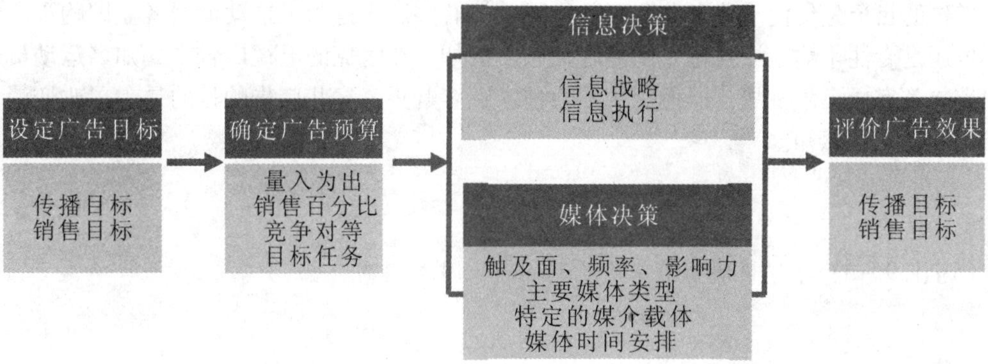

图9-4　不同产品和市场促销策略的差异

一、设定广告目标

广告目标是针对特定受众在特定时期内需要完成的特定传播任务和成就水平。广告目标可以根据广告的目的分为告知、说服和提醒三种（如表 9－2 所示）。

表 9－2　广告目标

告知性广告	传播客户价值 树立公司和品牌形象 向市场告知新产品信息 说明新产品如何使用	提出某种产品的若干新用途 通知市场有关价格变化的情况 描述所提供的各种服务 纠正错误的印象
说服性广告	建立品牌偏好 鼓励消费者转向你的品牌 改变消费者对产品价值的感知	说服顾客马上购买 说服顾客接受一次推销访问 让已经信服的顾客将品牌告知他人
提醒性广告	保持顾客关系 提醒消费者可能在不久的将来需要这个产品	提醒消费者在何处购买该产品 让顾客在淡季也能记住这种产品

告知性广告主要用于新产品的开拓阶段，其目的在于建立初级需求。随着竞争加剧，说服性广告变得越来越重要。此时，企业的目的在于建立选择性需求。一些说服性广告属于对比性广告，或称攻击性广告，此时，企业直接或间接地把自己的品牌跟其他品牌相比较。你可以在几乎所有产品类别中看到对比性广告，从运动饮料、手机、电脑、化妆品到汽车租赁和信用卡等行业。但广告主应该慎重使用对比性广告，这类广告通常会引发竞争对手做出反应，导致对双方都不利的广告战。

提醒性广告在产品的成熟阶段十分重要，它可以帮助维持顾客关系，以便让消费者记住这种产品，昂贵的可口可乐电视广告的目的既非通知，也非说服消费者在短期内购买产品，而主要是为了建立和维持消费者与可口可乐品牌的联系。

广告的目标是促使消费者向购买阶段移动，有些广告是为了推动消费者立即购买。但许多广告还是专注于建立或强化长期顾客关系。例如，在耐克的电视广告中，知名运动员会身着耐克装备完成极限挑战，但他们从不会请求顾客购买，这些广告的目的是为了改变消费者对品牌的认知和感知。

讨论 9－3：举例说明生活中所见到的这三种类型的广告。

二、确定广告预算

确定了广告目标之后，企业就可以着手为每个产品制定广告预算。营销人员在确定广告预算时要考虑五种因素（如表 9－3 所示）。

表 9－3 确定广告预算考虑因素

影响因素	说明
产品生命周期阶段	新产品一般需要大量预算建立品牌知名度；老品牌广告预算占销售额比重比较低
市场份额	具有较高市场份额的品牌一般只需花费占销售额较小比重的广告预算；而通过扩大市场规模来增大份额，则需要较多广告支出
竞争与干扰	在存在众多竞争对手和高额广告支出的市场中，企业必须提高广告预算
广告频次	为使消费者能接收品牌信息而需要重复做广告，会显著提高广告预算
产品的特点	日用产品需要做更多的广告以建立差异化的形象

在这里，我们将介绍四种确定广告预算的通用方法：量入为出法、销售百分比法、竞争对等法、目标任务法。

1. 量入为出法

量入为出法，即根据管理层认为的企业支付能力来确定促销预算。小企业通常会采用这种方法，原因在于企业在广告上的花费并不能超出企业现有的资金。用总收入减去运营费用以及资本费用，然后将剩下资金中的某个比例投入广告。不幸的是，这种安排预算的方法完全忽视了促销对销量的影响，其倾向于将促销放在费用优先次序的最后一项，即使在广告对企业的成功至关重要的情况下也是如此。这会导致企业年度促销预算充满不确定性，给制订长期市场计划带来困难。

2. 销售百分比法

销售百分比法，即根据目前或预期销售额的某个百分比来确定促销预算，或者根据单位销售价格的某个百分比来确定促销预算。销售额百分比法有很多优势：它使用简单，并且能够促使管理层考虑促销成本、销售价格以及单位利润之间的关系。但尽管拥有以上这些优势，销售百分比法仍然难以立足，因为其错误地将销售额看成促销的原因，而非促销的结果。最强的品牌有着最高的销售额，因此能够承受最大的广告预算。因此销售额百分比法是基于能够获得的资金而非机会。它有时可能会否定为扭转下降的销售额所需要增加的广告支出。另外，由于预算会随着每年销售额的不同而变化，企业很难制订长期计划。最后这种方法除了参照过去的行为和竞争对手的行为外，没有提供任何选择具体百分比的依据。

3. 竞争对等法

竞争对等法，即根据竞争对手的费用来确定自己的促销预算。他们监视竞争对手的广告，或者从公共出版物获得行业的促销成本估算，并根据行业平均水平确定自己的预算。有两个假设在支持这种方法，首先，竞争对手的预算代表行业的集体智慧；其次，竞争对手支出多少自己就支出多少，有力防止出现（障碍）促销战。不幸的是这两条假设都不正确。企业与企业会有很大的不同，每家企业都有其自身独特的促销需求。最后，没有证据表明基于竞争对手的预算会阻止促销战。

4. 目标任务法

符合逻辑的预算编制方法是目标任务法，企业根据它想要通过促销达成的目标来确定促销预算。这种预算方法需要确定具体的促销目标、决定达到这些目标所需要完成的任务、估算完成这些任务的成本。这些成本的综合即为促销预算。

目标任务法能迫使管理层理清他们关于所花费用和促销结果之间的关系，但这也是最难运用的一种方法。通常企业很难分辨出哪些具体任务会达成哪些具体的目标。

无论采用哪一种方法，广告预算决策都不是一件容易的事。百货商店巨头约翰·沃纳梅克曾经说过："我知道我有一半的广告费都是浪费掉了，但不知道是哪一半。我花了200万美元做广告，但不知道这笔钱是只够一半还是多花了一倍。"此类想法的结果就是当经济不景气的时候，广告预算通常是最先被缩减的。减少品牌建设类广告的预算似乎对短期销售没什么影响。但长期来看，缩减广告预算很可能会对品牌形象和市场份额造成长期危害。事实上，在竞争对手缩减广告预算的时候，能够维持甚至增加其广告预算的企业将会获得竞争优势。

三、制定广告信息决策和媒体决策

在过去，企业普遍认为媒体策划的重要性低于信息创造过程。创意部门会首先制作好的广告，然后媒体部门选择和购买向目标消费者投放广告的最佳媒体。这经常会在创意策划和媒体策划之间造成摩擦。如今媒体费用不断上升，营销战略更为聚焦以及新媒体涌现的趋势，提高了媒体规划的重要性。现在，在广告活动中使用何种媒体（电视、杂志、手机、网站还是电子邮件）有时比活动的创意元素更重要。而且，如今的品牌信息和内容也通常是在消费者互动或消费者之间的互动过程中联合产生的。这使得越来越多的企业对信息和传递信息的媒体进行更紧密的协调。企业是在广泛的媒体范围内创造和管理品牌内容。

1. 广告信息决策

（1）制定信息战略。创造有效广告信息的第一步是决定大体上要向消费者传播什么样的信息，即制定信息战略。广告的目的是让消费者以某种方式接触或响应产品或企业，而人们仅仅限于那些对他们有益的东西。因此制定一个有效的信息战略首先要识别出可以成为广告诉求的顾客利益，最理想的状态是让广告信息战略、企业大的战略定位和顾客价值战略保持一致。

（2）策划信息创意。信息陈述应该清楚、直接地概括广告顾客所要强调的利益和定位点。下一步则需要广告人员想出一个令人信服的创意，把广告信息以差异化和可记的方式展示出来，在这一步，简单的信息创意会变成很好的广告活动。通常一个广告文案和艺术指导将会合作产生很多创意，希望其中之一能够成为可实现的出色想法，这些创意可能是视图、广告语或者两者的综合。

（3）设计诉求点。创意将指导广告活动选择具体诉求点。广告诉求点应该具有三个特征：①有意义的，体现了能让消费者更想要或者觉得产品更有趣的利益；②可信的，消费者必须相信产品或服务能够传达企业所承诺的利益；③最有意义和最核心的利益也可能并不是最好的广告诉求点，诉求点还必须做到差异化，要告诉消费者这个品牌为什么比其他竞争品牌好。例如，手表最有意义的利益是知道精确时间，然而，很少有手表广告强调这一利益，而是会选择其他的广告主题。比如，多年来天美时一直强调自己是可负担的手表。而劳力士的广告从来不说准时而强调品牌追求完美的特性以及"劳力士在超过一个世纪的时间里，都是卓越和荣誉的象征"的事实。

（4）信息执行。广告人需要把创意转变为实际行动，抓住目标市场的注意力和兴趣，创意团队必须找到最好的风格、语气、词语和形式去执行这个信息。广告信息可以通过不同的执行风格呈现，比如，可以通过生活片段、生活方式、美妙幻想、心情和形象、音乐片、个性标识、专业技术、作证或代言等。

广告人同时也必须为广告选择一种语言基调。宝洁公司通常采用肯定的语气，它总是在广告中宣传其产品非常正面的信息，也有很多企业采取冷幽默的方式，在广告干扰中脱颖而出。百威淡啤的广告在此方面非常著名。广告人还可以在广告中使用容易记忆和引人注目的词语。

广告设计中一个很小的改进，可能会大大地提高广告的吸引力。首先，在印刷品广告中，插图是观众第一眼注意到的东西，所以其必须有足够强烈的吸引力；其次，标题必须有效地推动合适的人们去阅读广告的文字；再次，文案要简单强烈，且让人信服；最后，这三个方面要进行有效的协调，令人信服地呈现顾客价值。

总之，广告主不能再像以前那样通过传统媒体给消费者强制灌输千篇一律的乏味信息。为了获得和保持消费者的注意力，今天的广告信息要更好地规划，要更有想象力、更加有趣，在情感上更引人入胜。简单的打扰消费者不再有效果，除非广告足够有趣、有用、有娱乐性，否则消费者将直接跳过它。

实例 9－2　I Do 纪念日系列广告传播

离婚率上升已成为备受关注的社会问题。基于市场洞察，I Do 发现婚后情感表达的缺失是中国婚姻频亮红灯的症结所在。如何让 I Do 不仅仅是婚礼时刻的一句誓言，而成为用一生来兑现的承诺？I Do 希望通过一场营销战役，传达“不忘初心，方得永恒”的正能量婚姻价值观。首先，I Do 邀请社会学者共同发起“结婚证 7 年有效期”争议性话题。随后，征集千对夫妻红底照，并同天上刊 4 大报纸整版头条。在社会对婚姻情感问题空前热议的舆论背景下，“纪念日”系列正式上市，并配合 3 部 TVC 推出。最后，I Do 所属恒信钻石机构推出“结婚纪念日 7 天假”，践行情感宣言。本次传播中的情感观点一直被社会讨论至今，“纪念日”系列产品已成为婚后情感表达的重要载体。

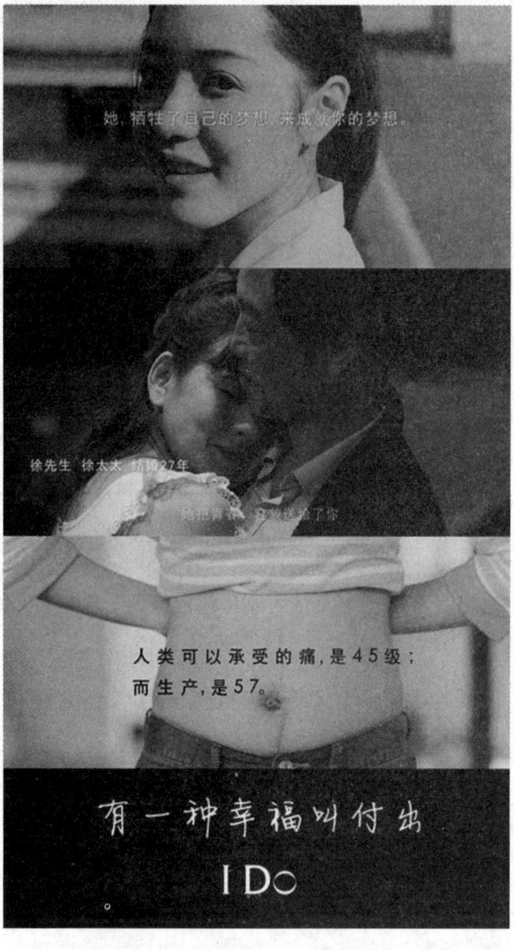

以社会化媒体为主，将传统媒体作为二次传播渠道，并通过电视、广播等媒体进行整合传播。

2016 年 I Do 纪念日系列广告从已婚女性生活的不同角度切入，叙述她们的爱与伟大。而在 2017 年的纪念日系列最新的广告《为爱不畏别的》中 I Do 以一个男性的视角，并通过倒序的方式讲述了一个男人为了爱，成长、改变的故事。

电影《摆渡人》的片尾提到这样一句话“吃什么不重要，最重要的是一起吃饭的人”，相信许多人对这句话都有各自的理解与感悟。“吃饭”这件事是生活中最平常且必不可少的，而陪你吃最多顿饭的人除了家人，就是爱人。在I Do纪念日系列2017年的最新广告中，I Do将视角聚焦到平淡的生活中，比如“吃饭”这件小事。两人一辈子一起做过最多的事，除了爱，就是一起吃好多好多顿饭。

这则广告由北京奥美携手泰国导演操刀。在谈及广告创意点时，北京奥美执行创意总监庄健说：“在构思今年I Do纪念日系列的创意想法时，我们先抛出一个问题，夫妻生活中，一辈子最常做的，到底是什么呢？想了好久好久，突然电话响起，是老板（太太）打来的，她问‘今晚回不回来吃饭呀？’对哦，那就是——吃饭！这就是为什么我们会想到用吃饭作为这部片的创意点了。因为每天吃饭的时候，就是专属于两人沟通的时间。”

I Do透过这两部广告让已婚男女可以审视自己的婚姻，唤醒人们对于平淡、朴素爱情的珍视。而关于“爱”的话题，I Do似乎有了更多层面的诠释。

不同于传统新品发布侧重传递产品设计灵感的传统概念，该系列的发布关注中国夫妻婚后情感建设缺失的社会性话题，并通过一系列整合营销传播战役，让“纪念日”系列产品深入人心的同时，更传递出品牌“不忘初心，方得永恒”的情感理念，助力品牌情感理念的升级。

（资料来源、图源：中国公共关系网）

思考： I Do纪念日系列广告在设计传播信息上有何特点？这样做有什么好处？它在传播媒体选择上与传统的奢侈品（特别是珠宝品类）有何不同？

2. 选择广告媒体

媒体选择是寻找最具成本效益的媒体传递信息，从而得到预计数量的曝光的过程。

（1）选择媒体类型。媒体策划人员要了解主要媒体的成本、优点和局限性（如表9-4所示）。

表9-4 主要媒体的特点

媒体	优点	局限性
报纸	灵活性高、迅速及时，地理选择性好、可信度高。报纸广告制作比较简便，广告价格相对较低	保存性差、内容庞杂、易分散注意力、清晰度也较差
电视	综合视觉、听觉和动作表达，能够较好地吸引观众的注意力。极广的地域范围里，迅速传递信息，到达率高	成本高、曝光时间短、观众缺乏可选择性

（续上表）

媒体	优点	局限性
杂志	针对性强，保存期长，传阅者多。读者层次和类别较为明确，尤其是专业性杂志，可信并有一定权威性	传递信息的延迟性较大；无法保证版面；读者有一定的局限性
广播	传播速度快，时效性强，收听不受时间、地点限制；成本低；地理和人口方面的选择性高	速度快、没有视觉上的刺激，不容易记忆，曝光时间短
直接邮寄	受众选择性高；灵活。在同一媒体内没有广告竞争；个性化	相对成本高；“垃圾邮件”形象
户外广告	路牌、海报、传单、招贴面、灯箱等。灵活；重复曝光率高；成本低；竞争少	受众选择性低
网络	高选择性；互动性强；成本相对较低	上网人群的数量限制
广告小册子	灵活；易控制；可以通过戏剧化的手法强化效果	过量制作会导致成本过高
新媒体	新媒体是新的技术支撑体系下出现的媒体形态，如数字杂志、数字报纸、数字广播、手机短信、移动电视、网络博客、桌面视窗等。相对于报刊、广播、电视、互联网四大传统意义上的媒体，新媒体被形象地称为“第五媒体”	

营销人员在选择媒体类型时可以采用如下方法：

①信息到达程度筛选法。以基本读者量、到达率、毛评点作为比较参数进行纵向和横向比较，从中选择与目标对象吻合度高的媒体。

②诉求定位判断法。以广告的诉求定位作为判断标准，选择与诉求定位相适应的媒体，比如理性诉求选择印刷媒体为宜，情感诉求选择电子媒体为宜。

③媒体接触机会比较法。对广告目标市场内各种媒体的接触机会进行比较，一般以接触率为对比参数，在同类型媒体中进行纵向比较，在不同类媒体之间进行横向比较，从中选择接触率比较高的媒体。

④千人成本效率比较法。千人成本是指每千人所需要的广告费用。广告接触者的人数越多，每千人成本就越低。千人成本是媒体选择的一个重要标准，一般选择与传播目标吻合度好，每千人成本较低的媒体。

实例 9－3 中国广告发展趋势

根据中国广告协会发布的最新数据，2015 年中国广告市场规模约为 5 973.41 亿元，同比增长 6.56%，自 2012 年起，复合增长率达 6.19%，过去七年广告市场的发展主要来源于经济总量的扩大，而市场规模占经济总量的比例基本保持稳定。广告市场的规模主要取决于经济总量及其占比，2012 年中国广告市场规模占 GDP 的比重为 0.90%，之前很长一段时间内徘徊在 0.50% 与 0.70% 之间，这一数值与美国（平均约 2%）、日本（平均约 1.2%）等国相比明显偏低，具有较大的增长空间。一方面，我国广告市场起步较晚，产业分散，市场成熟度较低，媒体资源价值没有得到充分挖掘；另一方面，国内企业总体处于产品广告阶段，品牌塑造、建设和维护尚未完全展开，广告预算相对较低。随着我国经济结构调整，创新战略、品牌战略的持续推进，国内品牌主的预算将大幅提高，媒体资源价格还将继续上扬，并共同推动广告市场规模的占比快速上升，逐步接近美国。未来五年，广告市场占 GDP 的比重可能达到1%～2%，复合增长率达到10%～20%，五年内将达到万亿规模。

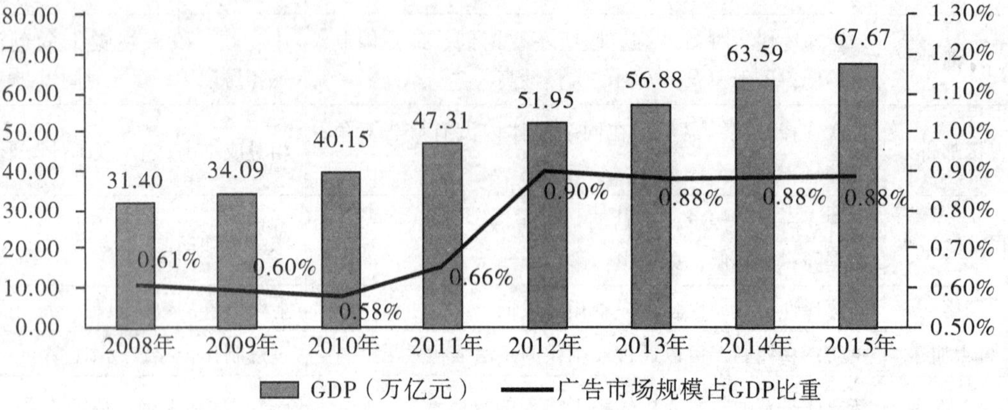

2008—2015 年中国广告市场占 GDP 的比重

近年来，随着互联网及移动互联网应用普及率的提升，微博、微信、视频、SNS 等新型传播方式频现，电子商务发展日趋成熟，品牌主的传播和销售可以同时在互联网（包括移动互联网）实现，销售又为品牌主的传播提供了内容和口碑，数字营销传播呈现“传播即营销、营销即传播”的特征，数字营销传播在品牌主营销传播中的地位持续提升，电视广告与中国广告市场总收入的份额由2013 年的36. 30%下降到2015 年的29. 20%，数字广告收入（包括互联网及移动互联网）占中国广告市场总收入的份额由2013 年的30. 30%上升到2015 年的43. 60%，电视广告占中国广告市场总收入的份额由2013 年的36. 30%下降到2015 年的29. 20%，数字广告已经超越电视成为第一大媒体。

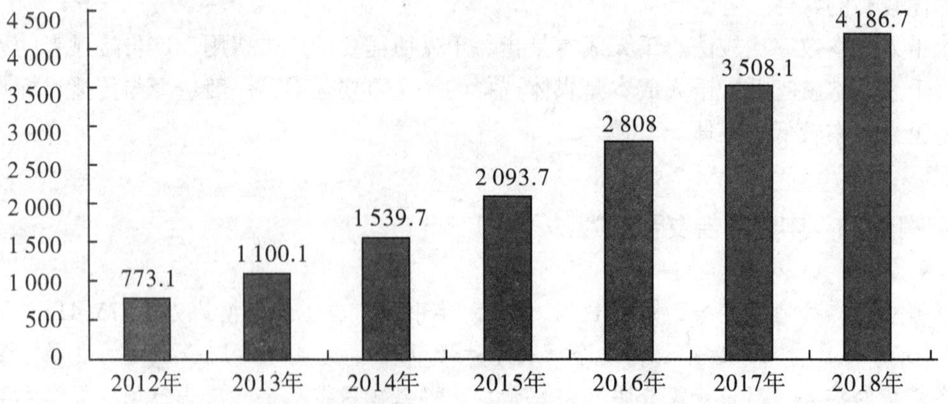

2012—2018 年中国网络广告市场规模及预测（单位：亿元）

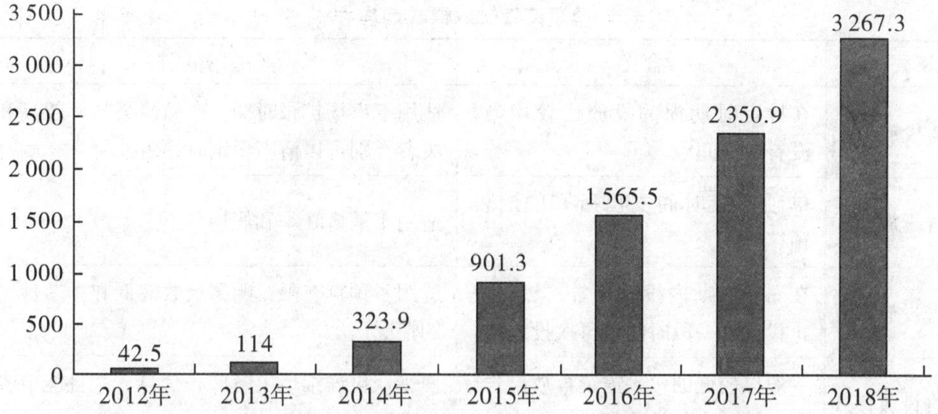

2012—2018 中国移动广告市场规模及预测（单位：亿元）

随着互联网及移动互联网在未来的不断发展，各种基于数字技术基础不断涌现的数字媒体新形式将逐步实现媒体的无缝衔接，实现消费者24小时的媒介接触及媒介使用生活，70后、80后、90后、00后将成为全面数字化的一代，数字营销传播未来将越发重要。从数字营销传播市场竞争格局来看，社交广告已经成为广告主倾向的广告类型，腾讯、微博成为中国广告主最看重的媒体资源，用户规模及社会化传播价值成为广告主选择媒体的关键因素。总体而言，移动、社会化和大数据成为中国数字营销的三大核心趋势。

（资料来源、图源：智研咨询发布的《2017—2022年中国广告+互联网行业调研及投资战略咨询报告》）

思考：结合本案例谈谈你对广告媒体及其发展的认识。

（2）媒体的时间选择和分配决策。在选择媒体时，营销人员面临宏观时间安排和微观时间安排问题，另外还要确定其投放地点。

①宏观时间安排问题。宏观时间安排问题是指如何根据季节和商业周期安排广告的播出时间。企业可以根据季节性销售变化来调整其广告支出，也可以按与季节变化相反的方向来安排广告支出，或者全年平均使用广告费。

②微观时间安排问题。微观时间安排问题是指在短期内安排广告支出以达到最好的宣传效果。在给定的时期内，广告信息可以被集中投放、连续投放或者间歇式投放。营销人员还必须决定是保持、增加还是减少现有的广告水平，以及是否需要改动广告播出时间安排。在推出一项新产品时，企业可以选择如下四种广告投放模式（如表9-5所示）。

表 9－5 广告投放模式选择

投放模式	含义	适用范围
连续型广告投放模式	在特定时期内的投放比较均匀，没有明显间歇	适用于市场扩张时期，产品购买频率较高和购买者类别可以清晰界定时使用
集中型广告投放模式	单独一段时间支出所有的广告预算	适用于销售旺季和假期
栅栏型广告投放模式	在一段时期内投放广告，然后停止投放，一段时间后再次投放	适用于预算有限，购买次数较低和季节性销售的情况
脉冲型广告投放模式	一般以较低的水平连续投放广告，并定期加大投放力度	使受众更详细地了解广告信息，并且能节省广告费用

③确定投放地点。企业如果需要在全国性电视或者全国发行的刊物上做广告，应该进行“全国性购买”。如果企业只在电视台的部分市场或全国性刊物的地方分刊上做广告，则要进行“地区售点购买”。企业如果使用当地报纸、电台或户外场地做广告，则需要进行“当地购买”。

讨论 9－4：找一个你认为最好的广告，并分析其好在什么地方。

四、广告效果评价

广告人应该定期评估广告的两种效果——传播效果和销售赢利效果。传播效果的衡量告诉人们广告和媒体有没有很好地传播广告信息。单个广告可以在广告播出之前或之后测试。在广告播出之前，广告人可以向消费者展示广告，询问他们对该广告的喜爱程度，衡量由此所引起的信息记忆度和态度改变程度。在广告展露之后，广告人可以衡量广告如何影响消费者的记忆或者消费者对产品的知晓度、认可度和偏好。播出前后的传播效果评价也可以针对整个广告活动。

广告人对如何衡量广告或广告活动的传播效果已经非常娴熟，但销售赢利效果通常要难以衡量得多。例如，如果某个广告活动使品牌的知晓度提高了30%，品牌的偏好度增加了10%，那就会产生多少销售额和利润呢？除了广告之外，销售额和利润还受到很多其他因素的影响，比如产品特色、价格和可获得性。

衡量广告销售赢利效果的一种方法是把以前的销售额和以前的广告费用相比较。另一种方式是实验法，例如为了衡量不同广告投入的效果，企业可以在不同的市场上采取不同的广告投入水平，然后衡量由此导致的销售额和利润的差异。企业可以设计更复杂的，包括其他变量的实验，如广告差异和媒体差异，但是，由于影响广告效果的因素很多，有些可控，有些不可控，广告支出的收益仍然不能被精确衡量。管理者在评价广告绩效时除了定量分析，还得大量依靠个人判断。

实例 9－4　用“实时，精准接触”广告战略赢得消费者青睐

宝洁为推广自己的 OLAY 品牌，仿照台湾综艺节目《康熙来了》，在社会化媒体上复制了一期《康熙来玲》，让两位品牌代言人小 S 与林志玲在节目中就各自的私房美白秘籍进行现场 PK，同时在 PK 过程中很自然地嵌入 OLAY 的产品信息。这一行动的结果是，产生了高达 3 200 万人次的参与讨论次数，以及 2 000 万次的有效投票。若按照互联网平均参与成本 5～10 元/行为来计算，达到如此数量级的消费者参与人数，成本在数亿元。

这次富有创意的策划在推动销量的同时，也使 OLAY 的品牌定位发生了宝洁期望的变化：以往 OLAY 在人们心目中适合成熟年龄女性的印象，变为适合年轻且敢于尝试的女性护肤产品。此次营销为宝洁带来了 15 倍的投资回报率。

（资料来源：中国卫生用品网）

思考：结合本案例谈谈你对“精准接触广告策略”的理解。

学以致用

公司开发了一款新的能量型软饮料。你要制定一个广告创意战略，可考虑集中几种不同风格的诉求：①竞争性广告；②恐惧诉求；③名人推荐；④生活片段广告；⑤幽默。比较这几种针对新型软饮料的广告诉求的优劣势，选择其中之一进行创意并设计剧本。

第三节　销售促销策略

销售促销（Sales Promotion）是许多营销活动的关键组成部分。它包括许多工具，其中主要是短期的奖励工具，用于刺激消费者试用，或者鼓励消费者或商业用户更快、更多地购买特定的产品或服务。简单来说，广告提供了购买的原因，而销售促销则提供了购买所需的激励。在运用销售促销时，企业一般按照以下流程操作（如图 9－5 所示）。

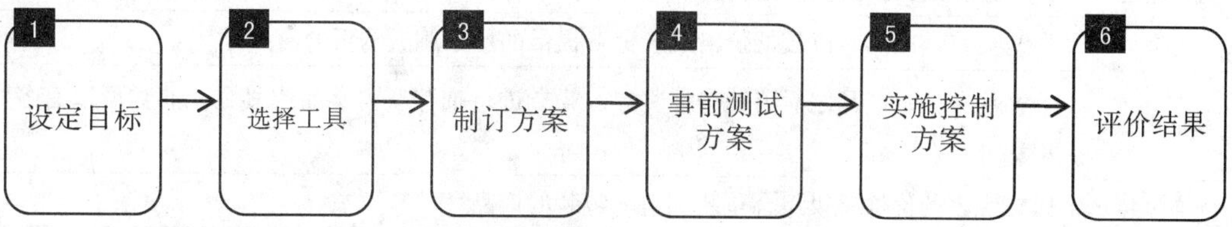

图 9－5　销售促销的流程

一、设定销售促销目标

销售促销是指企业运用各种短期诱因鼓励消费者和中间商购买、经销（或代理）企业产品或服务的促销活动。销售促销目标是销售促销活动希望达到的目的或者效果。在设定销售促销目标时应考虑以下两点：①销售促销的对象既可以是消费者，也可以是中间商或者是企业本身的销售人员。针对不同的对象有不同的方法。②销售促销的目标取决于更广泛的产品营销目标。一般来说，销售促销目标针对不同的对象有以下几种（如表9－6所示）。

表9－6　销售促销目标

销售促销对象	销售促销目标		
消费者	鼓励更多的购买	争取非使用者试用	吸引竞争品牌使用者
零售商	劝说零售商经营更多商品	维持较高的存货水平	鼓励淡季购买
	抵制竞争品牌的销售促销	赢得进入新零售网点的机会	培养品牌忠诚度
销售团队	鼓励支持新产品和新型号	鼓励寻找更多潜在顾客	刺激淡季的销售

当然，销售促销的目标制定和产品的生命周期有关，也跟季节有关，所以，在制定销售促销目标的时候还需要考虑这两个因素的影响。

二、选择销售促销工具

1. 针对消费者的销售促销工具

表9－7　针对消费者的销售促销工具

类型	销售促销方式
样品	向消费者赠送样品或试用品，赠送样品是介绍新产品最有效的方法，缺点是费用高。样品可以选择在商店或闹市区散发，或在其他产品中附送，也可以公开广告赠送，或入户派送
折价券	在购买某种商品时，持券可以免付一定金额的钱。折价券可以通过广告或直邮的方式发送
现金返还	销售者在购买产品后将购买凭证交给生产商，生产商再将部分购买款返还消费者
买赠	在购买特定产品时以较低价格或者免费提供的用于刺激购买的商品
抽奖	顾客购买一定产品之后可获得抽奖券，凭券进行抽奖获得奖品或奖金，抽奖可以有各种形式
特价包装	以较优惠的价格提供组合包装和搭配包装的产品
积分积点	针对顾客购买产品或服务的次数、数量或金额累积给予奖励
现场演示	在购买地点或者销售促销地点进行的展览或者演示

（续上表）

类型	销售促销方式
联合促销	两个或以上的企业合作发放优惠券以进行捆绑销售，或者开展竞赛来增加合力
参与促销	通过消费者参与各种活动，如技能竞赛、知识比赛或游戏等活动，来获取企业的奖励
会议促销	各类展销会、博览会、业务洽谈会期间的各种现场产品介绍、推广和销售活动

2. 针对中间商的销售促销工具

表9－8　针对中间商的销售促销工具

类型	销售促销方式
价格折扣	在指定时期的每一次购买都可以得到的直接的价格优惠
推广补贴	给予那些同意以某种方式销售促销产品的零售商的一种奖励。广告补贴用于补偿零售商对生产商的产品进行广告宣传所发生的成本。展示补贴则是为了补偿零售商对特定产品进行展示所发生的费用
销售竞赛	根据各个中间商销售本企业产品的实绩，分别给优胜者以不同的奖励，如现金奖、实物奖、免费旅游、度假奖等，以起到激励的作用
扶持零售商	生产商对零售商专柜的装潢予以资助，提供POP广告，以强化零售网络，促使销售额增加；可派遣厂方信息员或代培销售人员，提高中间商推销本企业产品的积极性和能力

3. 针对销售团队的销售促销工具

主要是针对企业内部的销售人员，鼓励他们热情推销产品或处理某些老产品，或促使他们积极开拓新市场。一般可采用的方法有销售竞赛、免费提供人员培训、技术指导等形式。

讨论9－5：根据本节中所学的销售促销方法到现实生活中寻找相应的例子，并举例加以说明。

三、制订销售促销方案

制订完整的销售促销方案，需要包括八个内容（如图9－6所示）。

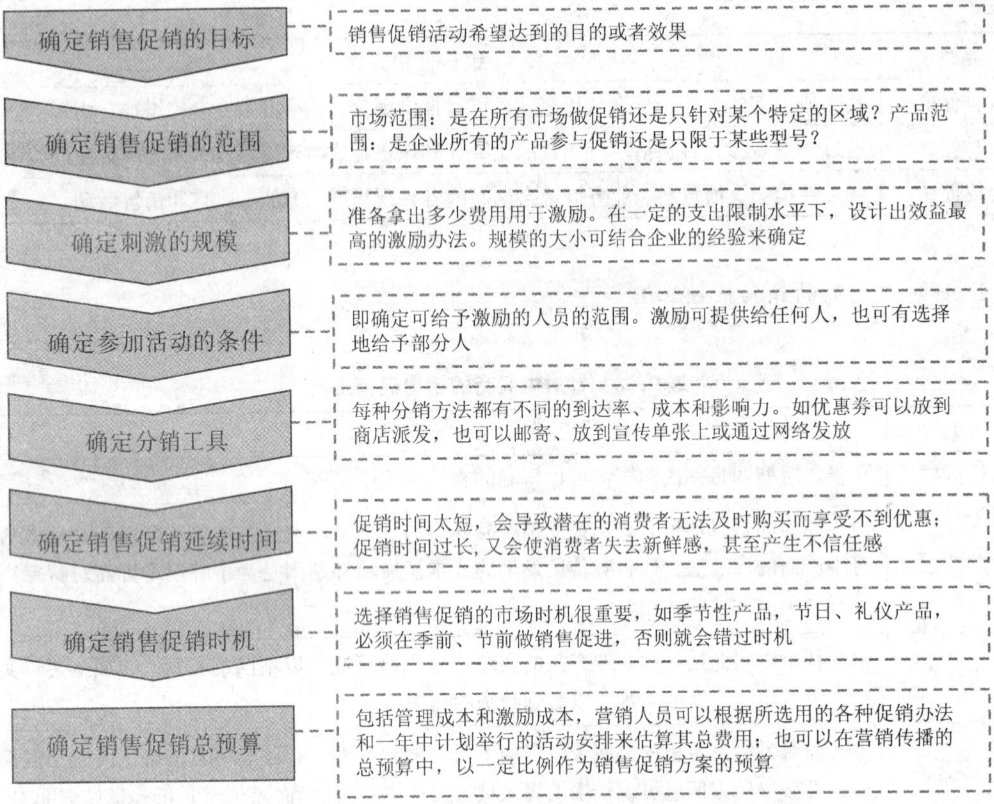

图9－6　制订销售促销方案的内容

四、方案实施与效果评估

1. 销售促销方案的实施

第一步，与销售促销方案的具体执行方进行协商。如果方案的执行方是由经销商（零售商）单独执行或者是企业和经销商（零售商）共同执行，那就必须与经销商（零售商）进行接洽和沟通，合理地进行分工合作。

第二步，及时监督和检查销售促销方案的实施过程。这个工作一般由企业专门的市场督导来进行监督和检查。特别是当销售促销方案是由经销商（零售商）单独执行时，企业更加应该派人及时地检查和监督方案的具体执行情况，对没有按照方案执行的行为进行及时的纠正或者上报上一级部门进行处理。

第三步，解决销售促销方案实施过程中碰到的实际问题。再完美的销售促销方案在执行的过程中也难免会出现问题，这时就需要企业和经销商（零售商）协商解决问题。

2. 评价销售促销方案

为改进销售促销的方法，需要对销售促销的效果进行衡量和评价。其主要方法有：销售业绩变动分析、消费者行为分析等。

（1）销售业绩变动分析。这是最直观、最主要的衡量销售促销效果的方法。直接把销售促销实施前后的业绩进行对比，就可以得知销售促销的效果如何。进行对比的主要指标有销售量、市场占有率、客户量、赢利能力等。

(2) 消费者行为分析。利用座谈、深访和观察等方法对消费者寻找、选择、购买、使用、评价及处置产品等一系列消费行为进行分析，看看销售促销实施前后顾客有没有发生预期的变化。

实例9-5 “双11”的旧套路与新花样，卖出新高度

“双11”逐渐演变成商家和平台的集体路演，其中产生的创新模式，也会深刻影响接下来新一年的电商行业的变化。天猫用一个结合VR技术的H5，率先刷爆朋友圈，打响了“双11”的第一枪。同时数百位网红和明星主播等达人接连进入淘宝直播，吸引的关注度不可估量，这是一场既有创新和创意，又与前沿技术结合的新型教科书式营销。

天猫“双11”营销玩法包括平台级、行业级和商家工具，平台级有全场满返、“双11”购物券满减活动；行业级别的有预售、花呗分期等方式；商家自己则有买N免1、搭配宝、赠品宝、特价宝等多重玩法。同时，单店满免、免单工具功能，在“双11”后半场提供相应会场，阿里会给予流量支持。天猫“双11”玩法有六大亮点：

1. “双11”晚会明星+矩阵直播，打造超级IP，拉新客户、提升平台流量和关注度。2016年“双11”晚会实现了全明星阵容+矩阵直播的模式，在打造超级会员的同时拉拢新的客户，提升天猫平台的整体消费流量和关注度。2016年的“双11”晚会采用了国际化的阵容，充分应用了阿里巴巴集团下各个娱乐版块。同时，创新推出了手机电视直播的多屏互动模式，消费者能够一边看电视、一边抢红包。在天猫“双11”晚会上推出了阿里鱼，阿里鱼还参与了IP关联销售的店铺，专门针对10万商家的IP变现平台。

2. 2016年天猫“双11”流量转化率利器：2016年天猫“双11”营销的一个重要亮点是个性化推荐服务的实现，通过千人千面的个性化推荐阿里核武器开放应用到相关的商家店铺中，为商家发展提供了更多的价值，加快了商家为消费者提供服务的效率。

3. 2016年天猫“双11”营销扶持60多家，强调门店发货，全渠道的营销发展策略从2015年开始，表现在：一方面阿里巴巴尽全力打通品牌营销的线上和线下，另一方面阿里巴巴旗下的大型品牌商也实现线上和线下商品的流通，构建会员服务体系，比如绫致集团、GAP、优衣库等品牌。但是这种线上和线下结合的全面营销渠道遇到了瓶颈，特别是对于服装销售来讲，由于缺乏线下体验式服务，使得消费者不愿意在天猫商城购买服饰。在2016年的天猫“双11”营销侧重实现全渠道发展策略，打通了60家商家作为扶持家。

4. 多门槛跨店满减优惠玩法，提升促销联动和流量转化。

5. 备货主打秋冬新款、商场同款。

6. 天猫全球潮流盛典，作为“双11”预热期时尚方向主推重点。

效果：

众所周知，以1 207亿元的惊人数字收官。

（资料来源：现代商业杂志社 http：//www. xdsyzzs. com；图源：觉浅网）

思考：结合本案例，谈谈促销的方式有哪些，如何达到好的促销效果。

学以致用

假设你是一家生产纯天然护肤品企业营销部门的员工。你的工作是为一款针对年轻女性的新型护肤品销售推广活动提供建议，请列出建议的大纲。

第四节　公共关系策略

一、理解公共关系的含义

企业不仅要保持与顾客、供应商和经销商的关系，而且需要处理好与利益相关的公众的关系。公众是指与企业完成目标的能力存在实际或者潜在的利益关系，或者能够影响企业完成目标的能力的任何群体。公共关系（Public Relations，PR）是指用于宣传或者保护企业形象或产品形象的一系列活动。许多企业开始通过公共关系营销直接支持企业或产品的宣传和形象的建设。

公共关系是社会关系的一种表现形态，有其独特的性质，了解这些特征有助于我们加深对公共关系概念的理解。

1. 情感性

公共关系是一种创造美好形象的艺术，它强调的是成功的人和环境、和谐的人事气氛、最佳的社会舆论，以赢得社会各界的了解、信任、好感与合作。我国古人办事讲究“天时、地利、人和”，把“人和”作为事业成功的重要条件。公共关系就是要追求“人和”的境界，为组织的生存、发展或个人的活动创造最佳的软环境。

2. 双向性

公共关系是以真实为基础的双向沟通，而不是单向的公众传达或对公众舆论进行调查、监控，它是主体与公众之间的双向信息系统。组织一方面要吸取人情民意以调整决策，改善自身；另一方面又要对外传播，使公众认识和了解自己，达成有效的双向意见沟通。

3. 广泛性

公共关系的广泛性包含两层意思：一层意思是公共关系存在于主体的任何行为和过程中，即公共关系无处不在，无时不在，贯穿于主体的整个生存和发展过程中；另一层意思指的是其公众的广泛性。因为公共关系的对象可以是任何个人、群体和组织，既可以是已经与主体发生关系的任何公众，也可以是将要或有可能发生关系的任何暂时无关的人们。

4. 整体性

公共关系的宗旨是使公众全面地了解自己，从而建立起自己的声誉和知名度。它侧重于一个组织机构或个人在社会中的竞争地位和整体形象，以使人们对自己产生整体性的认识。它并不是要单纯地传递信息，宣传自己的地位和社会威望，而是要使人们对自己各方面都有所了解。

5. 长期性

公共关系的实践告诉我们，不能把公共关系人员当作“救火队”，而应把他们当作“常备军”。公共关系的管理职能应该是经常性与计划性的，这就是说公共关系不是水龙头，想开就开，想关就关，它是一种长期性的工作。

二、确定公共关系的工具与方法

开展公共关系活动的主要工具和方法有以下几种（如表9－9所示）。

表9－9　公共关系营销的主要工具

工具的类型	意义
出版物	企业主要依靠发行的材料到达和影响目标市场，包括年度报告、宣传小册子、文章、企业杂志以及宣传片等视听材料
新闻	发现和创造与企业、产品或者员工有关的有利新闻，然后推动媒体进行报道或者参加新闻发布会，帮助企业树立形象
事件	企业通过安排一些特别事件来吸引目标公众对新产品或者企业活动的关注，如新闻发布会、研讨会、远足、展览、竞赛或者周年纪念、庆典活动
赞助	企业通过赞助体育和文化以及社会公益事业宣传自己的品牌和企业形象
演讲	企业越来越需要能够巧妙地应对媒体提出的问题或者在某些场合发表演说，这些行为也能增强和改变企业的形象
形象识别	为了使公众能迅速识别出自己，企业可以通过一些手段将自己的形象可视化，如标识、口号、文具、小册子、名片、网站、建筑物、车辆、制服等

讨论9－6：查找一个你认为成功的最新的公关案例，并分析其成功的原因。

实例9－6　雅诗兰黛公司粉红丝带乳腺癌防治运动

雅诗兰黛集团粉红丝带乳腺癌防治运动自1992年创立以来，目前已遍及70多个国家，覆盖数十亿人群。2003年，雅诗兰黛集团将粉红丝带乳腺癌防治运动带到中国，通过各种方式宣传，积极推广粉红丝带运动。

2015年，雅诗兰黛公司将“每一个行动都有意义（Every Action Counts）”作为全新的沟通主题，旨在让每个人，尤其是年轻女性，通过付出微小的行动预防乳腺癌。通过新媒体和社交媒体，触及更多年轻人，引起他们对于乳腺癌的重视。

项目执行：

2015 年 8 月，雅诗兰黛公司首先在微信平台推出“小粉 T”H5 互动游戏作为“每一个行动都有意义”主题的预热活动，邀请粉丝在粉 T 上设计传达爱意的图案以及乳腺癌防治宣传宣言，获赞最多的优秀作品被制作成实物，寄给粉丝，让其作为礼物送给所爱的人。

9 月，在微博、微信等社交媒体平台上全面开展粉红丝带公益音乐会的前期预热活动，包括制作乳腺癌知识科普长图来普及乳腺癌相关知识和抢粉红公益音乐会互动活动等，同时在天猫平台上发起百万人线上点亮中国地图的活动。此外，在天猫品牌街和范儿频道开设粉红丝带专题，邀请粉丝参与分享防治乳腺癌的行动。

10 月 13 日，雅诗兰黛公司在上海交响乐团音乐厅举行粉红丝带公益音乐会，多位华语巨星联袂登台，用歌声分享自己的经历和态度，呼吁社会大众关注乳腺健康。音乐会现场，音乐地标建筑上海交响乐团音乐厅、中国最大网络地标——天猫商城被同步点亮成粉红色。粉红点亮全球知名建筑已成为雅诗兰黛集团乳腺癌防治运动的标志性动作。2015 年同步点亮天猫平台是雅诗兰黛公司首次粉红点亮网络平台，这也体现雅诗兰黛公司希望通过电商平台接触更多女性以呼吁人们预防乳腺癌的愿景。

粉红音乐会结束后，雅诗兰黛公司也在社交媒体平台中呼吁粉丝分享其为预防乳腺癌付诸的行动。

项目评估：

2015 雅诗兰黛公司粉红丝带乳腺癌防治运动通过传统媒体、社交媒体，在女性、健康、大众资讯等方向进行传播，获得空前的关注与影响。通过社交媒体，乳腺癌防治的理念得以抵达更多受众与群体，向他们传达粉红丝带精神。而他们在社交平台的行动与分享也使得更多的人被辐射与影响。

在线上平台及社交媒体方面，粉红丝带乳腺癌防治运动在微信、微博平台总曝光量为 3 800万，浏览量为 330 万，共有 4.3 万余人参与了线上互动，人们积极在社交平台上分享他们为预防乳腺癌付诸的行动，包括转载乳腺癌预防、自检的相关科普知识，付诸健康生活、健康饮食、健康运动的行动，向身边的人传递粉红丝带精神。

而在天猫 App 平台，总曝光量达到 1 000 万，有 4.5 万人浏览了粉红丝带话题页面

（Landing Page），1.5 万人参与互动，晒出为预防乳腺癌付诸的各类行动，品牌街互动达到 10 万，天猫范儿频道有 1.2 万张晒图，60 万点赞。

音乐会现场，共有近千余人参与，明星、媒体、医学教授以及普通受众，都在自己的专业领域，用自己的力量传播预防乳腺癌的重要性。音乐会结束，共有 1 800 多条与音乐会和预防乳腺癌相关的媒体报道，包括近 20 家电视台，25 份报纸，30 本时尚杂志媒体，20 多个视频网站，近 70 篇原发网络报道以及 2 000 多篇网络媒体转载。

（资料来源、图源：中国公共关系网）

思考：结合此案例分析在公关传播中如何综合运用传统媒体和大众媒体，使传播效果最大化，以及如何保持公关活动效果的持久性。

学以致用

假设你是一家连锁餐厅的市场经理，一位顾客声称在你们的一家餐厅就餐后，由于吃到蟑螂而生病。作为市场经理，你如何处理这种危机？

第五节　人员推销策略

一、人员推销的方式与任务

人员推销是一种直接销售方法，通过企业的销售人员用语言沟通的方式，向可能购买的顾客作口头宣传，以推销产品，满足消费者的需求，实现企业的营销目标。

1. 人员推销的方式

（1）上门推销。上门推销是最常见的人员推销方式。它是由推销人员携带产品样品、说明书和订单等走访顾客，推销产品。这种推销形式可以针对顾客的需要提供有效的服务，方便顾客，故为顾客广泛认可和接受。

（2）柜台推销。又称门市推销，是指企业在适当地点设置固定门市，由营业员接待进入门市的顾客，推销产品。门市的营业员是广义的推销员。柜台推销与上门推销正好相反，它是等客上门式的推销方式。由于门市里的产品种类齐全，能满足顾客多方面的购买要求，为顾客提供较多的购买方便，并且可以保证产品完好无损，故顾客比较乐于接受这种方式。

（3）会议推销。会议推销是指利用各种会议向与会人员宣传和介绍产品，开展推销活动。例如在订货会、交易会、展览会、物资交流会等会议上推销产品。这种推销形式接触面广、推销集中，可以同时向多个推销对象推销产品，成交额较大，推销效果较好。

2. 人员推销的任务

表 9－10 人员推销的主要任务

任务	含义
沟通	与现实的和潜在的顾客保持联系，及时把企业的产品及其他相关信息介绍给顾客，同时了解他们的需求，沟通产销信息，成为企业与消费者联系的桥梁
调研	利用直接接触市场和消费者的便利，进行市场调研和情报搜集工作，并且根据访问情况做出报告，为企业开拓市场和制定营销决策提供依据
开拓	不仅要了解和熟悉现有顾客的需求动向，而且要尽力寻找新的目标市场，发现潜在顾客，从事市场开拓工作
销售	通过与消费者的直接接触，运用销售艺术分析解答顾客的疑虑，达成交易
服务	除了直接的销售服务外，销售人员还需代表企业提供业务咨询、技术性协助、融资安排等

二、人员推销的流程

人员推销的程序一般来说包括 7 个前后衔接的阶段（如图 9－7 所示）。

图 9－7 人员推销的流程

1. 寻找顾客

推销工作的第一步就是寻找潜在顾客，其重要性往往会被推销新手所忽视。事实上，许多优秀的推销员都认为推销成功的关键是成功地寻找出潜在的顾客。这些潜在顾客可直接从消费者调研、公共档案、电话号码簿、工商会员名单、公司档案、网络等途径获得。

2. 事前准备

推销人员在确定推销对象，着手进行推销工作之前，应进行充分的准备。包括针对买主的需求搜集有关产品资料、各种信息情报，并编制销售计划方案，准备好样品、说明材料以及应变语言等；了解顾客的个体信息，如年龄、性格、家庭、收入、文化水平、活动地点、联系方式等；制订推销计划，确定推销进程、可预见问题的解答方式等。

3. 接触顾客

在做好接近顾客的准备工作后，推销员就要设法与顾客进行接触。接触顾客又分约见和接近两个环节。

约见是推销员事先征得顾客同意接见的行动。约见可以采取当面约见、书信约见、电话约见、托人代约、广泛约见（利用大众传媒，约见大众顾客）等方式。具体要约定时间、地点、人物等内容。

接近顾客就是正式接触推销对象，引起顾客的注意和兴趣，以顺利转入面谈导购阶段的行动。接近顾客的方法有七种（如表9－11所示）。

表9－11　接近顾客的方法

方法	含义
利益接近法	推销员把产品能给顾客带来的利益放在第一位，诱发顾客的兴趣。如本产品的价格是其他同类产品价格的一半
送礼接近法	推销员利用送礼品引起顾客的兴趣与好感，以此来接近顾客。送礼时要注意投其所好，礼品最好与推销产品相关，如推销洗衣机送洗衣粉等
表演接近法	这是一种最能引起顾客注意的方法，在商品展示会上经常使用，实际上是把产品示范过程戏剧化，以增强吸引力
问题接近法	通过推销员直接向顾客提问，来引起顾客的注意和兴趣
介绍接近法	包括自我介绍、他人介绍和产品介绍
好奇接近法	利用顾客的好奇心理，消除其对推销员的敌对情绪从而实现接近顾客的目的
赞美接近法	所有的人都喜欢被别人称赞，推销员如果能抓住这个心理规律，恰当地利用，就能成功地接近顾客。

4. 讲解演示

销售人员采用特性、优点、好处和价值方法向目标顾客讲述产品的情况。销售代表应当注意不要过多地讲解产品的特点（产品导向），而忽视了产品的利益和价值（顾客导向）。要注意倾听顾客的发言，以判断顾客的真实意图。

5. 排除异议

购买者在听取产品介绍后，可能提出一些异议，如怀疑产品的价值，不接受交易条件或价格，对企业或产品缺乏信心等。推销员应该运用巧妙的语言能力并提供有说服力的论据。处理顾客异议的基本策略主要有四种（如表9－12所示）。

表9－12　处理顾客异议的策略

基本策略	含义
间接否定法	又称但是处理法。推销员先不直接否定或反驳顾客的异议而是表示理解甚至赞赏，然后又证实顾客的观点并非全面，进而圆滑地排除异议
利用处理法	也称自食其果处理法。它的基本做法是推销员将顾客的异议变为顾客购买的理由，说服顾客购买
转化处理法	基本做法是将顾客的异议以自己的理解转化为问题，向顾客提出来，然后再给顾客解释
抵销处理法	又称补偿处理法，即指出推销商品的优点来弥补推销商品的缺点，从而向顾客证明购买推销商品是值得的

6. 达成交易

人员推销工作的重要环节是促使顾客采取购买行动，这也是推销工作最困难的阶段。推销员在认为时机成熟时，应抓住有利时机，要求顾客订货，重新强调协议的要点，提议帮助购买者填写订单，询问顾客是要产品 A 还是产品 B，让顾客对颜色或尺寸等小方面做出选择，或者告诉顾客如果现在不订货将会有什么损失。此外，销售代表也可以给予购买者完成交易的奖励，如特价或赠送礼物。

7. 售后服务

产品销售后，并不意味着整个推销过程的终止，如果推销员希望确保顾客满意并重复购买，就必须对顾客进行跟踪服务，搜集顾客对于产品的改进意见，及时向有关部门反映，以调整营销措施，并帮助顾客解决使用中的问题。这些工作有利于树立企业信誉，密切双方关系，促成重复购买。

实例 9－7　世界上最伟大的推销员——乔·吉拉德

乔·吉拉德

乔·吉拉德是世界上最伟大的销售员，他连续 12 年荣登世界吉尼斯记录大全——世界销售第一的宝座，他所保持的世界汽车销售纪录：连续 12 年平均每天销售 6 辆车，至今无人能破。乔·吉拉德也是全球最受欢迎的演讲大师，曾为众多世界 500 强企业精英传授他的宝贵经验，来自世界各地数以百万的人们被他的演讲所感动，被他的事迹所激励。

35 岁以前，乔·吉拉德是个全盘的失败者，他患有相当严重的口吃，换过 40 个工作仍一事无成，甚至曾经当过小偷，开过赌场；然而，谁能想象得到，像这样一个谁都不看好，而且背了一身债务几乎走投无路的人，竟然能够在短短三年内爬上世界第一，并被吉尼斯世界纪录称为“世界上最伟大的推销员”。他是怎样做到的呢？虚心学习、努力执着、注重服务与真诚分享是乔·吉拉德四个最重要的成功关键。

一、250 定律：不得罪一个顾客

在每位顾客的背后，都大约站着 250 个人，这是与他关系比较亲近的人：同事、邻居、亲戚、朋友。乔说得好：“你只要赶走一个顾客，就等于赶走了潜在的 250 个顾客。”

二、名片满天飞：向每一个人推销

他到处递送名片，在餐馆就餐付账时，他把名片夹在账单中；在运动场上，他把名片大把大把地抛向空中。

三、建立顾客档案：更多地了解顾客

乔·吉拉德用日记本和一个小小的卡片档案夹，建立起了他的顾客档案。

四、猎犬计划：让顾客帮助你寻找顾客

在生意成交之后，乔总是把一叠名片和猎犬计划的说明书交给顾客。如果他介绍别人来买车，成交之后，每辆车他会得到 25 美元的酬劳。1976 年，猎犬计划为乔带来了 150 笔生意，约占总交易额的三分之一。乔付出了 1 400 美元的猎犬费用，收获了 75 000 美元的佣金。

五、推销产品的味道：让产品吸引顾客

汽车销售“体验营销”十分重要。乔总是鼓励顾客试乘试驾。

六、诚实：推销的最佳策略

七、每月一卡：真正的销售始于售后。

（资料来源、图源：百度百科）

思考：结合本案例谈谈好的推销员应该具备哪些素质。

学以致用

与几个同学组成一组，设计一款多数同学经常购买的新产品（如洗发水、牙膏、软饮料、护肤品、笔记本等）。为你提出的新品牌命名，并赋予产品一些创造性的特点和利益。然后想办法说服其他同学相信这款产品并购买。

测试你掌握的知识

1. 举出并定义传播顾客价值的五种促销工具。
2. 对比拉式策略和推式策略的区别及运用范围。
3. 解释整合营销传播及其与促销组合策略的关系。
4. 说明广告决策的主要步骤及应该注意的问题。
5. 描述公关关系的作用及履行该作用的工具。
6. 定义并描述消费者促销都有哪些类型。
7. 人员推销如何成为公司和顾客之间的重要纽带？

实训模块 9　设计公司广告方案或促销活动方案

1. 各小组为模拟企业的广告宣传制订方案。方案包括以下内容：广告目标、广告预算、广告信息、创意设计、媒体选择和评估。

2. 策划一次模拟企业产品促销活动的具体方案。方案包括：①活动目的；②活动创意构思：诱因设计、道具设计、宣传推广创意；③活动具体设计流程，具体要点有：参与人、时间、地点、执行计划日程、控制事项和评估。

具体操作步骤可参考配套实训教材，也可扫描二维码登录实干邦平台进行实训操作。

第十章　提升价值——营销新视角

每一代人都需要新的革命。

——托马斯·杰斐逊

【学习目标】

1. 了解市场营销理论新的发展趋势所衍生的新概念。
2. 掌握体验营销的概念。
3. 掌握水平营销的概念。
4. 掌握新媒体营销的概念及其主要的营销方式。
5. 了解大数据营销的概念。

【思维导图】

【营销实战】

印美图

印美图是由广州美昱信息科技有限公司自主研发的照片自助打印终端。印美图 LOMO 自助印是一款通过微信即可将手机照片即时打印成 LOMO 卡的终端机。在印美图自助印终端前，拿出智能手机，扫描并关注微信公众账号，发送手机照片给微信公众账号。然后，输入印美图前端屏幕上显示的消费码，印美图自助印终端就能在

30 秒内接收照片，并制作出一张宝丽莱风格的 LOMO 卡，印美图机器自助印终端开始工作后，可以从大屏幕上看到印美图处理照片的进程。

印美图最大的亮点就是利用了物联网。物联网会把一个更大的数量级的物体链接起来。无论人还是物，都有一个二维码作为 ID，人与物可以对话，人可以直接向物发出指令，微信会把人和物都链接起来。印美图是第一部结合了微信进行交互操作的硬件产品，随着微信 5.0 的升级，它也成了首批支持微信支付的产品。

（资料来源：根据百度百科整理；图源：印美图官网）

思考：1. 印美图终端打印机有什么创新的地方？
　　　2. 你看好印美图终端打印机的商业价值吗？为什么？

第一节　体验营销

一、体验营销的内涵

体验营销是通过看（See）、听（Hear）、用（Use）、参与（Participate）的手段，充分刺激和调动消费者的感官（Sense）、情感（Feel）、思考（Think）、行动（Act）、关联（Relate）等感性因素和理性因素，重新定义、设计的一种思考方式的营销方法。由于体验的复杂化和多样化，所以《体验式营销》一书的作者伯恩德·H. 施密特将不同的体验形式称为“战略体验模块”，并将其分为五种类型（如图 10－1 所示）。

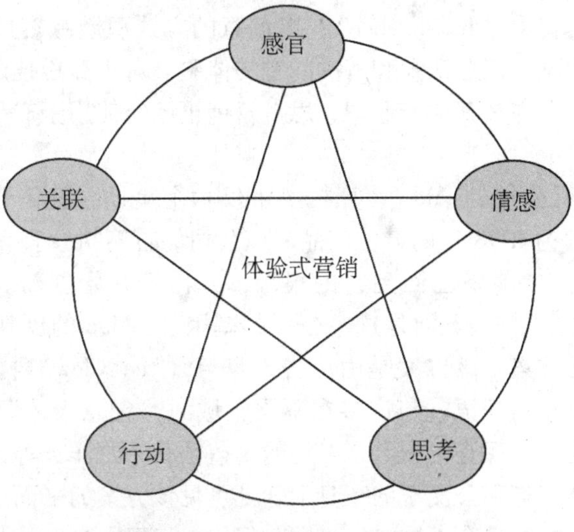

图 10－1　体验营销五种类型

1. 感官（Sense）

感官营销的诉求目标是创造知觉体验的感觉，它经由视觉、听觉、触觉、味觉与嗅觉。感官营销可区分为公司与产品（识别）、引发顾客购买动机与增加产品的附加价值等。理查特（Richart）公司制作的巧克力被英国版《时尚》（*Vogue*）杂志称为“世界上最漂亮的巧克力”。理查特首先定位自己是一家设计公司，接着才是巧克力公司。其商标是以艺术装饰字体完成的，上面特别将“A”做成斜体，用来区隔“富有”（Rich）与“艺术”（Art）这两个字。

理查特巧克力在一个精致的类似珠宝展示厅的地方销售，巧克力装在一个玻璃盒子中，陈列于一个广阔、明亮的场所。产品打光拍摄，在其产品的宣传资料中就像是件精致的艺术品或是珠宝。促销品用的是光滑、厚实的纸张，它的包装也非常优雅。包装巧克力的盒子是有光泽的白色，附着金色与银色的浮雕字。

红色丝带封着包装盒。盒子衬里分割成格，所以每个巧克力艺术品是摆设于自己的间隔中。对视觉感官而言，巧克力本身就是个盛宴。它们有漂亮的形状，并且以不同的花样与彩饰装饰，其中的个别特殊产品系列展示着一组迷人的儿童绘画，还可以根据顾客的要求制造特别的巧克力徽章。这些巧克力是如此的贵重，因此理查特甚至还销售附有温度与湿度表的薄板巧克力储藏柜，这个柜子如同雪茄保湿器，售价650美元。

2. 情感（Feel）

情感营销诉求顾客内在的感情与情绪，目标是创造情感体验，其范围可以从一个温和、柔情的正面心情，到欢乐、自豪甚至是激情的强烈的激动情绪。情感营销运作需要真正了解什么刺激可以引起某种情绪，以及能使消费者自然地受到感染，并融入这种情境中来。新加坡航空以带给乘客快乐为主题，营造一个全新的起飞体验。该公司为此制定严格的标准，要求空姐如何微笑，并制作快乐手册，要求以什么样的音乐、什么样的情境来“创造”快乐。通过提供出色的顾客服务，新加坡航空公司成为世界排名前十的航空公司，也是获利最多的航空公司之一。

3. 思考（Think）

思考营销诉求的是智力（Intelligence），以创意的方式引起顾客的惊奇、兴趣、对问题集中或分散的思考，为顾客创造认知和解决问题的体验。对于高科技产品而言，思考活动的方案是被普遍使用的。在许多其他产业中，思考营销也已经使用于产品的设计、促销和与顾客的沟通上。

1998年苹果计算机公司的iMac计算机上市仅六个星期，就销售了278 000台，因此《商业周刊》把iMac评为1998年的最佳产品。该公司的首席执行官（CEO）史提夫·贾伯斯（Steve Jobs）表示：“苹果已回到它的根源，并再度开始创新。”iMac的设计师伊维（Jonathan Ive）也指出：“与众不同是这个公司的基因。”iMac的创新紧随着一个引人沉思的思考营销的促销活动方案。该方案是由广告人克劳（Lee Clow）构思，将“与众不同的思考”（Think Different）的标语，与许多在不同领域的“创意天才”结合在一起，包括爱因斯坦、甘地、拳王阿里、理查·布兰森、约翰·蓝侬和小野洋子等人的黑白照片。在各种大型的广告路牌、墙体广告和公交车的车身上随处可见该方案的平面广告。当这个广告刺激消费者去思考苹果计算机的与众不同时，也同时促使人们思考自己的与众不同，以及通过使用苹果电脑，而使得他们成为创意天才。贾伯斯说：“与众不同的思考代表着苹果品牌的精神，因为充满热情创意的人们可以让这个世界变得更美好。苹果决定为处处可见的创意人，制造世界上最好的工具。”

4. 行动（Act）

行动营销的目标是影响身体的有形体验、生活形态与互动。行动营销通过增加他们的身体体验，指出做事的替代方法、替代的生活形态与互动丰富顾客的生活。而顾客生活形态的改变是被激发或自发的，也有可能是由偶像角色（例如，影、视、歌星或是著名的运动员等）引起的。

耐克每年销售逾1.6亿双鞋，在美国，几乎每销售两双鞋中就有一双是耐克。该公司成功的主要原因之一，是有出色的“尽管去做”（Just Do It）广告。经常性地描述运动中的著名篮球运动员迈克尔·乔丹，升华身体运动的体验，是行动营销的经典。

5. 关联（Relate）

关联营销包含感官、情感、思考与行动营销等层面。关联营销超越私人感情、人格、个性，加上“个人体验”，而且与个人对理想自我、他人或是文化产生关联。关联活动案的诉求是为自我改进（例如，想要与未来的“理想自己”有关联）的个人渴望，要别人（例如，一个人的亲戚、朋友、同事、恋人或是配偶和家庭）对自己产生好感。让人和一个较广泛的社会系统（一种亚文化、一个群体等）产生关联，从而建立个人对某种品牌的偏好，同时让使用该品牌的人们进而形成一个群体。关联营销已经在许多不同的产业中使用，范围从化妆品、日用品到私人交通工具等。美国哈雷（Harley－Davidson）机车是个杰出的关联品牌。哈雷就是一种生活形态，从机车本身、与哈雷有关的商品到狂热者身体上的哈雷文身，消费者视哈雷为他们自身识别的一部分。

实例10－1 宜家的体验营销

去过宜家家居的消费者都知道，宜家的许多做法跟传统的家居企业不同。例如宜家是没有导购的，除了收银台很少能见到宜家的工作人员；再比如宜家家具要自己提货、自己打包甚至要自己运回家，然后自己安装。这些反传统的做法在中国居然能够生存下来。宜家最成功的地方就是它的体验营销。宜家把商场当作家庭来布置，将终端卖场作为传播企业文化的大舞台，通过一切可用的传播手段来全方位地吸引和引导顾客，使顾客在潜移默化中了解宜家、钟情宜家。

1. 样板间

传统家具零售企业的产品是分类摆放的，购买时要在众多的同类产品中挑选，单独购买后回家自己搭配组合。而宜家开创了中国家居样板间的先例，根据住房的不同面积要求，将成套的或单独的样板间完全按照居住的形式布置妥当，让消费者直接体验未来家的感觉，温馨而舒适。把各种配套产品进行家居组合，设立了不同风格的样板间，充分展现每种产品的现场效果，甚至连灯光都展示出来，基本上可以让消费者体验到这些家居组合的感觉，并且体现出格调。宜家样板间的设计充分结合消费者对于生活的要求和消费模式，考虑不同产品的颜色、灯光、材料等在一起的搭配效果，并鼓励消费者买回家之后自己进行搭配。宜家还负责教消费者怎样去搭配。

2. 销售现场的设置刺激消费者感官

在国内，很多家居企业并不让消费者体验，担心消费者将其弄坏或者弄脏等，但是宜家却鼓励消费者在卖场进行全面的亲身体验，比如拉开抽屉、在地毯上走走、试一试沙发是否舒适等。此外，宜家的店员不会像其他家具店的店员那样消费者一进门就对着消费者喋喋不休，消费者走到哪里他们就跟到哪里，而是非常安静地站在一边，除非消费者主动要求店员帮助，否则店员不会轻易打扰，以便让消费者静心浏览，在一种轻松、自由的气氛中做出购物的决定。同时，这样也就不需要过多的店员，减少了成本。

宜家所实施的现场体验方式，通过对人们的感官刺激，改变了人们购物的方式。因为在人们日常的购物行为中，很多消费者都会被现场的感性信息所吸引，现场的体验会影响到人们的购物决策。因此，对于体验营销来说，如何创造一种不同寻常的体验场景，是影响人们购物决策的核心要点。

3. 刺激消费者冲动消费也是宜家的营销法宝

在宜家购物，相信很多人只想买张小桌子，可最后发现买了一车的东西，这就是宜家坚持做线下的另一个原因。宜家迟迟不愿意在在线商城上投入过多，因为在宜家的营销策略里，线下体验才是宜家的重中之重。熟谙消费者心理的宜家，通过体验销售一次又一次地刺激消费者的感官，促进消费者冲动消费，据不完全调查，消费者在宜家冲动消费的营收占宜家销售收入超过10%。

宜家的工作不仅仅花在现场的体验氛围之上，在产品的设计方面其也做了很多努力，宜家的产品设计充分考虑了消费者日常使用的习惯。宜家非常重视消费者的需求，其产品做得非常人性化和精致，充分考虑使用的方便性和舒适性。

在这个以消费者为导向的时代，宜家的经验显示，按照消费者的使用需要和习惯来设计人性化的产品，是体验营销的前奏和有力的保障。

（资料来源：散文吧；图源：赢商网）

思考：宜家的体验营销在中国是否已经取得成功？为什么？

二、体验营销的操作流程

目前有非常多的企业在实施体验营销，不管是大企业（如宝洁公司），还是小企业（如广州番禺的各个小农场）。通常在各大手机卖场，我们也可以看到有些真机摆在展示台上供顾客体验。企业体验营销的设计大概要经历六个步骤（如图 10－2 所示）。

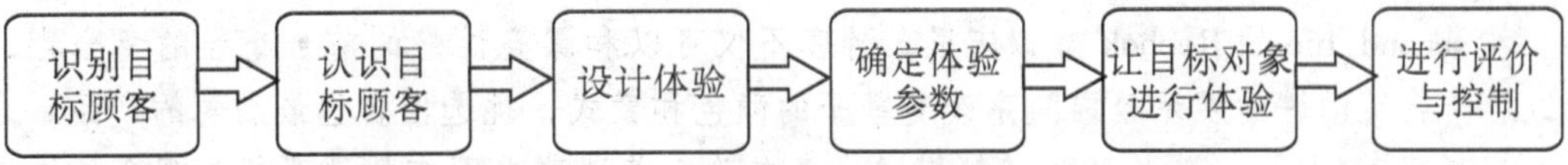

图 10－2　体验营销的六个步骤

1. 识别目标客户

识别目标客户就是要针对目标顾客提供购前体验，明确顾客范围，降低成本。同时还要对目标顾客进行细分，对不同类型的顾客提供不同方式、不同水平的体验。在运作方法上，要注意信息由内向外传递的拓展性。

2. 认识目标顾客

认识目标顾客就要深入了解目标顾客的特点、需求，知道他们担心、顾虑什么。企业必须通过市场调查来获取有关信息，并对信息进行筛选、分析，真正了解顾客的需求与顾虑，以便有针对性地提供相应的体验手段，来满足他们的需求，打消他们的顾虑。

3. 设计体验

要清楚顾客的利益点和顾虑点在什么地方，根据其利益点和顾虑点决定在体验式销售过程中重点展示产品的哪些部分。

4. 确定体验参数

要确定产品的卖点在哪里，顾客从中体验并进行评价。譬如理发，可以把后面的头发修剪得是否整齐、发型与脸型是否相符等作为体验的参数，这样在顾客体验后，就容易从这几个方面对产品（或服务）的好坏做出判断。

5. 让目标对象进行体验

在这个阶段，企业应该预先准备好让顾客体验的产品或设计好让顾客体验的服务，并确定好便于达到目标对象的渠道，以便目标对象进行体验活动。

6. 进行评价与控制

企业在实行体验式营销后，还要对前期的运作进行评估。评估总结要从以下几方面入手：效果如何；顾客是否满意；是否让顾客的风险得到了提前释放；风险释放后是否转移到了企业自身，转移了多少；企业能否承受。通过这些方面的审查和判断，企业可以了解前期的执行情况，并可重新修正运作的方式与流程，以便进入下一轮的运作。

实例 10－2　Reebok 的虚拟互动体验营销

Reebok 的本义是指非洲的一种羚羊，它体态轻盈，擅长奔跑。Reebok 公司希望消费者在穿上 Reebok 运动鞋后，能像羚羊一样，在广阔的天地间，纵横驰骋，充分享受运动的乐趣。近年来，Reebok 在互动营销领域进行大胆尝试，将羚羊纵横驰骋的天地也搬进了虚拟世界 second life 中。

在second life的Reebok虚拟店里，游客不仅可以和漂亮性感的前台小姐随意合影，还可以在新款运动鞋的展示台前随意改变鞋子的颜色和款式，挑选出自己最满意的产品。这种基于互联网3D技术的新的体验营销模式，正在改变着消费者固有的消费行为观念，使消费者对新产品的体验变得更快捷，更方便。

（资料来源、图源：数英网）

思考：在网络营销中如何使用互动体验营销的方法？

学以致用

请为线上鲜花品牌设计体验营销方案，注意侧重于消费者的知觉体验和情感体验。

第二节　水平营销

一、水平营销的内涵

水平营销就是在营销活动中，利用横向思维模式对营销进行创新或再造，并通过对原有产品作适当的创新或改变来产生新的用途、新的应用情景、新的目标市场以开创新的类别，从而重组市场，达到出奇制胜的目的。因此，水平营销的主要特征就是创新营销思维方式，对营销模型进行透彻的分析，寻求改变这些模型的方法和技巧。

水平营销要求对产品做一个重要的转换。水平营销是通过添加需求、用途、情景或现有条件下难以实现的目标来重组产品。简单地说，水平营销是打开新的方向，制造新的刺激和创造跨越的过程。

水平营销引入了著名思维学家爱德华·德·波诺水平思维的概念："一组通过对储存在大脑中的概念，进行敏锐的重新组合来利用信息的过程。"水平营销涉及如何把一个产品进行有效的转换，使其合适并满足新的需求、新的人群和情景，而且是以前没有考虑过的。其最大的优势不是抓住某一部分的市场，而是创造了一个全新的市场。

纵向营销和水平营销不是相互矛盾的，而是相互对应的两个方面，两者都是必要的，而且是相互补充的。水平营销和纵向营销并无优劣之分，它们一个横向，一个纵向，共同形成一个企业的营销战略框架。事实上，水平营销的成功不能没有纵向营销的后续支持。纵向营销过程要求你先行定义市场，然后根据对市场的定义去创造竞争优势。纵向营销的创新是在定义的市场内完成的。水平营销是基于寻求扩展市场，通过侵入一个或多个需求、用途、目标或情景，而这些都是在我们原先定义市场时被忽视的。

二、水平营销的实施流程和技巧

1. 水平营销三部曲

科特勒认为水平营销是一个工作过程，也就是当水平营销应用于现有产品或服务的时候，会产生创新性的研究成果，包括之前没有覆盖的新产品和新服务、新需求、新用途、新情景或新目标。

水平营销是一个创造性的过程。创意思维遵循三个简单的步骤：

（1）选择焦点。选择焦点就是选择产品或服务的焦点。这是水平营销的起点，也是水平营销与纵向营销的一个重大区别，因为纵向营销是从考察消费者的需求开始而不是从选择产品开始。选择水平营销的产品或服务通常有两种方法：一是选择企业要经营的产品或服务；二是选择企业难以竞争的产品或服务。一旦选定了产品或服务后，就可以通过市场定义层面、产品层面或营销组合层面选择一个焦点。

（2）制造营销空白。成功进行水平营销的关键是制造营销的空白。没有空白，就没有水平营销。制造空白的唯一途径就是中断逻辑思维序列，运用替代、反转、组合、夸张、消除、重新排序六种横向思维方法，由此产生营销空白。通过这六种思维方法可以针对（1）中的同一个焦点制造不同的空白点，从而为进一步的水平营销提供机会。

（3）建立连接。制造空白的目的是找到一种填补的方法，而这个替代就会产生新的刺激，针对已经产生的不合逻辑的刺激进行具体分析，提取有价值的信息。分析刺激所引起的整个购买过程包括信息收集、购买决定、产品使用等，直到购买后的评价环节，这就是建立连接。

比如，以“花”作为我们的产品焦点。关于花的逻辑思维序列是“花会死”的事实。水平思维中的跳跃性思维是“花永远不会死”。这就是空白。然后我们思考新概念与原创之间的联系焦点。在这种情况下，我们可以问自己在什么情况下一朵花永远不会死？如果一朵花是由布、丝绸或塑料制成，那么它会永生不死。我们发现了一个新的概念——“人工花”。因此创造出了新材料的、永不凋谢的人工花，这就是成功地建立了连接。

2. 水平营销的实施技巧

水平营销的结果是导致新的类别或市场的产生。水平营销的创新来自建立新类别或子类别。创立新类别或子类别可以通过四种方式来获得：

（1）水平营销中的产品可以通过创建新类别或子类别来重组市场。例如，索尼发布的随身听从根本上重组了电子商品市场，因为它的出现让数百万年轻的潜在客户变成了个人音频产品消费者。

（2）水平营销可以减少同一个市场内的其他产品的市场容量。例如，一个水平营销的产品芭比娃娃已经占了很大比例的布娃娃市场。起初的芭比是瞄准儿童布娃娃，但水平思维发现了与儿童一起玩耍的成人布娃娃的潜市场。其结果是一个全新的类别——时尚布娃娃的产生。如今芭比仍然是这一新类别的领军者。

（3）水平营销的产品有时可以产生市场容量而不伤害其他市场容量。例如，谷物棒没有减缓谷物的消费而是扩大了谷物消费。

（4）水平营销的产品可以从多个类别中获得市场容量。例如谷物棒通过新的途径影响了巧克力、咸味零食和其他零食的市场容量。

如何挖掘或者制造一个新的类别，科特勒认为水平营销是一个过程，理解整个过程的每一个步骤是至关重要的。例如，如果你在思考焦点，你必须挖掘空白，准备好替代，即填补空白的方法，制造一个刺激。在准备通过这一刺激开展一个活动来建立连接时，你必须思考让刺激逻辑化。

水平营销的基础是创造一个空白。如果没有空白，就没有水平营销。只有需要跳跃的时候才会有空白存在。科特勒指出了六种横向置换的创新技巧，就是针对产品或服务进行替代、反转、组合、夸张、消除或重新排序。

例如，在情人节发送玫瑰给你心爱的人，这里就有一些可能的水平营销理念：

①替代：发送柠檬。

②反转：不是在情人节发送玫瑰，而是每天发送，除了情人节。

③组合：在情人节发送玫瑰并加上其他东西。

④夸张：在情人节发送几十朵玫瑰或一朵玫瑰（向上和向下夸张）。

⑤消除：不在情人节送玫瑰。

⑥重新排序：在情人节让心爱的人送你玫瑰。

科特勒提出的六种技巧可以分别应用到市场层面、产品层面以及营销组合层面。

（1）市场层面的水平营销。

在市场层面应用水平营销最简单和最有效的技巧就是替代。实现替代的一个简单的技术就是改变一个维度。一个产品或服务在市场竞争中包含了需求、目标、时间、地点、情景、体验等维度，因此将其中一个维度替换为另一个维度相对比较容易。例如：红牛饮料在解渴的需求之外，引入了补充能量的需求，形成了一个新的市场刺激，这个改变和增加需求的做法也为红牛饮料打开了更为广大的市场；阿司匹林是一种普通的止痛药。当一些科学证据表明阿司匹林还有可能阻止心脏病的发作时，营销活动增加了这一需求，使得阿司匹林在众多的止痛药中脱颖而出。

还可以更改当前产品的非潜在目标，指向那些不需要本产品的人。例如：Gillette 向女性推销剃须刀；将游乐园和学院在使用淡季出让给商务会议使用，这就让空闲设施发挥作用；婴幼儿古典音乐教育为古典音乐带来了新的市场，婴儿莫扎特和婴儿贝多芬视频把音乐和彩色图像有机地结合在一起以便婴幼儿视听，因此取得了极大的成功。

其他技巧还包括改变使用产品的时间或更改产品的设置。通常，场合和事件与特定产品相关。例如：香槟用于圣诞节、年底派对和庆祝活动，而白葡萄酒则用于特别晚宴；糖果用于万圣夜，蛋糕用于生日。水平营销产品可以替代那些已被强力定位的产品。

在大多数情况下，你必须改进一些产品的特性。通常是去除产品的自然维度里的元素来更改原来的使用场景。例如，法国一家生产奶酪的公司为了想让孩子吃更多的奶酪，着眼于孩子们喜欢甜味和有趣，生产出了棒棒糖式的甜奶酪。

（2）产品层面的水平营销。

在产品层面上应用水平营销，必须使用六种技术中的一种来制造水平空白。以下是每种技巧的应用方式：

①替换。替换包括通过删除产品的一个或几个元素来改变它。例如，你可以用“学生教学生”替换“教授教学生”。学生们轮流担任老师的角色，给班上其他同学讲课，而教授则担任主持人的角色。

②反转。反转包括对产品或服务的元素进行颠倒和否定。例如，把烤熟的比萨饼中的“烤熟”元素进行否定，继而形成了现在遍布世界各地的冷冻食品。

③组合。组合包括添加产品或服务的一个或几个元素，维护其余的部分。例如，Pedelecs 是英国一家电动助力自行车公司，他们把电池为自行车供电和骑车时为电池充电相结合。其结果是在中国销售了几百万辆的电动助力自行车。另外一个例子就是在正式使用的领带上添加一个“有趣”这一属性，并结合迪士尼和 Looney Tunes 人物，这样一来诞生了“有趣的领带”的新的子类别。

④夸张。夸张是对产品或服务的一个或多个元素进行向上或向下的推进，或想象一个完美的产品或服务。例如，在拥挤地区把双人自行车想象成一辆微型汽车；一次性隐形眼镜可能来自可以每天丢弃隐形眼镜的想法。

⑤消除。消除包括删除产品或服务的某个元素。例如，没有电线的电话产生了无线电话，没有瓶子装的香水带来了家居香水的蜡烛。在一些地方，没有地方停放自行车导致折叠自行车的诞生。不想等待胶片冲洗的烦琐工序导致了宝丽来印刷品和现在的数码相机的诞生。

⑥重新排序。重新排序包括更改一个或多个产品或服务元素的顺序。例如，把生爆米花进行包装，在吃之前再用微波做熟就是改变了先加工成可食用再行包装的次序。

（3）营销组合层面的水平营销。

营销组合层面的水平营销是聚焦于其余的市场营销组合元素（如价格、渠道和促销计划），放弃目前的营销方式向客户展示产品或服务。在这里不是去修改产品的本质或服务，也不改变产品的需要、目标、场景。在大多数情况下，水平营销的产品或服务将产生一个子类别或创新的商业模式，而不是一个全新的业务或类别。例如，利用微信支付或信用卡进行咖啡自动售货机卖咖啡，高速公路利用 ETC 电子设备来收过路费。请注意，以上情景中，付款系统不是新的，也不是新产品。创新的是把现有的支付系统（微信支付或信用卡）应用到现有的营销系统之中。

综上所述，水平营销是 21 世纪企业营销环境变化的产物。随着时间的推移，人们对水平营销的认识和研究将会更加深入，水平营销和纵向营销的依存关系也将更加密切，两者相互作用，形成企业强大的营销合力。

实例 10－3　Hero 谷物类食品的创新

Hero 集团是一家专注于品牌营养食品的国际食品公司。该公司成立于 1886 年，现在的总部设在瑞士的伦茨堡。之前 Hero 是欧洲食品行业中以销售早餐麦片等食品为主的公司，占“早餐谷物”类食品市场的份额较低，如早餐麦片、炒米糕等，需要获得更多的市场份额。虽然谷物类食品有很多优点，且营养丰富而健康，但是由于谷物类市场是一个高度分散和饱和的市场，传统的营销方案一直没有取得太大进展。Hero 采用了水平营销的思维方法，重新定义了谷物类食品的效用，把早餐麦片类食品赋予更广的食用场景。他们决定将其作为健康小吃来销售。作为健康的零食，人们可以在一天中的任何时候来品尝。

Hero 采用了另一种产品的形式——糖果，通过将谷物与巧克力和焦糖结合，他们创造出可随时携带和食用的“压缩干粮”。它的创新不在“早餐谷物”市场之内，而是使用了谷物的积极属性，将其嵌入另一个概念，例如糖果，并创造了一个新的便利和新的食品类别。这种水平营销过程就是将谷物市场扩大到新的场合。今天的 Hero 集团以其主要核心产品类别，遍布全球，并组合了许多知名的国际和本地品牌。2016 年，集团营业收入为 12.7 亿瑞士法郎。今天，Hero 稳固了在欧洲谷物类别的领军地位。

（资料来源：根据 Concentrated Knowledge 资料整理；图源：Hero 官网）

思考： Hero 取得成功的创新点在哪里？对原有的市场有什么影响？为什么？

学以致用

某化妆品厂在推广新面膜产品时，在面膜的主要功能——补水之上，融入美颜、美白、消除浮肿、防霾功能。试从水平营销的概念分析六种创新技巧的运用。

第三节　新媒体营销

一、新媒体营销的内涵

媒体是指传播信息的媒介。凡是能够传播信息，将信息扩散的所有形式都可以称之为媒体。广义上的新媒体是相对于传统媒体而言的，是指传统媒体（报纸、杂志、广播、电视等）之外的媒体形式。在 web2.0 带来巨大革新的年代，营销思维也发生巨大的改变，体验性（Experience）、沟通性（Communicate）、差异性（Variation）、创造性（Creativity）、关联性（Relation），互联网已经进入新媒体传播 2.0 时代，并且出现了网络杂志、博客、微博、微信、TAG、SNS、RSS、WIKI 等这些新兴的媒体。

新媒体营销是指利用新媒体平台进行营销的模式。具体来说，就是利用网络杂志、博客、TAG、SNS、RSS、WIKI、视频、微博、电子邮件、短信等有别于传统报纸杂志、广播和电视所进行的营销方式。由此可见，新媒体营销与现代的科技手段密切相关，特别是数字技术。所以新媒体营销也被简单地定义为通过数字技术的运用来实现营销的目的。因此，新媒体营销与传统媒体营销的显著不同在于数字媒体的运用，它实现了信息交流的新形式和新模式。麦克唐纳德和威尔森（Mc. Donald and Wilson）对新媒体和传统媒体之间的差别做了详细的总结。他们把新媒体营销的特点归纳为“6I”：

1. 互动性（Interactive）

在新媒体时代，特别是社交媒体时代，价值的传播是双向的。在目标人群和企业之间是双向的：一个方向是企业创造价值，传递给目标人群；另一个方向是目标人群反馈需求或评价（价值），使企业重塑价值并再次传递。不仅如此，在目标人群之间，传递价值也是相互的、双向的。

2. 情报化（Intelligence）

新媒体营销过程本身就是一个丰富的市场信息的收集过程。因为新媒体基于数字技术，使得营销人员可以根据顾客在线消费的网站类型和内容，建立对顾客的偏好和行为的认知。掌握顾客的这些情报资料对做好营销至关重要。

3. 个性化（Individualization）

新媒体营销的个性化是在情报化基础上建立起来的。个性化以收集顾客访问时的各种信息为基础，以此建立数据库，用来定位和实施个性化沟通，并实现所有媒介的相关应用。最著名的例子就是亚马逊（Amazon）在网站上鼓励每一个顾客注册，以便在先前购买的基础上通过网站和电子邮件为顾客推荐产品。这种回应沟通也是新媒体的另一个关键特征。

4. 整合性（Integration）

由于以上特点，新媒体营销为整合营销沟通提供了更广的范围和更多的工具。O2O 的实现就是依赖于新媒体的这一特征。

5. 行业重组（Industry Restructuring）

行业重组主要是指在新媒体营销过程中，行业的去中介化或再中介化。支付宝在淘宝购物平台的出现，使普通的支付系统成为顾客购物过程中的一个中介，把顾客收货的状态和反馈与支付联系，形成了更加可信的购物平台，提升了顾客购物的体验。

6. 独立场所（Independence of Location）

新媒体营销为增加企业与全球市场的沟通提供了可能，也为向国际市场销售产品提供了机会，而这在以前是根本不可能发生的。

二、新媒体营销的主要模式

1. 新媒体的平台分类

新媒体营销的渠道或操作模式主要依赖于数字技术，随着新数字技术和新媒体的发展，其方式肯定会日趋丰富。新媒体模式（平台）可以分为以下几类：

（1）搜索平台类：此类平台以 Google、百度等为代表。

（2）知识平台类：知识平台类又可分为问答平台和百科平台。问答平台包括知乎、分答、百度知道、360 问答等；百科平台包括百度百科、360 百科、互动百科等。

（3）视听平台类：视听平台类按其特点可分为直播平台、音频平台及视频平台。直播平台有映客、花椒、一直播等；音频平台以喜马拉雅为主体；视频平台包括秒拍、美拍、优酷等。

（4）自媒体平台类：自媒体平台以微信平台和其他自媒体平台为主。微信平台包括微信公众平台、微信个人号、微信群、微信广告资源等。其他自媒体平台类还包括 QQ 公众平台、UC 自媒体平台、简书、头条号、企鹅媒体平台、搜狐公众平台、一点号、百家号、网易号、凤凰媒体平台等。

（5）论坛平台类：论坛类可分为博客类（以新浪微博平台为主体）和论坛平台。新浪微博平台包括微博企业自媒体、微博广告资源等；论坛平台包括百度贴吧、豆瓣、金融 & 理财论坛等。

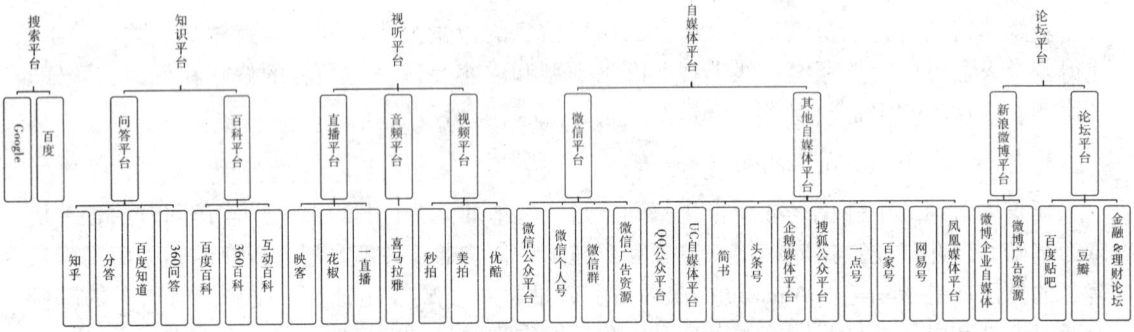

图 10－3　新媒体营销的五大平台

2. 新媒体的推广方式

按具体推广方式可以把新媒体营销细分为网络口碑营销、网络广告、媒体营销、网络事件营销、搜索引擎营销（SEM）、E-mail 营销、博客营销、论坛营销、视频营销和微信营销。

（1）网络口碑营销。

传统的口碑营销也被称为“病毒式营销”，其核心内容就是能“感染”目标受众的病毒体——事件，病毒体威力的强弱则直接影响营销传播的效果。网络口碑营销是口碑营销与网络营销的有机结合，又为 Internet Word of Mouth Marketing，简称为 IWOM。网络口碑营销是指消费者通过网络（如论坛、博客、播客、相册和视频分享网站、微博和微信等）渠道分享的，对品牌、产品或服务的相关讨论以及相关多媒体的信息内容。如果通过微博工具来进行病毒式传播，也可以称为微博营销。

自从博客流行以后，有些聪明的广告主将产品无偿提供给博客用户试用，并让他们把对产品使用的体验、感受写成博文发表，让大家共享，这应该是网络口碑营销的最初形式。随后，国内互联网上出现了三种网络口碑营销的不同平台：

一是电子商务网站自我服务式的口碑营销板块，主要发布体验过网上交易的消费者的口碑信息，给新买家以购物指导，如淘宝网的“购物指南”等。

二是专注提供日常生活类口碑信息与相应服务（本地生活搜索与分类信息等）的网站，如大众点评网、口碑网。

三是通过社区网站或网站的社区，聚合网友提供某类或几类商品的口碑信息以服务于用户，如蚂蚁社区网。专事口碑信息搜索的网站，如品商网，除了自身分类聚合消费者的口碑信息外，还提供商评垂直搜索功能，以方便用户快速准确地获取网上的各类口碑信息。

实例 10－4　“提供特殊服务”的事件营销

随着 iPhone 6 和 iPhone 6＋上市，尺寸太大装不进裤子口袋成为令人烦恼的问题。阿姆斯特丹电信公司 KPN 就在 iPhone 6 发售之时，改装了一台移动裁缝车，在 Apple 店门前排队的人群前，免费提供加大裤子口袋的服务。没过几天，中国联通便迅速复制了一个国内版本，还叫来了帅气裁缝，一时风靡朋友圈。“改裤袋”这项服务跟电信运营商原有的业务没半毛钱关系，但这满足了消费者短期的需求，还带有一点逗比的喜感，消费者自然愿意参与也乐意分享。

（资料来源：根据 socialbeta 网站资料整理；图源：中国经营网）

思考： 你还能够想到哪些企业是通过“提供特殊服务”而成功进行事件营销的？

（2）搜索引擎营销。

搜索引擎营销，即 Search Engine Marketing，简称为 SEM。就是根据用户使用搜索引擎的方式，利用用户检索信息的机会尽可能将营销信息传递给目标用户。简单地说，搜索引擎营销就是基于搜索引擎平台的网络营销，利用人们对搜索引擎的依赖和使用习惯，在人们检索信息的时候尽可能将营销信息传递给目标客户。

SEM 主要实现方法包括：（关键词）竞价排名、分类目录登录（免费和收费）、搜索引擎登录、付费搜索引擎广告、关键词广告、TMTW 来电付费广告、搜索引擎优化（搜索引擎自然排名）、地址栏搜索、网站链接策略、网页内容定位广告等。

实例 10－5　百度推广

百度推广是由百度公司推出的，企业在购买该项服务后，通过注册提交一定数量的关键词，其推广信息就会率先出现在网民相应的搜索结果中。简单来说就是当用户利用某一关键词进行检索，在检索结果页面会出现与该关键词相关的广告内容。关键词广告是在检索特定关键词时出现在搜索结果页面的显著位置。

如企业主在百度注册提交“减肥”这个关键词，当消费者或网民寻找“减肥”的信息时，该企业就会优先被找到，百度按照实际点击量（潜在客户访问数）收费，每次有效点击收费从几毛钱到几块钱不等，这由企业产品的竞争激烈程度决定。

（资料来源、图源：百度百科）

思考：企业定义关键词需要什么技巧？

（3）博客营销。

博客营销是利用博客这种网络应用形式开展网络营销的手段。公司、企业或者个人利用博客这种网络交互性平台，发布并更新企业、公司或个人的相关概况及信息，密切关注并及时回复平台上客户对于企业或个人的相关疑问以及咨询，并通过较强的博客平台帮助企业或公司零成本获得搜索引擎的较前排位，以达到宣传的目的。

博客营销一般通过四种手段来实现：

①博客网站的广告。在博客世界，标准的、口号式的广告，就仿佛是鸡尾酒会上的大声叫唤。

②发表专业文章。作为专业文章的主角——产品，一定要有一个知识点，用来和公众沟通，并树立权威感。

③打造博客团队。通过公关公司发布博客日记，来影响主流媒体的报道。

④监测博客网站。通过监测博客网站，及时发觉当前谈论最多的公司或时下民众最关注的话题，为潜在的公关危机做好准备。

实例 10－6　A 公司的博客营销

“今天真是倒霉透了，刚锁上房门发现钥匙没带，刚下到一楼门口就下雨了，好不容易雨停了，路上塞车又塞了一个小时……唯一值得高兴的就是居然收到了 A 公司的免费智能手机。”当你上网看到你关注的博主发这段博文时，请注意这可能就是博客营销了。其实这是 A 公司博客推广计划的一部分。A 公司是一家专业的 3C 公司。去年新推出一款智能手机。A 公司的营销部门决定用博客的方式来进行这款新产品的推广，并制订了博客推广计划。计划分为两个部分：第一部分为公司博客的推广；第二部分为消费者博客的推广。消费者博客的推广主要有三个步骤：第一步是寻找适合的博主或者意见领袖，主要通过粉丝量、活跃率、访问量、目标受众等标准来对博主进行衡量；第二步是与博主进行接触，免费送博主手机试用并要求博主发试用心得；第三步是进行跟踪测试，并及时调整推广计划。

思考：结合本案例分析博客营销成功需要什么条件。

（4）论坛营销。

论坛营销就是“企业利用论坛这种网络交流的平台，通过文字、图片、视频等方式发布企业的产品和服务的信息，从而让目标客户更加深刻地了解企业的产品和服务。最终达到企业宣传品牌、加深市场认知度的网络营销活动”。论坛营销一般适合于中小型的企业，大型的企业往往不屑于采用这种网络推广的方式。

论坛营销在很多个人网站或小网站的网站推广中比较常见，如何在最短的时间之内带来更多的流量，取决于论坛推广效果的体现。

①选论坛。第一，所选论坛和企业所要推广的内容上最好相关；第二，所选论坛的人气和流量要高；第三，所选论坛比较容易注册，并且发超链接的限制越少越好。

②内容选择。推广的内容一定要是比较新的、比较火的。根据消费者最近都在关注什么，或者是最近发生了什么事情，企业进行推广内容的选择。企业的论坛推广贴上的链接以及标题一定要和企业发出去的内容相关，虽然是去做推广，但也要注意口碑和用户的感受。

③精编标题。标题是网友们看见帖子的第一印象，如果企业想让更多的人看到企业发出去的帖子，那么帖子的标题一定要做得够显眼、劲爆、吸引他人的眼球。

④顶帖技巧。一定要结合上面的人的回帖内容，顺着别人的回帖往下说，如果在帖子中出现吵架的情况是最好的。当然也可以利用别人的帖子进行推广，选人气高、回复少、主题内容没有链接的帖子。

⑤查看流量统计结果。经过一段时间的推广后可以看到在哪个论坛推广的效果最好，哪个论坛推广的流量多，那么就可以重点在那几个论坛里做推广，效果不好的就直接放弃。

（5）视频营销。

视频营销指的是企业将各种视频短片以各种形式放到互联网上，以期达到一定宣传目的的营销手段。网络视频广告的形式类似于电视视频短片，而平台却在互联网上。视频与互联网的结合，让这种创新营销形式具备了两者的优点。视频营销一般有三种实现策略：

①病毒营销策略。视频营销的厉害之处在于传播精准，关注者首先会产生兴趣、关注视频，再由关注者变为传播分享者，而被传播对象势必是有着和他一样特征兴趣的人，这一系列的过程就是在目标消费者中进行精准筛选传播。网民看到一些经典的、有趣的、轻松的视频总是愿意主动去传播，通过受众主动自发地传播企业品牌信息，视频就会带着企业的信息像病毒一样在互联网上扩散。病毒营销的关键在于企业需要有好的、有价值的视频内容，然后寻找到一些易感人群或者意见领袖帮助传播。

②事件营销策略。事件营销一直是线下活动的热点，国内很多品牌都依靠事件营销取得了成功，其实，策划有影响力的事件，编制一个有意思的故事，将这个事件拍摄成视频，也是一种非常好的方式，而且，有事件内容的视频更容易被网民传播，将事件营销思路放到视频营销上将会获得新的营销价值。

③整合传播策略。由于每一个用户的媒介和互联网接触行为习惯不同，这使得单一的视频传播很难取得好的效果。因此，视频营销首先需要在公司的网站上开辟专区，吸引目标客户的关注；其次，也应该跟主流的门户、视频网站合作，提升视频的影响力；最后，对于互联网的用户来说，线下活动和线下参与也是重要的一部分，因此通过互联网上的视频营销，整合线下的活动、线下的媒体等进行品牌传播，将会更加有效。

实例 10－7　滴滴代驾“桔色行动”——“多一次代驾，少一次酒驾”

为体现企业的社会责任，让更多人意识到酒驾的危害，减少酒后驾车事件的发生率，滴滴代驾发起滴滴代驾“桔色行动”拒绝酒驾特别企划。以“多一次代驾，少一次酒驾”为大主题，通过创意海报、病毒视频、微博话题讨论、政府背书等多种形式展开传播。

预热海报表现出酒驾的巨大危害，直击酒驾后果的痛点

一侧是酒驾者未喝酒时的表情（长相），另一侧是酒驾发生后的表情（长相），把两种情形拼接成一张脸。通过两种不同表情的强烈对比凸显酒驾危害。

建立线上话题讨论

利用有车生活类、娱乐类微博、微信 KOL，从女司机、有车生活等角度传播预热海报，建立#多一次代驾，少一次酒驾#话题，增加话题热度，为后续引爆做铺垫。并建立知乎话题讨论，理性讨论酒驾场景，植入滴滴代驾品牌信息。

引爆期：

VR 视频：VR 技术应用，沉浸式体验，第一视觉感受酒驾危害性

本片通过 VR 技术，真实地模拟醉酒开车的危险之旅，伴随热烈的干杯声，车速越来越快，出现虚焦的效果，最终导致追尾事故发生，而后出现文案。以此放大醉酒开车的危害，让体验者产生后怕的心理。

与合作品牌的线下门店进行 VR 眼镜体验，用户可于用餐前后体验 VR 视频，并且搭配纸质代驾券领取的方式，宣传桔色行动，借此传达滴滴代驾“拒绝酒驾”的态度。

同时收集线下体验过程的照片，在社交媒体及 PR 端进行再次传播，扩大 VR 眼镜视频传播声量。

感性视频：触及网友内心对酒驾危害的感知，引发口碑效应，刷爆朋友圈

通过分析与调查，找到酒驾发生的诱导因素“侥幸心理”。视频以人们的侥幸心理作为切入点，从各类因侥幸引起的行车陋习，让每位车主看到自己的影子，逐渐渲染观众情绪，将视频结尾落在侥幸心理引发的酒驾上，最后引发分享。

联合企业共同发声：品牌联合海报，最大化传播活动主题

多品牌联通，通过各自媒体渠道共同引爆话题，通过官方自媒体及线下展示等，最大化刷新话题传播效果，配合感性视频，让用户感知并达到口碑传播效果。其联合品牌覆盖车企、酒企、餐饮等。

交警合作：政府背书，各地交警配合，提升活动公信度

多城政府（协会）、交警、公安部门线上发声，支持拒绝酒驾行动，支持滴滴代驾“桔色行动”。地方交警微博统一于12点发布支持行动微博，微博图片为交警拿着“桔色行动，拒绝酒驾”的照片，同时配有能够领取滴滴代驾券的微博文案。

媒体配合传播：从市场营销和公益角度，扩大传播效果

行业媒体报道，多品牌联合反酒驾，树立行业新高度；从走心视频开始，电台节目深入讨论酒驾场景，连线滴滴代驾负责人，列举代驾数据，传播“多一次代驾，少一次酒驾”的主题。知乎日报传播走心视频，并针对预热时的知乎话题进行复盘讨论。

合作品牌落地活动：配合交警普法活动

携手 VR 眼镜，在公安日常普法教育的时候提供 VR 眼镜给他们教育培训用，同时配合公关稿，让公安部宣传拒绝酒驾新手段，虚拟体验危害到底有多大。

传播期：

明星站台：利用明星效应引爆粉丝，直播互动玩 high 社交媒体

邀请包贝尔在他所经营的火锅店（辣庄）进行直播，直播过程中传递拒绝酒驾的观念，并与现场的食客进行互动，邀请他们体验第一视角的酒驾视频。本次通过明星效应引爆粉丝互动，提升活动的曝光度与关注度。

明星海报：品牌明星站台，传播活动主题吸引粉丝关注

明星站台海报，为拒绝酒驾代言，吸引粉丝及更多人群关注活动。

项目评估：

本次活动共覆盖1.15亿人次，其中主要来源于以下三大渠道：社交媒体（微博、微信、知乎）共覆盖7 353.1万人次；直播平台共覆盖791.5万人次；视频播放平台共覆盖648.8万人次。

在项目传播过程中使用过的自媒体：@济南交警、@长沙交警官方微博、@银川交警等多个自媒体账号。

项目亮点：

· 利用明星直播

利用明星的影响力和当下热门的直播平台，将酒后代驾场景通过直播的方式展示，共获得791.5万次观看，峰值63万人观看，获取305 910金币，1 531万次点赞，1.6万次评论。

· 使用 VR 技术，直观展示酒驾危害

通过 VR 技术和第一视角视频，利用线上专业 VR 视频平台、线下交警普法活动、合作品牌线下门店等多种渠道，让消费者直观感受酒驾危害。第一视角视频获得53.8万次播放。

· 联合10个品牌和10城交警，从公益角度共同发声

联合10大知名品牌和10城交警共同发声，同时结合线下普法活动，为本次营销活动注入公益的力量。联合品牌微信微博总阅读量达到138 887次；品牌联合 H5 获得78 126次点击。线上交警平台产生共计99 693人次互动总声量。

· 渠道运用丰富、精准，产生大量曝光

本次传播覆盖微博、微信、知乎三大社交媒体，腾讯、优酷、爱奇艺三大主流视频网站，以及开眼 App、暴风魔镜 VR 平台、今日头条、一直播、雷锋网等，渠道丰富、精准，覆盖大量人群。

· 从酒驾前后对比和侥幸心理出发，产生优质海报及视频

利用酒驾前后对比的海报表现形式，用直观的视觉效果突出不同身份的人酒驾的后果。抓住酒驾用户的侥幸心理，从日常生活的细节出发，让用户产生共鸣。感性视频在视频平台

一共获得595万次播放。

（资料来源、图源：根据17PR网站资料整理）

思考：结合本案例说明新媒体营销可以利用的媒体平台有哪些，营销推广方式有哪些，如何整合利用这些推广方式。

（6）微信营销。

腾讯公司2011年推出了手机聊天软件“微信”，腾讯旗下企鹅智酷的《2017微信用户&生态研究报告》报告数据显示，截至2016年12月微信全球共计8.89亿月活跃用户，而新兴的公众号平台达1 000万个。微信这一年来直接带动了信息消费1 742.5亿元，相当于2016年中国信息消费总规模的4.54%。微信是继QQ以后腾讯推出的又一个杀手级软件，逐渐成为智能手机软件市场的霸主。随着微信生态圈的不断完善和支付的推出，越来越多的企业利用微信平台来进行营销传播。在移动电子商务飞速发展的浪潮中，微信将扮演非常重要的角色，帮助企业打造O2O的生态圈。对于企业来说，微信目前主要的功能是为企业的营销传播提供一个新的平台。目前比较常见的传播方式有：

①漂流瓶。漂流瓶从QQ移植到微信上后，仍然保留了原始简单、易上手的风格。微信官方可以对漂流瓶的参数进行更改，使得合作商家推广的活动在某一时间段内抛出的“漂流瓶”数量大增，普通用户“捞”到的频率也会增加。加上“漂流瓶”模式本身可以发送不同的文字内容甚至语音小游戏等，如果营销得当，也能产生不错的营销效果。而这种语音的模式也让用户觉得更加真实。

②二维码“扫一扫”。二维码发展至今其商业用途越来越多，所以微信也就顺应潮流结合O2O展开商业活动。商家通过二维码将线上、线下打通，顾客只要扫一扫二维码就可以获得商家优惠或最新的新闻资讯。

③微信公众平台。微信的开放平台和朋友圈的社交分享功能的开放，已经使微信成为一种移动互联网上不可忽视的营销渠道。而微信公众平台的上线，则使这种营销渠道更加细化和直接。在拥有一定粉丝的前提下，企业精心设计有创意的活动，再通过朋友圈的分享功能进行病毒式传播，这是典型的低成本、高回报的传播方式。

④微信商城。首先商家必须有自己的公众号，并且要申请开通微信支付权限，需要具备两个条件：第一，必须是服务号；第二，还需要申请微信认证，以获得微信高级接口权限。商家申请了微信支付后，才能进一步利用微信的开放资源搭建微信店铺。

实例10－8　H5应用：立邦推出家装真人秀

随着家装类真人秀《立邦梦想改造家》前两季的热播，立邦的品牌理念“立邦为你刷新生活”也深植人心。在第三季开播之际，立邦希望通过全新的广告投放，在给予用户与品牌接触的最佳体验的同时，突破节目的地域限制，增加全国性的知名度，让品牌与该节目实现真正的无缝结合。作为立邦的整合创意服务代理商，麦肯上海与麦肯集团旗下的数字营销代理商MRM//McCann联手，为立邦发起了一场全平台营销战役，用立邦专属的真人秀平台代替原先分散的宣传营销模式。

其中，此次由 MRM//McCann 全新打造的数字营销专区，名为“梦想刷新馆”。在这个平台上，用户不仅能观看节目和设计师访谈视频，访问旧房与新家720°全景，还可以在了解装修专业知识的同时，直接购买刷新服务和家居饰品。此次将电视节目、线上视频与线上互动有机结合起来，既满足了年轻观众的收视习惯，又增强了节目观众与品牌的黏性。

谈及此次创意，主创团队表示：“本次创意亮点主要在于全景 H5。全景特效是通过实地拍摄制作而成的，每期节目播出后第一时间准时更新。这让更多消费者通过移动端就能深入地体会真人秀中的刷新效果，看到各种细节和巧思，也更深一步地了解立邦的品牌乃至产品。目前，全景 H5 因其形式新颖和良好表现，还收到了节目组抛来的合作橄榄枝，这也是对我们内容的肯定。”

此外，麦肯上海与 MRM//McCann 还着重于不同地域内的投放，针对全国各地目标城市，如重庆、杭州、深圳、西安等，结合地方特色绘制了不同场景式的推广平面，在微信朋友圈通过城市的精准定位投放，吸引用户关注立邦真人秀专区和官方微信。

（资料来源：根据 socialbeta 网站资料整理；图源：立邦梦想刷新馆手机截图）

思考：企业运用 H5 应该注意哪些问题？

在数字化蓬勃发展的今天，新媒体营销无疑是一种有效的营销方式。但是新媒体营销也不是万能的，只有运用恰当，才能起到事半功倍的效果。新媒体营销有很多渠道或操作模式，如何选择新媒体营销的方式也是非常重要的。实施新媒体营销的基础在于：

①了解客户的心理。无论是哪一种方式的新媒体营销，产生的基础都必须是用户的需求，也就是说在做新媒体营销方案的时候，第一驱动力应该是用户的心理。所以，新媒体营销的实施必须首先研究客户的心理，在针对客户某些方面的心理诉求的基础上，进行策划和执行，这样才能取得良好的效果。

②多渠道同时实施。新媒体营销方式众多，很多情况下，单单使用一种方式很难取得预期的效果。首先要根据产品特色，研究营销定位，选择合理的多种方式组合出击，以实现短期之内达到很高的用户认知度和曝光率。

③科学管理客户关系。与顾客建立长期的关系对于任何一项追求持久利润的商业活动来说都是至关重要的，新媒体营销也不例外。利用新媒体营销在短期内获得较多粉丝或客户通常比较容易，但是如果没有很好地维护，粉丝和客户的流失也是非常快的。另外，维护好粉丝和客户也是以后进行二次营销、大数据智能化营销的基础。

学以致用

你怎么看待杜蕾斯借用新媒体平台的借势行动？

第四节　大数据营销

一、大数据营销的内涵

传统的营销方法让企业越来越难满足顾客的需要，其作用正在随着消费者的行为和心理的改变而减弱，而其成本又变得越来越高。对企业而言，营销或许并不难，难的是营销得精准，获得忠诚的客户，从而取得预期的利润。营销学领域过去半个多世纪的发展让我们见证了从“以产品为中心”到“以客户为中心”的转变。随着近年来互联网、移动互联网、新社交媒体的发展，以及信息过载、数据爆炸、消费者个性化需求的凸显，消费者成为商业行为的主宰者；另一方面，大数据分布式存储、大数据分析及挖掘技术的发展使得对海量数据收集、分析、整合并进行分析成为可能。在这一背景下，大数据营销应运而生。大数据营销凭借其“精准”和“可定制”的特点，有效地保证了企业营销的效率和效果。

大数据营销可以定义为基于多平台的大量数据，依托大数据技术，应用于互联网广告行业的营销方式。大数据营销衍生于互联网行业，又作用于互联网行业。依托多平台的大数据采集，以及大数据技术的分析与预测能力，能够使广告更加精准有效，给品牌企业带来更高的投资回报率。大数据营销的核心在于“精准”和“可定制”，也就是让网络广告在合适的时间，通过合适的载体，以合适的方式，投给合适的人。

互联网与未来的移动互联网主导下的数字营销时代，可以帮助企业以前所未有的速度收集用户的海量行为数据，在大数据的基础上分析、洞察和预测消费者的偏好，并据此为消费者提供最能满足他们需求的产品、信息和服务，以及传递准确的广告信息给他们。

实例 10－9　塔吉特百货（Target）和怀孕预测指数

最早关于“大数据”的故事发生在美国第二大的超市塔吉特百货（Target）。孕妇对于零售商来说是个含金量很高的顾客群体，但是她们一般会去专门的孕妇商店而不是在 Target 购买孕期用品。人们一提起 Target，往往想到的都是清洁用品、袜子和手纸之类的日常生活用品，却忽视了 Target 同样有孕妇需要的一切。为此，Target 的市场营销人员求助于 Target 的顾客数据分析部，要求建立一个模型，在孕妇第 2 个妊娠期就把她们给确认出来。在美国出生记录是公开的，等孩子出生了，新生儿母亲就会被铺天盖地的产品优惠广告包围，因此必须赶在孕妇第 2 个妊娠期行动起来。如果 Target 能够赶在所有零售商之前知道哪位顾客怀孕了，市场营销部门就可以早早地给他们发出量身定制的孕妇优惠广告，早早圈定宝贵的顾客资源。

如何能够准确地判断哪位顾客怀孕？Target 想到公司有一个迎婴聚会（baby shower）的登记表，开始对这些登记表里顾客的消费数据进行建模分析，不久就发现了许多非常有用的数据模式。比如模型发现，许多孕妇在第 2 个妊娠期的开始会买许多大包装的无香味护手霜；在怀孕的最初 20 周大量购买补充钙、镁、锌的善存片之类的保健品。最后 Target 选出了 25 种典型商品的消费数据构建了“怀孕预测指数”，通过这个指数，Target 能够在很小的误差范围内预测到顾客的怀孕情况，因此 Target 就能早早地把孕妇优惠广告寄发给顾客。

为了不让顾客觉得商家侵犯了自己的隐私，Target 把孕妇用品的优惠广告夹杂在其他一大堆与怀孕不相关的商品优惠广告当中。

根据这个“大数据”模型，Target 制订了全新的广告营销方案，结果 Target 的孕期用品销售呈现了爆炸性的增长。Target 的“大数据”分析技术从孕妇这个细分顾客群开始向其他各种细分客户群推广，从 Target 使用“大数据”的 2002 年到 2010 年间，Target 的销售额从 440 亿美元增长到了 670 亿美元。

（资料来源、图源：《New Internet：大数据挖掘》）

思考： Target 对孕妇群体成功营销的关键点在哪里？为什么？

二、大数据营销的特点

1. 多样化多平台化数据采集

大数据的数据来源通常是多样化的，多平台化的数据采集能使对网民行为的刻画更加全面而准确。多平台采集可包含互联网、移动互联网、广电网、智能电视，未来还有户外智能屏等数据。

2. 强调时效性

在网络时代，网民的消费行为和购买方式极易在短时间内发生变化。在网民需求点最高时及时进行营销非常重要。

3. 个性化营销

在网络时代，广告主的营销理念已从“媒体导向”向“受众导向”转变。广告主完全以受众为导向进行广告营销，因为大数据技术可让他们知晓目标受众身处何方，关注着什么位置的什么屏幕。大数据技术可以做到当不同用户关注同一媒体的相同界面时，广告内容有所不同，大数据营销实现了对网民的个性化营销。

4. 性价比高

和传统广告“一半的广告费被浪费掉”相比，大数据营销在最大限度上让广告主的投放做到有的放矢，并可根据实时性的效果反馈，及时对投放策略进行调整。

大数据营销的一个重要特点在于网民关注的广告与广告之间的关联性，由于大数据在采集过程中可快速得知目标受众关注的内容，以及可知晓网民身在何处，这些有价信息可让广告的投放过程产生前所未有的关联性，即网民所看到的上一条广告可与下一条广告进行深度互动。

三、大数据营销的运营方式

未来的企业市场营销费用的分配，除了部分品牌投放外，多数投放都是在大数据指引下进行的，企业的消费群分布在哪里，企业的潜在用户在哪里，通过大数据找到他们分布的地方，然后用有创意的投放形式让他们成为企业的粉丝并形成销售。大数据营销中数据大部分来源于新媒体营销，由于新媒体营销的模式也层出不穷，收集数据的多样化和多平台化，形成了不同的大数据营销运营方式。

1. 基础运营方式

基础运营方式是指企业建设自己的大数据平台，对企业自身已有数据进行集中管理，通过自身网站获取潜在目标客户，通过一系列的大数据营销策略开展大数据营销，与目标客户建立起通向信任与忠诚的互动关系，为企业创造出长期的商业价值。

2. 数据租赁运营方式

这种运营方式是利用专业的数据营销公司提供的潜在目标客户数据，向潜在目标客户投递品牌信息或者产品信息广告，实现精准营销的广告投放效果。这种运营方式也是企业重要的、需要长期执行的数据营销策略。通过数据租赁这种运营方式，企业可以获取精准的目标客户对企业品牌与产品的关注，为建立客户关系、销售线索挖掘、品牌推广等市场行为提供较好的 ROI（投资回报率）。

3. 数据购买运营方式

这种运营方式是通过一系列符合法律程序的形式，获取潜在目标客户数据，企业通过自己的大数据营销部门开展大数据营销，这种运营方式一般要和基础运营方式匹配使用。这种方式取得的效果很大程度上依赖于两个因素：一是基础运营方式中是否搭建适合企业的大数据营销平台；二是企业是否已经建立了大数据营销运营机制以及是否已经具备了大数据营销所要求的人力资源条件。

根据企业所处行业不同、企业产品生命周期不同、企业经营战略与经营策略的不同阶段，可以为企业量身定制一个合适的综合运营方式。总之，三种大数据营销方式的配合使用，是通向成功的最为重要的大数据营销策略。

实例 10-10 易赞支付宝 9.9 新版发布大数据精准营销

从 9.0 版本开始，支付宝就明确了从支付工具向生活平台进化的方向，新版 9.9 支付宝在品牌方面持续聚焦一站式生活服务平台的打造。9.9 版基于“数据驱动”“智能推荐”技术在产品功能上做了重大改变，实现从原来的人找服务转变为服务主动找人的升级体验，通过贯穿消费、生活、金融理财、沟通等多个领域的生活场景，完成以每个人为中心的一站式生活服务平台，真正实现支付宝“让生活更简单”！如何将 9.9 新版支付宝的理念与产品新功能快速、准确地传递给消费者，让更多用户了解、体验支付宝迭代，提升 APP 的打开率及用户黏度是这次媒体营销要解决的问题。

面临的挑战：

(1) 如何让用户快速准确了解、体验支付宝迭代 9.9 版新功能，引发全民参与？

(2) 二、三、四线城市 90 后支付宝用户活跃度较低，如何触达这部分目标用户？

(3) 如何找到影响目标群体的代言人或媒体意见领袖，影响并激活目标用户？

(4) 海量自媒体渠道过于分散，数据不公开，转化效果无法保证。

营销目标：

借助易赞的大数据平台及投放系统：

(1) 准确找到领袖意见中的意见领袖代言人；

(2) 实现准确的 90 后人群洞察；

(3) 精准定向投放广告，精准匹配度达 95%；

(4) 提升 9.9 新版支付宝认可度。

传播策略解析：

易赞大数据中心基于海量自媒体的深度数据挖掘，对大数据营销场景和行为的精准捕捉进行标签化分类，帮助支付宝进行目标人群洞察，并在投放中进行互动用户实时数据跟踪，实现越投放越精准的效果。

易赞公众号画像技术实现 360 度公众号数据画像，帮助支付宝精准找到行业意见领袖代言人，引发行业 KOL 热议，迅速影响行业引导传统媒体持续发酵。

传播内容：

行业意见领袖集体热议：9.9 新版基于“数据驱动”“智能推荐”技术在产品功能上做了重大改变，实现从原来的人找服务转变为服务主动找人的升级体验；持续聚焦一站式生活服务平台的打造；支付宝语音机器人能力以及可能的拓展空间；9.9 版里的社交的元素等各方面评论，引导行业关注、热议，事件发酵，进而影响广大消费者关注、了解、体验，全民热议新版 9.9。

效果评估：

易赞新媒体大数据技术帮助支付宝 9.9 新版上线实现了超乎预期的品牌力提升。实现目标人群精准高效曝光达 9 400.8 万（第三方数据统计为 11 194 万左右），阅读量 816.3 万次，转发评论 50.4 万次，新媒体大数据的应用，精准触达目标人群，产生高频互动体验，使此次推广成本节省了 51.37%。第三方调研数据显示，经过 2016 年 8—9 月共一个月的投放后，支付宝月活用户提升 3.4%，9.9 新版认可度提升 162.3%。

（资料来源：根据 17PR 网站资料整理）

思考：大数据营销可以解决传统营销中的哪些难题？

二、大数据营销的操作过程

大数据营销一般经历理解业务需求、数据采集和存储、数据准备和预处理、数据分析、形成数据报告、应用和反馈六个基本过程（如图 10－4 所示）。

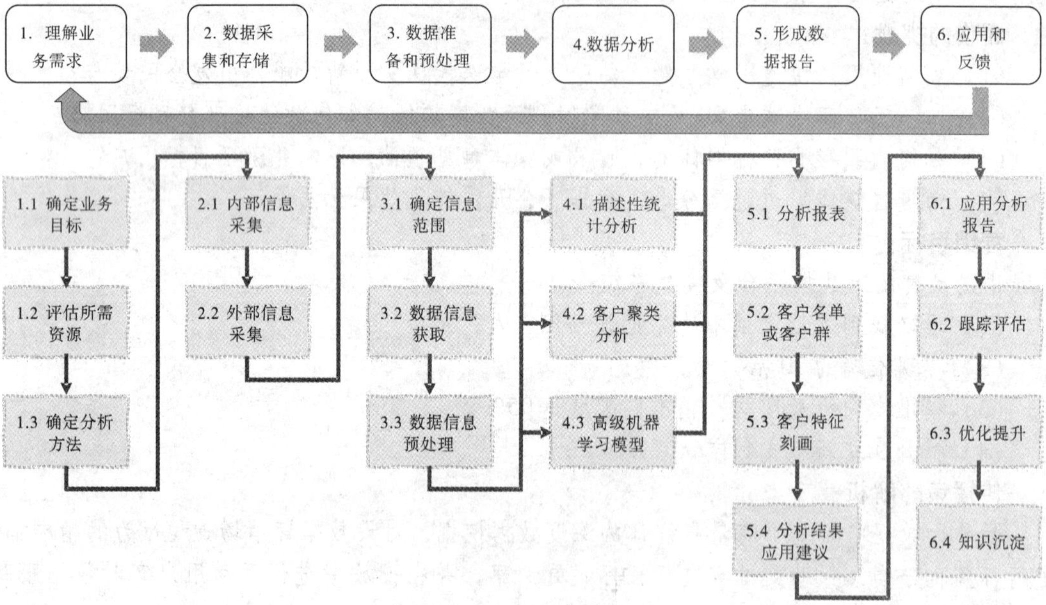

图 10－4　大数据营销操作过程

1. 理解业务需求

充分理解业务的需求，提炼出大数据营销的目标，找到传统营销的瓶颈，确定数据分析的方法是大数据营销成功的第一步。业务的需求也是来自客户的需求。深入把握客户的需求，才能设计出具有针对性的解决方案，提供个性化、主动的服务营销。同时只有深入把握行业需求，对客户进行全面分析和监控，直接反馈业务市场的竞争态势，对市场的动态变化进行实时掌控，才能在竞争中占据主动。

2. 数据采集和存储

前文已指出，数据采集主要分为三种方式：基础运营方式、数据租赁运营方式及数据购买运营方式。它们又可归纳为两个方面，即内部信息采集和外部信息采集。所有数据都是可以结合新媒体营销渠道获得的。因此企业一定要制定数据积累和管理框架。一方面通过市场调查消费者消费记录以及任何促销活动（特别是新媒体营销）的记录，另一方面利用公共记录的数据，如人口统计数据、医院婴儿出生记录、患者记录卡、银行担保卡、信用卡记录等都可以选择性地纳入数据采集范围。根据企业数据管理的框架和自身的条件，将收集的数据选择适当的方式进行存储，建立起大数据平台。

3. 数据准备和预处理

这个阶段是根据大数据营销的目标，确定大数据分析的数据范围，运用先进大数据技术，对数据进行清洗或预处理。

4. 数据分析

数据分析主要从描述性统计分析、客户群的精准分类及数据模型的建立三方面来入手。例如利用基本统计学方法进行统计分析；利用数据挖掘的分类、聚类、关联等方法进行客户群的精准分类；利用数据模型和机器学习等算法进行各种预测。

5. 形成数据报告

在数据分析的基础上形成数据报告是非常重要的步骤。数据报告包括：分析报表、客户信息或客户群信息及其特征、根据分析结果提出应用建议。大数据分析提供了一种可能，既可以根据营销问题，封闭性地去挖掘对应数据进行验证，也可以开放性地探索，得出一些凭常识或经验可能很难想象的结论或者完全与之相异的结论。

6. 应用和反馈

数据指导营销最重要的是解读。一般是定义营销问题之后，采集对应的数据，然后根据确定的建模或分析框架对数据进行分析、验证假设、进行解读。在大数据分析的基础上，可解读的点变得非常丰富。解读的目的是应用，根据解读的结果，把分析的建议加入大数据营销计划，进行跟踪评估和优化提升，达到知识沉淀的目标，最终应用于新一轮的大数据营销中去。

大数据营销在我国刚刚开始，但是随着信息技术、通信的发展及计算机的普及应用，相信越来越多的企业将会采用大数据营销这一现代化的营销方式，因为在未来激烈的市场竞争中，没有什么比了解消费者的习惯和爱好更为重要的了。

实例 10－11 LinkedIn 的大数据驱动

LinkedIn（领英）社交网络创建于 2002 年，致力于向全球职场人士提供沟通平台，并协助他们发挥所长，事半功倍。作为全球最大的职业社交网站，LinkedIn 会员人数在世界范围内已超过 4.5 亿，每个《财富》世界 500 强公司均有高管加入。

LinkedIn 成立之初，公司基本上是以产品为导向，基本依靠集成在产品端的各种特性，甚至也包括通过大数据算法得到的“你可能知道的人（People you may know）”等特性，但是发展相对缓慢。2012 年开始，LinkedIn 整合了

各种资源，并且大幅度开放给普通用户。例如网红（Influencer）改变了原来邀请（Invite Only）的网红模式，放开人数限制，允许更多的人撰写文章，分享想法，以及PPT分享（Slide Share）允许大家制作并分享等。同时开展了大数据驱动市场营销领域的各种运营，比如内容运营（Content Engagement）。大数据驱动市场营销主要体现在优化项目上，首先设计和明确要解决的商业问题；然后选择正确的优化目标以及分解优化目标；之后再对目标用户进行优化分析；在A/B测试之后，最后对内容推荐策略、推送周期策略进行优化。具体来说，内容推荐策略优化就是根据用户的状态，个性化推送内容，才能起到引导内容消费的作用。首先，新用户不知道有哪些内容频道，有哪些热门话题，有了初步接触之后，又想要了解更多，需要逐步引导。沉寂用户不了解最新动态，需要适当提醒。所以需要考虑用户不同的活跃周期，对内容进行优化，适时地推送个性化的服务和内容。其次，推送周期策略优化就是有节奏地推送内容，这才是用户容易接受的形式，不然很容易引起反感。我们需要对推送的频率进行优化，避免推送重复内容，避免一周推送多次。配合用户生命周期的进化速度和阶段，安排合理的节奏，比如每周一篇个性化精选，逐步推进，推送以一个周期为准，循环进行。因此，优化是一个完整的方案，而且是循环迭代的过程。每个步骤都是依据大数据的分析和预测，例如机器学习等，不是一个模型或者一个分析那么简单，需要综合用到很多的技术，比如优化方程、预测算法、聚类分析、机器学习、客户画像、A/B测试、个性化推荐、效果测量、结果可视化和工程化等等。直至2016年，用户以每秒2人的速度增长，而且基本没有通过花钱带来流量。同年6月14日，微软宣布将以262亿美元的现金价格收购职业社交网站LinkedIn。

由此可见，大数据技术可以优化和支持市场营销，一旦优化成功，效果会是巨大的，数十倍甚至几十倍的增长，都是可以期待的。

（资料来源、图源：LinkedIn官网）

思考：LinkedIn的成功主要基于大数据技术在哪些方面的运用？

学以致用

假设你在一家销售下述产品的公司任营销部总监，现公司分别有一个微商平台和传统的电子商务平台，其中微商平台积累了公司40%的客户，电商平台积累了60%的客户。请你设想一套大数据营销的实施方案。

测试你掌握的知识

1. 请举例说明替代、反转、组合、夸张、消除或重新排序六大技巧在水平营销中的应用。

2. 新媒体营销与传统营销有什么联系和区别？

3. 利用互联网查询并举例说明新媒体营销的几种操作模式。

4. 请举例说明大数据营销的应用场景。

5. 以三只松鼠为例来分析网络品牌是如何进行体验营销的。

实训模块 10　模拟企业大数据营销

1. 活动背景：A 公司是一家网上书城，最近推出一本关于服装搭配的新书。公司决定采用大数据营销的方式进行推广。如果你是 A 公司的营销主管，你应该如何设计公司的大数据营销方案？

2. 分组设计大数据营销方案并进行讨论。

3. 小组评比优秀的大数据营销方案，并进行现场分享。

4. 教师点评。

参考文献

［1］崔译文，邹剑峰．市场营销学：第 2 版．广州：暨南大学出版社，2015.

［2］崔译文，邹剑峰．市场营销学．广州：暨南大学出版社，2013.

［3］菲利普・科特勒，加里・阿姆斯特朗．市场营销：原理与实践：第 16 版．楼尊，译．北京：中国人民大学出版社，2015.

［4］杰弗・兰卡斯特，弗兰克・卫斯．市场营销基础．刘现伟，陈涛，译．北京：经济管理出版社，2011.

［5］迈克尔・所罗门，等．消费者行为学：第 10 版．杨晓燕，等译．北京：中国人民大学出版社，2014.

［6］迈克尔・所罗门，等．市场营销学：真实的人，真实的选择：第 7 版．罗立彬，等译．北京：电子工业出版社，2013.

［7］菲利普・科特勒，费南多．德里亚斯迪贝斯．水平营销．科特勒咨询集团（中国），译．北京：机械工业出版社，2014．

［8］菲利普・科特勒，等．营销革命 3.0．毕崇毅，译．北京：机械工业出版社，2011.

［9］马丁・林斯特龙．感官品牌．赵萌萌，译．天津：天津教育出版社，2011.

［10］加里・阿姆斯特朗，菲利普・科特勒．市场营销学：第 12 版．赵占波，王紫薇，等译．北京：机械工业出版社，2016.

［11］杨洪涛．市场营销：第 2 版．北京：机械工业出版社，2015.

［12］赵大伟．互联网思维——独孤九剑．北京：机械工业出版社，2016.

［13］丹・艾瑞里．怪诞行为学：可预测的非理性：升级版．赵德亮，夏蓓洁，译．北京：中信出版集团，2010.

［14］聂元昆．营销前沿理论．北京：清华大学出版社，2014.

［15］程淑丽．市场营销管理流程设计与工作标准．北京：人民邮电出版社，2012.

［16］杨楠．市场营销．北京：北京大学出版社，2012．

［17］吴健安．市场营销学：第 5 版．北京：清华大学出版社，2013.

［18］郭国庆．市场营销学：第 2 版．北京：中国人民大学出版社，2014.

［19］帕科・昂德希尔．顾客为什么会购买：珍藏版．刘尚焱，缪青青，译．北京：中信出版集团，2016.

［20］龚振．消费者行为学．广州：广东高等教育出版社，2004.

［21］孟韬，毕克贵．营销策划：方法技巧与文案：第 3 版．北京：机械工业出版社，2016.

［22］李海琼．市场营销实务．北京：机械工业出版社，2011.

［23］屈冠银．市场营销理论与实训教程：第 2 版．北京：机械工业出版社，2011.

［24］苏珊娜・哈特，约翰・莫非．品牌圣经．高丽新，译．北京：中国铁道出版社，2006.

［25］赵公民．现代营销学．北京：人民邮电出版社，2015.

［26］路娟．市场营销理论与实训．北京：北京大学出版社，2011.

［27］肖飞．市场营销项目驱动教程．北京：北京大学出版社，2012.

［28］戴军．市场营销学实训教程．北京：清华大学出版社，2012.

［29］戴国良．图解营销策划案．北京：电子工业出版社，2012.

［30］方志坚，章金萍．营销策划实务与实训．北京：中国人民大学出版社，2011.

［31］菲利普·科特勒，等．正营销：获取竞争优势的新方法．科特勒咨询集团（中国），译．北京：机械工业出版社，2013.

［32］戴夫·查菲，等．网络营销：战略、实施与实践：第3版．马连福，译．北京：机械工业出版社，2008.

［33］赵轶．市场营销．北京：清华大学出版社，2011.

［34］孙锐，等．网络营销．北京：电子工业出版社，2011.

［35］刘杰克．网络营销实战——传统企业如何借网络营销实现战略突围．北京：电子工业出版社，2014 .

［36］马科姆·麦当那，马丁·克里斯托费．市场营销学全方位指南．张梦霞，解永秋，等译．北京：经济管理出版社，2011.